DE

# [illegible]

## (FRANCE ET PRUSSE)

PAR

[illegible]

de la Compagnie de Jésus

# PARIS

[illegible]

BIBLIOTHÉCAIRE DE L'ŒUVRE DE SAINT-MICHEL
6 RUE DE MÉZIÈRES 6

# SOUVENIRS

## DE

# GUERRE ET DE CAPTIVITÉ

## (FRANCE ET PRUSSE)

ABBEVILLE. -- IMPRIMERIE BRIEZ, C. PAILLART ET RETAUX.

# SOUVENIRS

DE

# GUERRE ET DE CAPTIVITÉ

## (FRANCE ET PRUSSE)

PAR

## LE R. P. DE DAMAS

de la Compagnie de Jésus

# PARIS

## G. TÉQUI, LIBRAIRE-ÉDITEUR

BIBLIOTHÉCAIRE DE L'ŒUVRE DE SAINT-MICHEL

**6 RUE DE MEZIÉRES 6**

1874

# AVERTISSEMENT

L'auteur de ce livre se croit animé d'un désir sincère du bien et du vrai.

Au retour de la captivité, son livre était prêt. Il n'a pas osé l'imprimer, de peur de nuire involontairement par des appréciations hâtives.

Après les décisions du conseil de guerre, il pense pouvoir le livrer à la publicité.

S'il s'est trompé sur les faits, s'il a eu le malheur d'offenser quelqu'un sans le vouloir, il s'estimera heureux de recevoir des rectifications légitimes, et saisira, comme une faveur, l'occasion de se déjuger.

# SOUVENIRS

## DE

# GUERRE ET DE CAPTIVITÉ

## ( FRANCE ET PRUSSE )

---

## I

### A BERLIN !

Nous partons pour Berlin !... Tout le monde le dit.

La guerre est solennellement déclarée par l'empereur Napoléon III au roi de Prusse, depuis le 19 juillet 1870.

Par ordre du maréchal ministre de la guerre, un mouvement de troupes considérable s'opère dans toute la France. Des Pyrénées à Boulogne et Calais, du fond de la vieille Armorique, de la Normandie, de la Saintonge et de l'Aquitaine, du Languedoc et de la Provence, infanterie, cavalerie, artillerie, à pied, à cheval, en chemin de fer, ou sur de simples chariots, se précipitent en flots pressés vers les frontières du Rhin ; l'escadre de Toulon est allée prendre, aux rivages d'Oran, d'Alger, de Constantine et d'Hippone, nos légions les plus aguerries : et les zouaves intrépides et les généreux chasseurs d'Afrique. Le silence s'est fait autour de la corbeille de la Bourse ; on n'entend plus les cris forcenés des agioteurs ; les oreilles les plus cupides semblent insensibles au tintement de l'or ; le hennissement des chevaux de bataille, le cliquetis des armes, entremêlés, hélas ! des échos sinistres de l'infâme *Marseillaise,* semblent être le seul concert agréable aux oreilles, le seul en harmonie avec le battement des cœurs.

De Belfort à Thionville, notre frontière est, dit-on, garnie de milliers de bouches à feu, prêtes à vomir sur l'Allemagne effrayée, semblables aux laves brûlantes des volcans, des torrents de mitraille, qui porteront l'incendie parmi les moissons, ravageront les campagnes, et détruiront, avec les moissons et les vergers, l'espérance même des laboureurs pour de longues années. Et, derrière cette artillerie formidable, des cavaliers agiles et braves se disposent à envahir le Wurtemberg, et Bade, et la Bavière, et les provinces Rhénanes ; et sur les crêtes des montagnes et au bord occidental du grand fleuve, hérissés de baïonnettes, on voit se former une ligne profonde de fantassins bien autrement disciplinés et aguerris que les vainqueurs de Sadowa.

Au camp de Châlons, le 6e corps forme la réserve sous les ordres du maréchal Canrobert ; le général Félix Douay commande le 7e à Belfort ; le maréchal de Mac-Mahon, le 1er à Strasbourg ; le général de Failly, le 5e à Bitche ; le général Frossard, le 2e à Saint-Avold ; le maréchal Bazaine, le 3e à Boulay ; le général de Ladmirault, le 4e à Thionville ; à Metz enfin, se tient fièrement, à la tête de sa garde, l'héritier de Napoléon Ier, destiné à faire oublier les désastres de Moscou et de Waterloo, à déchirer les traités de 1815, à rectifier nos frontières, à restituer à la France les belles provinces dont l'ambition de son oncle nous a privés.

Tout semble présager la victoire.

Le maréchal de France ministre de la guerre a déclaré à la Chambre qu'on peut affronter l'ennemi sans avoir à redouter rien de contraire au vieil honneur des armes françaises. Une fois, il a dit :

« Mon rôle n'est pas de faire de la politique ; « mon rôle est d'être prêt, et je le suis. »

Une autre fois, il a affirmé plus laconiquement et plus énergiquement encore:

« Nous sommes prêts ! »

Et, pour que rien ne manquât de ce qui peut inspirer confiance au pays, dans un discours solennel, parlant au nom du Sénat, M. Rouher, son président, après avoir affirmé que « depuis quatre « années, l'empereur a porté à sa plus haute per- « fection l'armement de nos soldats, et qu'il a « élevé à toute sa puissance l'organisation de nos « forces militaires, » M. Rouher, l'ancien premier ministre, s'est incliné devant le souverain, et il a dit :

« Grâce à vos soins, la France est prête, Sire ! »

Puisque le gouvernement promet à la valeur française tous les moyens matériels de seconder son action, n'avons-nous pas le droit de compter sur le triomphe?

## II

### LES AMBULANCES.

Parmi les bruits de guerre, un cri sublime s'est élevé, celui de la charité chrétienne plaidant en faveur des victimes nécessaires du combat. Calme, tendre et pratique au milieu de l'ivresse universelle, elle a songé à l'obscur soldat, au généreux enfant du peuple, dont la sueur, le sang et d'horribles tortures sont, après tout, l'enjeu de la victoire.

Sous le titre de Société de secours aux blessés de terre et de mer, des hommes généreux se sont constitués en bureau dans l'une des salles du Palais de l'Industrie, où ils siégent en permanence pour recevoir les dons patriotiques en argent et en nature, leur assigner une destination et diriger, par des artères diverses, jusqu'aux extrémités de nos corps d'armée, ces émanations généreuses du cœur des mères, des femmes et des filles, que les ordres de la Providence empêchent de se joindre elles-mêmes aux rangs de la nation armée.

A l'appel de la charité, la France a tressailli, et les cœurs se sont enflammés, et les mains ouvertes, et les bourses déliées, et des millions affluent vers Paris.

La Société de secours pense que le meilleur usage à faire de tant d'aumônes est d'organiser des ambulances volontaires, destinées à suivre l'armée, à s'installer sur le champ de bataille après les ambulances officielles, à renforcer de tout leur pouvoir l'action des premières, à les suppléer au besoin lorsqu'une action trop sanglante aura démesurément accru le nombre des victimes. Elle a demandé des volontaires à la médecine, au clergé, et même à l'homme du peuple qui se sentirait au cœur assez de dévouement pour se consacrer au service rebutant d'une infirmerie dans les situations les plus répugnantes.

La première ambulance est, dès maintenant, constituée ; un chirurgien en chef, dont l'autorité comme la sollicitude couvrira toutes les ambulances volontaires ; un second chirurgien, spécialement préposé à cette première ambulance ; quatre autres chirurgiens titulaires ; un nombre assez considérable d'aides et de sous-aides ; et puis un comptable et son adjoint, deux ingénieurs, un vétérinaire, enfin deux aumôniers catholiques, et aussi un ministre pour les rares protestants de l'armée. Soixante subalternes complètent la caravane, infirmiers, cochers, ouvriers en bois et maréchaux ferrants.

Tous les officiers, sauf le prêtre, portent un costume uniforme : redingote, gilet et pantalon bleu de roi, boutons de métal marqués d'une croix, casquette blanche à la croix rouge, et brassard international. Leur grade se reconnaît à des étoiles brodées en or au collet de leur redingote ; le chef en porte cinq, les sous-chefs quatre, les chirurgiens trois, les aides deux, et les sous-aides une seule. Le comptable et le ministre protestant en ont également trois, les ingénieurs et les vétérinaires deux, comme les aides. Aux infirmiers, on a donné une vareuse sombre, aux boutons de métal, un pantalon bleu rentré dans des guêtres blanches, à la façon des soldats, un petit chapeau de feutre, et la croix rouge sur leur chapeau, leur poitrine et leur bras gauche.

Depuis plusieurs jours déjà, les Parisiens considèrent avec intérêt les préparatifs de la charité ; une grande tente verte de nouveau modèle, dressée sous les arbres en face du Palais de l'Industrie ; de petites couchettes de fer à sommier Tuker, élégamment rangées sous la tente ; des fourgons blancs et des fourragères bleues à la croix rouge ; des chevaux enfin, destinés à traîner ce matériel énorme, et tenus en main par des infirmiers en uniforme.

L'organisation est complète, l'heure a sonné de se mettre en action ; nous sommes au jeudi 4 août.

Une foule nombreuse se groupe, en rangs serrés, aux abords du Palais de l'Industrie ; c'est qu'on a vu des piqueurs aux livrées impériales et une calèche découverte, attelée de quatre chevaux sortir des Tuileries dans cette direction ; l'Impératrice vient faire son inspection au moment du départ. Le peuple acclame la souveraine ; il s'enivre de la joie des triomphes à venir, dont il croit avoir déjà reçu le gage incontestable. N'a-t-on pas crié, le matin même, dans Paris, et distribué à profusion, *pour la modique somme de cinq centimes, un sou, le bulletin de la première victoire de l'armée française?* Il y est dit que, entre son déjeuner et son dîner, l'Empereur a gravi les hauteurs qui dominent Saarbrück, que le général Frossard, mettant la théorie en action devant son royal élève, a, par une admirable manœuvre stratégique, culbuté l'ennemi, conquis un village ; que le quatrième rejeton de l'aigle d'Ajaccio a joué avec les obus ; que nous avons mis le pied sur le territoire ennemi ; qu'une fois la frontière passée, nous ne cesserons de marcher de triomphe en triomphe, jusqu'au jour où le maître de la France signera la paix à Kœnigsberg, dans l'assemblée de toutes les têtes couronnées de l'Allemagne.

Du sein de la foule en liesse, l'Impératrice franchit le seuil et les marches du Palais de l'Industrie;

elle félicite les membres du Comité, passe en revue les médecins ; on la reconduit à sa voiture ; et puis, le cortége une fois disparu dans des nuées de poussière, on organise la caravane du départ : médecins et aides-médecins, comptables et ingénieurs à cheval, sous-aides en voiture, infirmiers à pied, en petit bataillon organisé à la militaire avec sergent-major et fourrier. On parcourt les boulevards jusqu'à la gare de Strasbourg, encouragés par les souhaits et les promesses de bonne réussite.

Celui qui écrit ces lignes rejoint le cortége à la gare, vers dix heures du soir. Tous ont pris leur place en wagon ; chevaux et voitures sont embarqués.

Par ordre supérieur, nous devons gagner Nancy, d'où nous serons envoyés partout où besoin sera. La machine siffle, et nous partons.

---

# III

## LE CAMP DE TOMBLAINE.

Un souffle belliqueux a passé sur toutes les âmes. L'enthousiasme pour notre armée se trahit à chaque heure sous des formes diverses.

A Nancy, nous trouvons, au débarcadère, des tables hospitalières, jour et nuit dressées, où des mains délicates et des hommes pleins de cœur offrent gratuitement au soldat les rafraîchissements que sa bourse trop légère ne lui permettrait pas de demander au buffet. On accourt au-devant de nos infirmiers ; on les presse d'accepter du vin, du tabac, des viandes froides et mille friandises ; on convie même leurs officiers aux fraternelles agapes, et le désir d'obliger est si grand, que la peine se manifeste sur les visages lorsque je crois devoir me défendre d'accepter un excellent verre de vin de Bordeaux auquel je ne me reconnais aucun droit.

Bientôt survient pour nous un embarras sérieux.

Hier, au départ, on nous avait promis Nancy pour ce matin de très-bonne heure, et nous avions compté sur la journée entière pour installer notre campement ; mais la multitude des hommes et des équipages qui encombrent toutes les avenues dans la direction de l'Est jette une telle perturbation dans les convois, que la marche des uns reste forcément subordonnée à celle de bien d'autres. Hommes, chevaux, canons, vivres et munitions de toute espèce se sont si bien croisés et entrechoqués sur notre passage, que six heures du soir sonnent à la cathédrale de la cité des ducs de Lorraine quand il nous est permis de quitter nos wagons.

Au lieu du soleil levant, nous rencontrons, au débotté, le crépuscule, bientôt suivi des ténèbres.

Que devenir? Où abriter notre caravane? Cent personnes, trente chevaux et un énorme matériel n'ont chance de trouver place dans un hôtel. Il faudrait camper ; mais, sur tant de monde, quatre d'entre nous seulement connaissent la vie des camps ; les autres vont à l'ennemi pour la première fois. Comment, avec une telle inexpérience, à pareille heure, dresser les tentes, préparer le repas, procurer du fourrage aux chevaux ? Heureusement, le chef de gare vient à notre secours. Il consent à laisser nos voitures sur leurs trucs, permet d'attacher les chevaux dans une enceinte réservée, et nous cède pour nous-mêmes un hangar ouvert. On apporte de la viande froide de chez un charcutier ; la boulangerie voisine nous fournit du pain ; on mange de bon appétit, et puis chacun de déplier son petit lit de cantine pour essayer de dormir. Le temps des ténèbres s'écoule lentement pour les novices. Il y eut, dit-on, sur plus d'une couchette, des plaintes et des gémissements ; car si des tuiles interceptent la rosée du ciel, en revanche, point de murs contre le vent, qui circule comme chez lui. Enfin, la nuit arrive à son terme, et dès le petit jour, on se hâte de se lever pour reconnaître le pays et chercher une place où déployer nos pavillons.

Aux portes de la ville, s'ouvre une vaste plaine connue sous le nom de *Tomblaine*. Une portion nous en est cédée avec peine par l'officier d'état-major préposé à la distribution, je ne dirai pas des logements, mais des terrains disponibles. Nancy est destiné à devenir base et pivot de grandes opérations militaires. Un régiment d'artillerie de la garde campe déjà sous ses murs ; on annonce pour demain l'arrivée de troupes nombreuses accourues du camp de Châlons ; il faut réserver de la place à tout un corps d'armée, et force est bien de nous limiter.

Lorsque vient le moment de prendre possession, quelques membres du comité nancéen de secours aux blessés ont la pensée de ménager à notre ambulance une petite ovation. Hélas ! ce jour même est le commencement d'un grand deuil pour la France ; mais on l'ignore, les illusions restent, et l'on songe toujours à des triomphes ! Les cavaliers montent à cheval ; les cochers s'installent fièrement sur le siége des fourgons et des fourragères ; on parcourt les rues principales ; on traverse la belle place Stanislas ; on parvient ainsi dans la plaine qui longe le canal ; on plante des piquets pour y entraver les chevaux ; on dresse les tentes, et les cuisiniers s'essayent à leur métier en plein air.

Comme, à la fin de cette journée, on s'endort le cœur plein d'allégresse ! On se promet tant de bonnes émotions pour le lendemain ! Le maréchal Canrobert arrivera avec sa généreuse armée ; la plaine immense tressaillera sous les pieds des futurs vainqueurs de la Prusse ; au silence et à la solitude succèdera le mouvement ; nous ferons connaissance avec de nombreux frères d'armes ; et nous serons vraiment comme à la guerre, en attendant de nobles exploits. Des bruits sinistres ont bien commencé à circuler ; on parle de révolte au camp de Châlons, de désastres en Alsace et même en Lorraine ; mais les optimistes, et ils sont en majorité, lèvent les épaules en signe d'incrédulité. Est-ce que la France peut être battue ? Elle vient de faire à Saarbrück des preuves si magnifiques !

Rien de gai comme ce premier apprentissage de la vie des camps. Dès la chute du jour, on a mis des infirmiers en sentinelle aux quatre coins du bivouac. Le moindre souffle du vent, le plus léger tremblement des feuilles leur fait pousser des cris d'alarme. Vers onze heures, on entend appeler au secours et demander quatre hommes de renfort Quelqu'un s'est présenté porteur d'une lettre pour M. Lefort, directeur des ambulances. Ce ne peut être qu'un Prussien déguisé ; et, vite, vite, de le chasser. Nous sûmes, le lendemain, que l'ennemi prétendu se trouvait être un honnête valet de chambre retenu à Paris je ne sais pourquoi ni comment à l'heure de notre départ, et qui venait rejoindre son maître avec une lettre de madame Lefort pour son mari.

Bienheureuse nuit du camp de Tomblaine, combien ton plaisant souvenir viendra nous égayer durant les mauvais jours !

# VI.

## PREMIERS DÉSASTRES.

Hélas! Le réveil d'aujourd'hui nous apporte des présages sinistres.

La journée s'annonce triste, brumeuse et froide. Au lieu de l'arrivée du maréchal Canrobert et de ses mobiles pleins d'entrain, l'artillerie de la Garde, après avoir levé silencieusement ses tentes, est partie à l'improviste, et la solitude s'est faite entière autour de nous. Les rumeurs d'hier prennent plus de consistance. Il y a dans l'air je ne sais quoi de stupéfiant, quelque chose de semblable au découragement et à la peur. On hésite cependant à admettre la possibilité d'un désastre, lorsqu'on annonce l'arrivée d'un premier convoi de blessés. Nous courons à l'hôpital, où nous trouvons les frères de Saint-Jean-de-Dieu à genoux devant des hommes mutilés, dont ils pansent les blessures. Ces hommes sont tristes, mais non découragés ; aucune plainte ne sort de leur bouche ; seulement ils sont unanimes à constater un affreux malheur.

Que s'est-il donc passé ?

Le 2 août, la France avait ouvert les hostilités.

Ce jour-là, deux corps d'armée se trouvaient en présence devant Saarbrück. Le général Steinmetz commandait les Prussiens ; nos troupes obéissaient au général Frossard. Impatients de mettre le pied sur le territoire ennemi, l'Empereur et le prince impérial avaient ordonné l'attaque ; la division du général Bataille, glissant le long des pentes orientales de la vallée de la Sarre, avait culbuté les avant-postes allemands, incendié la gare de Saarbrück, et forcé l'ennemi à se retirer au delà de la rivière.

Assurément, nos troupes avaient fait de bonnes preuves ; elles s'étaient vaillamment comportées; on vantait, et avec justice, leur désinvolture toute française, leur manière leste et généreuse de courir au danger, l'entrain de leur attaque, l'énergie de leur poursuite ; mais l'affaire n'en restait pas moins un coup de main sans importance. De notre côté, on avait eu le mauvais goût d'en faire un succès fameux, de le publier dans toute la France comme la première victoire, la première étape des aigles pour Berlin; du côté de l'ennemi, on s'était promis de nous le faire payer cher. Seulement, comme ils savaient nos principales forces concentrées en Lorraine, les Allemands n'avaient eu garde de nous y attaquer. Assez heureux pour nous donner le change, ils répandirent le bruit qu'ils franchiraient nos frontières le 5, du côté de Sierk ; et, tandis que nos préoccupations se portaient vers ce point, que les corps Frossard et Bazaine faisaient, dans cette prévision, des marches et des contre-marches qui exténuaient le soldat, ils présentèrent le combat sur les frontières de l'Alsace, à Wissembourg, où on ne les attendait pas.

C'était doublement habile, car il est difficile de concevoir une situation plus mauvaise que ne l'était celle du maréchal de Mac-Mahon.

. Tout semble conspirer contre le vaillant capitaine de Malakoff et de Magenta ; avant tout, les conditions d'infériorité malheureusement faites à l'armée française en général, et puis les difficultés spécialement afférentes à son corps d'armée.

Dans un espace relativement étroit, de Saarbrück à Rastadt, les Allemands ont massé neuf corps d'armée prussiens, un corps saxon, deux corps de Bavarois, c'est-à-dire douze corps d'armée, plus une division du Wurtemberg, une de Bade et une de Hesse, unis, compactes, prêts à se porter secours, à fondre au besoin tous ensemble sur l'ennemi commun. Et les Français entrent en campagne avec huit corps d'armée seulement: autrement dit deux cent trente mille Français en face de quatre cent mille Allemands. Que dis je ? Deux cent trente mille Français ? Puisque la Garde restait à Metz, auprès de l'Empereur, et le sixième corps à Châlons, notre frontière était gardée par cent quatre-vingt mille hommes seulement. Et, pour comble de malheur, au lieu de se relier fortement entre elles, nos troupes sont semées d'un bout de la frontière à l'autre, sur une étendue de cent soixante kilomètres. Ainsi, de notre côté, une ligne prolongée à l'excès, sans consistance et sans profondeur ; du côté de l'ennemi, une masse prête à faire coin sur un point de cette ligne peu solide.

A cette première chance d'insuccès s'en joint une seconde. Isolé de Metz et du centre des opérations par le massif des Vosges, sans espérance d'appui ni de secours, le Maréchal se trouve en face des cent trente mille combattants du Prince-Royal de Prusse, avec trois corps d'armée seulement, et lesquels ? Nous aurons bientôt l'occasion de voir quelle sorte de fatalité réduisit le cinquième à l'impuissance ; quant au septième, il en est encore aux préliminaires de sa formation.

Rien de navrant comme les récits des officiers de ce septième corps sur les opérations laborieuses de sa création en face de l'ennemi. Il importe d'en esquisser les principaux traits pour l'honneur des hommes, généraux, officiers et soldats, qui eurent la triste chance d'en faire partie, et pour celui du Maréchal, dont ce corps d'armée était le bras droit. N'y a-t-il pas, d'ailleurs, une consolation pour un cœur français à toucher du doigt la preuve que généraux et soldats ne sont point coupables de nos désastres ; que cette guerre fut une entreprise d'aventure, sans préparation ; que nos malheurs tiennent principalement à un manque d'organisation ?

Les troupes arrivent sans provisions d'aucune sorte. Le dix-septième bataillon de chasseurs, accouru le premier, manque de vivres de campagne, de ceintures de flanelle, de tout moyen d'organisation. Un magasin de campement qui devait être fourni pour quarante-cinq mille hommes, commence une distribution de bidons, de marmites, de tentes, et, tout à coup, après avoir équipé un seul régiment, se trouve épuisé. On s'adresse aux sous-intendants ; impossible d'en obtenir quoi que ce soit : ils n'ont rien, ne peuvent rien faire venir sans ordre de l'intendant ; et l'intendant n'est peut-être pas encore nommé. Chose plus étrange ! Point de général du corps d'armée. Où est-il ? On l'ignore. Comment s'appelle-t-il ? On ne le sait même pas. Enfin, on apprend son nom par une dépêche ainsi conçue :

« *Le major-général au général Douay (Félix),*
« *commandant le 7ᵉ corps d'armée à Belfort.*»

« Où en êtes-vous de votre formation ? Où sont
« vos divisions ? L'Empereur vous commande de
« hâter cette formation, pour rejoindre, le plus tôt
« possible, Mac-Mahon dans le Bas-Rhin. »

Or, le général Douay est à Paris. On lui renvoie le télégramme, et c'est peut-être ainsi qu'il apprend sa nomination.

Ainsi, la confusion est si grande que le commandement ne sait même pas où sont les divisions, et les cherche.

Aussitôt la dépêche expédiée à Paris, le général Douay accourt à Belfort. A son tour, il cherche les portions éparses de son armée. Où sont les bureaux de l'artillerie et du génie ? Le ministère s'est

trompé et les a expédiés sur Colmar, sans se souvenir qu'il a désigné Belfort pour quartier général
au 7ᵉ corps. Le général demande la division Du-
mont : elle est retenue à Lyon par ordre supérieur;
la division Conseil-Dumesnil: elle est à Colmar. Il
part pour Mulhouse avec ce qu'il a d'hommes
sous la main, espérant y rallier la division Conseil ; et il apprend, en arrivant, qu'elle a été man-
dée à Wœrth, en sorte que, devant une agression
possible de l'ennemi, il n'a pas plus de douze
mille hommes à lui opposer.

Et puis, tout manque à ces hommes, nous le
savons déjà. L'intendant-général écrit, le 4 août,
au ministre de la guerre : « Le 7ᵉ corps n'a pas
« d'infirmiers, pas d'ouvriers, pas de train ; les
« troupes font mouvement demain ; je pare autant
« que possible à la situation; mais il est urgent
« d'envoyer un personnel à Belfort. » Or, un personnel, où le prendre? Ce qu'il y a de bien et de
disponible a été dirigé vers les six premiers corps,
si bien qu'un sous-intendant donnera ce conseil à
un de ses amis : « Comme on n'a plus d'habiles
« chirurgiens à nous envoyer, si tu es blessé,
« brûle-toi la cervelle pour éviter d'être torturé
« par la main des bourreaux qu'on va probable-
« ment nous habiller en médecins militaires. »

Quand un maréchal de France dispose de trois
corps d'armée seulement, et que l'un des trois se
trouve réduit à l'état que nous voyons, il faut
plaindre celui qui a le malheur de commander,

plaindre aussi les vaillants hommes jetés à l'ennemi dans de semblables conditions d'infériorité.

Or, il ne s'agissait pas de prendre le temps de s'organiser : il fallait entrer en ligne. L'ennemi, qui n'ignorait pas nos embarras, avait résolu d'en profiter pour mieux assurer sa revanche de l'insuccès de Saarbrück.

Wissembourg est menacé. Le général Abel Douay, quoique dépourvu d'ambulances et d'équipages réglementaires, reçoit l'ordre de s'y porter. Il y arrive le 3 août, vers huit heures du soir, prend ses positions sur les hauteurs de Geissberg, et, dès le lendemain matin, pendant qu'il essaye de s'installer, que ses soldats font la soupe, que de nombreuses corvées vont chercher à la ville les choses de première nécessité, il voit tout à coup ses avant-postes se replier sous une vive canonnade partie des hauteurs de Schweigen, de l'autre côté de la Lauter, et les obus pleuvoir comme grêle sur Wissembourg.

A n'en pouvoir douter, les Allemands commencent leurs représailles.

Le clairon sonne ; la division court aux armes sans même lever les tentes, et reçoit avec une magnifique énergie une forte colonne d'infanterie qui essaye de la frapper au front. Elle soutenait généreusement la lutte, et les chances s'égalisaient, quand l'ennemi, traversant la Lauter par le pont du chemin de fer, menace fortement sa droite. Réunir quelques bataillons et faire face à ce nou-

veau danger est, pour son général, l'affaire d'un
instant. Il charge à la baïonnette, et l'entrain est
si grand que cinq cents de ses hommes, après
avoir anéanti un régiment de la garde royale, se
surprennent au milieu de l'armée ennemie, coupés,
cernés, obligés de se rendre. Cependant la position n'est pas tenable. Le général Pellé reçoit
l'ordre de battre lentement en retraite ; il le fait
avec un merveilleux sang-froid : il cède le terrain
pied à pied. Trois charges à la baïonnette l'enta-
ment profondément, trois fois ses lignes se re-
forment et rejoignent posément le château de
Geissberg. Au même temps, vers la gauche, nouvelles attaques d'une infanterie dont les bataillons
se renouvellent sans cesse. Le général Douay l'a
vu ; il dirige de ce côté tous les feux des mitrailleuses et des batteries divisionnaires ; mais, prises
de face et d'enfilade par les batteries ennemies,
elles soutiennent imparfaitement un combat trop
inégal. Le général s'élance vers ce nouveau péril.
Au moment où il va donner un ordre, il tombe
frappé en pleine poitrine et nos généreux combattants restent sans chef.

On a écrit : « Le général Douay, au désespoir,
« ne voulant pas survivre au déshonneur d'avoir
« vu sa division s'échapper de ses mains, bien
« qu'il n'y eût plus de possibilité de ressaisir la
« victoire, entouré de quelques braves, marche à
« l'ennemi et trouve une mort glorieuse sur le
« champ de bataille. » Nous voulons croire que le

général n'a pas cherché la mort. De quelque manière qu'il s'y fût pris, c'eût été une lâcheté, un suicide. On était au début de la campagne. Rien encore n'était perdu. Pourquoi ne pas survivre à un insuccès ? Il fallait retourner, la tête haute, vers son général en chef, remettre son épée à son service et, dès le surlendemain, témoigner devant le feu que la victoire ne couronne pas toujours la valeur, que l'insuccès n'est pas invariablement le sort des lâches. Non, je le crois, le général ne s'est pas fait tuer par désespoir ; il a glorieusement succombé en disputant la victoire ; son nom restera sans tache sur ce martyrologe de tant de généraux qui vont mourir noblement pour la patrie.

Environnée de toute part, décimée par une artillerie foudroyante, frappée en tête et sur ses flancs par quatre-vingt mille hommes, sa malheureuse division, malgré des prodiges de valeur, est contrainte de reculer vers les Vosges, où elle espère, unie au corps entier, reprendre une revanche éclatante. Le soir même, elle rallie à Climbach celle du général Ducrot. Tous ses blessés ont dû être abandonnés, sauf un très-petit nombre. Lorsqu'on vint à compter les morts, on en reconnut deux mille cinq cents. Un canon, les bagages, tout le campement sont perdus.

Deux jours après, nouvelle attaque et nouveau désastre.

Le Prince-Royal de Prusse a résolu de nous offrir un combat décisif.

Le maréchal essaye en vain de lui opposer toutes ses forces. Malheurs sur malheurs l'en empêchent. Il appelle à lui la division Conseil-Dumesnil, qu'il détache du 7ᵉ corps; il écrit au général de Failly de quitter Bitche et de le rejoindre avec son corps d'armée; mais le général de Failly croit avoir des motifs de ne pas marcher au canon (1); en sorte que le maréchal se trouve réduit à trois divisions d'infanterie, dont une, celle du général Abel Douay, vient d'être décimée à Wissembourg.

Des disgrâces de toute sorte semblent poursuivre les troupes de ce premier corps, notre seule défense en Alsace. Elles ont reçu l'ordre de se porter sur Frœschvillers et Wœrth. Dans la nuit du 5, après une longue marche, pendant qu'ils cherchent à dormir, les hommes sont dérangés et douloureusement affectés par les débris de la division Douay, qui s'abattent au milieu d'eux en fuyant de Wissembourg. Le soir du jour suivant, exténués par une étape à marche forcée, sous un soleil accablant, dans un pays tourmenté, ils ont fini par atteindre les hauteurs qui dominent le village de Frœschvillers; mais ils auraient besoin de repos et de nourriture, et les vivres manquent : ni sacs, ni bagages ne sont arrivés. Pour comble de malheur, une nuit affreuse se prépare. Vers les onze heures du soir, la pluie tombe avec une sorte de fureur sur

1. Le général a rendu compte de sa conduite dans une brochure publiée en 1871. Il n'est pas permis de le juger sans avoir lu sa justification.

les bivouacs, mouille les hommes, détrempe le terrain, rend impraticables les champs et les vallons.

C'est en de telles conditions qu'il faut accepter la bataille, dès le lendemain matin 6 août, jour à jamais néfaste dans l'histoire de cette guerre.

L'armée française forme une sorte de ligne convexe, ou mieux, peut-être, les deux côtés d'un triangle dont le sommet serait coupé. Elle est solidement assise sur les derniers contreforts des Vosges, dans une clairière sillonnée de gorges profondes, coupée par des cours d'eau. Situation magnifique assurément, mais dont l'inconvénient est de se trouver dominée par des hauteurs boisées dont l'ennemi ne profitera que trop pour dissimuler sa présence et nous écraser sous des feux plongeants.

Devant elle, une armée bavaroise, qui la menace à gauche ; les Prussiens au centre ; et les Prussiens encore sur la droite, mais les Prussiens bientôt soutenus par la division du Wurtemberg.

Au point du jour, les Bavarois attaquent vigoureusement notre aile gauche, pendant que les Prussiens ouvrent mollement leur feu.

On dit que ce fut une faute à nous de ne pas avoir pris l'offensive.

D'après les habiles, si une disposition semblable à celle de notre ligne de bataille valut à l'armée française dans le cours de l'année 1800, une brillante victoire, c'est que, dans la clairière, de

Hohenlinden, le général Moreau ouvrit le feu, se précipita sur les têtes des colonnes autrichiennes, les frappa sans relâche à mesure qu'elles essayaient de déboucher, et ne cessa de les refouler dans le bois ; si, au contraire, en 1866, dans une situation identique, le général Bénédeck fut battu à Sadowa, c'est qu'il se laissa envelopper et que l'action convergente du feu de l'ennemi le décimait, l'écrasait, le réduisait à l'impuissance, pendant que ses batteries éparpillaient leurs projectiles en des feux divergents.

D'autres résoudront le problème, mais il semble bon d'en faire mention, car Forbach nous a déjà montré et la suite de la campagne nous fera sentir encore le danger de se laisser enfermer dans une position, si forte qu'elle soit, sans prendre l'initiative de l'attaque.

Les débuts de l'action ne paraissent point inquiétants.

Les Français, rangés en bataille derrière des crêtes, n'ont point à souffrir du feu de l'artillerie ennemie, qui parvient tout au plus à contrebattre la nôtre à Frœschvillers. Une colonne d'infanterie bavaroise s'est bien portée en avant, mais la ferme attitude de nos troupes l'a forcée à regagner ses positions avec des pertes notables. Bientôt cependant, vers le centre, les Prussiens se montrent agressifs, au point que le maréchal, pour éviter que son aile gauche ne soit enveloppée, doit lui intimer l'ordre de faire un changement de front à droite. En même temps, un second corps bavarois vient se placer entre le premier et l'armée prussienne ; et de fortes batteries à embrasures habilement disposées sur le plateau qui sépare Wœrth de Gœrsdorff, ouvrent un feu terrible. Bavarois et Prussiens redoublent d'énergie. L'ennemi semble négliger notre gauche et notre droite pour nous frapper au cœur. Vains efforts! Les Français soutiennent le choc avec une admirable fermeté, tuent beaucoup de monde et rejettent les Prussiens dans leurs lignes.

Le soleil a parcouru la moitié de sa carrière, et l'action reste indécise. Bien que supérieurs en nombre, les Allemands semblent impuissants à culbuter les Français. S'il faut en croire certains récits, le Prince-Royal, inquiet, lance estafettes sur estafettes pour hâter l'arrivée d'une division wurtembergeoise et d'un corps entier de Prussiens. En ce moment, la chance est encore à nous.

Mais voilà que, au sud de Gunstett, apparaît le secours attendu. Pressée sur ses deux flancs, notre gauche, pour n'être pas coupée, abandonne le village de Mosbronn. Les Wurtembergeois la chassent sur Eberbach, et puis sur Elsasshausen, qu'elle incendie et dont elle occupe les hauteurs, pendant que les Prussiens chargent vigoureusement au centre. C'en est fait! notre aile droite, à son tour, commence à plier, même à se débander. Nous tenons encore au centre, du côté de Frœschvillers, mais pour combien de temps? Le maréchal juge le péril extrême. Il tente un de ces coups désespérés qui consistent à envoyer des centaines d'hommes à une mort certaine pour sauver la masse. Le général de Septeuil se tenait près de lui à la tête d'une brigade de cuirassiers intrépides. Le maréchal lui fait signe, lui donne ses ordres, et, d'un air mêlé de tendresse, de pitié, de résignation et de désespoir, il tend la main au général, comme il eût fait en lui disant un long adieu.

Les cuirassiers se massent résolûment au pied d'une colline surmontée d'une houblonnière. A l'extrémité d'un vallon, on leur montre des hauteurs défendues par de formidables batteries couvertes. Ils ont compris ; ils s'élancent ; rien ne les arrête. Une colonne ennemie les attend de pied ferme ; ils l'abordent comme un ouragan, frappent, renversent, écrasent, et font, au sein du feu et de la fumée, le plus terrible carnage. Trois fois obligés de se replier sous l'action de l'artillerie, trois fois ils reviennent à la charge, et leur courage expire seulement avec leur vie.

Aux cuirassiers succèdent les hussards. Même intrépidité ; même ardeur ; mais que pouvait la cavalerie légère devant des blocs à peine entamés par des hommes bardés de fer ?

Hélas ! tout est perdu pour le valeureux Mac-Mahon. L'honneur seul reste intact. Sa propre voiture tombera aux mains de l'ennemi. Les Wurtembergeois s'empareront de trois cent soixante mille francs qui forment la caisse de son corps d'armée. Les Badois saisiront un convoi d'armes, et plus de cent chevaux, six mitrailleuses, trente canons, deux aigles et huit mille prisonniers deviendront la proie des Prussiens.

Rien n'égale le désordre de la retraite, sinon, peut-être, l'immensité du désastre.

Où se replier ? que devenir? est-ce Bitche, Haguenau ou Saverne qu'il faut rallier ? Quelques généraux le demandent aux soldats étonnés. On court dans toutes les directions, à travers les sentiers, les bois, les ravins. Lancés à toute vitesse, les escadrons prussiens poursuivent, frappent, écrasent les malheureux qu'ils atteignent. Sur la chaussée de Wœrth à Reischoffen, hommes, chevaux, fourgons se pressent, se heurtent et se culbutent. L'artillerie, qui veut, à toute force, soustraire ses pièces à l'ennemi, devient presque barbare pour forcer les masses à s'ouvrir devant elle. Voitures et bêtes de somme sont renversées dans les fossés. Quelques hommes coupent les traits des attelages pour arrêter cette course dangereuse ; d'autres, afin de sauter à cheval et de mieux précipiter leur fuite. Au milieu de cette multitude qui se pousse et s'écrase, on en voit se ruer sur les fourgons de l'intendance, mettre les tonneaux en perce et boire avec une avidité fiévreuse. Et puis, quand l'ennemi est assez loin, lorsqu'on pense pouvoir s'arrêter impunément, nouvelles scènes lamentables. Pour mieux agir, à l'heure de la bataille, les chefs ont crié : Sac à terre ! — Et les hommes se sont dépouillés de leurs sacs, de leurs effets et de leurs vivres. Les voilà donc sans provisions, à l'entrée de la nuit, fatigués, harassés, affamés par une lutte de douze heures. Ils demandent aux paysans, ils ordonnent, ils exigent. La désolation et le pillage entrent avec eux dans les fermes et chez la paisible ménagère.

Mon Dieu ! mon Dieu ! à quels désastres avez-vous livré notre pauvre France !

———

# V

## LE COURS LÉOPOLD.

A ces tristes nouvelles qui nous arrivent tronquées et défigurées, les plus intrépides champions d'un empire invincible commencent à sentir leur fermeté défaillir. Ils tâchent bien de se dire que la renommée trompeuse a menti une fois de plus ; que nous devons être vainqueurs, par la raison que nous ne saurions être vaincus ; que cent Français valent mille Prussiens ; que nous avons pris Saarbrück, l'éternel Saarbrück !.... Cependant la préoccupation du salut personnel domine les convictions *a priori*. Le peuple effrayé répète que les Prussiens victorieux dirigent leur marche vers Nancy. On a peur ; et, tout en criant : Nous n'avons rien à craindre, — on s'assure contre le danger.

Dans notre ambulance, on se hâte d'abattre les tentes, de charger, d'atteler et de seller les chevaux, de peur d'être surpris par l'ennemi, sans défense en rase campagne. De préparatifs de déjeûner il n'est pas question ; on se presse d'absorber quelques tranches de jambon et de chercher un abri au cœur même de la ville, dont nous sortions hier en triomphateurs, où nous allons rentrer en fugitifs.

Sur ces entrefaites, un de nos infirmiers est saisi de crampes d'estomac très-violentes. C'était mal choisir son moment, car le soigner sur place est devenu impossible, puisque médicaments et objets de toute sorte sont emballés et chargés. Vrais bohémiens, une fois nos tentes levées, nous n'avons plus ni feu ni lieu. Nous jetons le patient dans un fiacre, avec ordre au cocher de rentrer en ville, sans trop savoir ce que nous y ferons. Parvenus au cours Léopold, la nécessité, l'embarras nous forcent à frapper à la première porte venue. La charité des habitants de Nancy se révèle comme au jour de notre arrivée. A peine a-t-on connaissance de la présence d'un malade, qu'on s'empresse autour de notre voiture ; mais ce n'est ni l'agitation stérile des curieux, ni le verbiage de la commère, ni le bourdonnement de la mouche du coche : on ne parle pas, on agit. Qui apporte du rhum, qui du thé, qui du café, qui de la fleur d'orange ; nul ne vante son spécifique ; on offre, et on nous laisse faire notre choix. Le malade se tord avec angoisse ; on vient à bout de calmer ses douleurs ; on nous conduit enfin à l'hospice civil, où deux jours de soins empressés viendront à bout du mal.

C'est le jour aux aventures.

La caravane stationne devant un café, chevaux toujours sellés, toujours attelés et chargés. La foule étonnée se presse autour de ces voitures blanches et bleues, au drapeau blanc marqué d'une croix rouge, de ces médecins et de ces infirmiers en tenue d'un nouveau genre. Assis devant quelques tables en compagnie d'officiers et de bourgeois, nos médecins causent et tournent insoucieusement leur cuiller dans une tasse de café noir, lorsque notre vaguemestre imagine de monter sur le premier cheval venu pour aller à la poste. La bête rétive refuse d'obéir, recule, se cabre, se renverse, brise une chaise dont le montant lui entre profondément dans la cuisse, et s'abat sur les tables, au risque de tuer tout le monde. Nous en sommes quittes pour la peur. Le cheval est perdu, mais le cavalier sauvé. Nous le relevons presque évanoui, et le transportons dans une auberge voisine ; demain il sera sur pied.

Cependant il se fait tard. M. Lefort est aux informations chez le préfet, chez le commandant de place. Que devenir ? Faut-il nous porter au-devant de l'armée en déroute et de ses blessés ? Devons-nous continur à attendre des ordres à Nancy ? Nul ne sait donner un conseil. Le peut-on ? La confusion est si grande, les nouvelles sont si contradictoires! On se résout à nous garder en prévision de l'arrivée possible du premier corps d'armée, que plusieurs croient en marche vers Nancy. Ordre nous arrive de la mairie de camper sur le cours Léopold, d'y dresser nos tentes, d'y préparer une vaste ambulance. Il est trop tard aujourd'hui ; et puisque rien ne presse, l'installation est remise à demain. On dételle, on attache les chevaux aux roues des voitures ; ils passeront ainsi la nuit, sous la garde de quelques palefreniers. Le directeur de l'Académie ouvre aux hommes sa grande salle des séances. Nous y dormirons sur le plancher, à l'abri du vent et des nuages menaçants. Ne nous plaignons pas de la dureté de la couche ; surtout gardons-nous de nous poser en victimes. Près de nous, sont les vrais martyrs, deux régiments de ligne sous les armes. Les malheureux stationnent là depuis deux heures de l'après-midi. On ne leur a même pas permis de rompre les rangs pour manger ; ils ont reçu leur ration debout, l'arme au pied ; ils attendent un ordre de départ qui n'arrive jamais. Vers neuf heures, je sors pour les revoir. La nuit est sombre ; la pluie les inonde ; et toujours debout, immobiles, ils attendent. Sublimes victimes ignorées, victimes de l'ordre, victimes de la discipline, victimes pour la patrie ! J'appris le lendemain qu'ils étaient partis à minuit seulement.

Jusqu'au 9 du mois d'août, nous ferons la plus sotte des factions sur ce malheureux cours Léopold. Sans cesse, on annonce des convois de blessés ; les blessés n'arrivent pas, et nos tentes restent vides. Un soir, on vient nous avertir, de la part du maire, de préparer immédiatement cinq cents lits. Activité sans pareille. On se divise en escouades. Les uns disposent les tentes, la charpie, les médicaments ; les autres courent au chemin de fer avec des brancards ; il pleut ; il fait noir comme dans un four ; qu'importe ? on s'évertue, on brave les éléments. Vers minuit, arrive le convoi, on se précipite aux portières ; c'est à qui prendra un blessé sur ses épaules ; mais point du tout, l'ordre n'est point de les déposer à Nancy ; d'ailleurs, ils croient que les Prussiens les poursuivent, ils craignent de tomber en leur pouvoir, et demandent eux-mêmes à être transportés plus loin. Cinq hommes trop fatigués sont les seuls à descendre.

Le lendemain, la ville entière accourt pour prodiguer ses soins aux victimes ; on accourt ; on trouve nos cinq hommes. De bonnes religieuses réclament la faveur de les soigner ; on les leur confie ; elles les emmènent ; et le vide se fait de nouveau.

La position n'est plus tenable ; il faut en sortir. A quoi bon tant d'étalage, tant de dépense pour ne rien faire ?

Mais encore une fois, à qui demander un ordre ou même un conseil ?

Le désarroi, l'incertitude règnent partout. A chaque heure, ils augmentent. Les autorités civiles et militaires ne disent rien. Le public s'imagine qu'elles savent tout, qu'elles cachent tout ; les têtes s'exaltent ; on se perd en conjectures ; on invente surtout des nouvelles plus alarmantes les unes que les autres. Les journaux sont tout ce qu'il y a de plus insignifiant. Le gouvernement leur a défendu de parler de la guerre ; on les ouvre avec la conviction de n'y rien trouver. On lit cependant par le désir qu'on a d'apprendre, et, en lisant, on éprouve la sensation d'un homme qui demanderait à un muet un secret d'importance. L'homme sans parole s'agite, gesticule, fait mille efforts, mais l'oreille avide ne perçoit aucun son ; on est à deux doigts de la vérité ; on la sent, et on ne peut la saisir ; aussi notre angoisse est-elle grande.

Or, voilà qu'un matin, toujours muettes sur la guerre, les feuilles de Paris nous parlent de séances orageuses à la Chambre à propos de cette même guerre. Le maréchal Baraguay-d'Hilliers a déclaré Paris en état de siége. Un décret officiel convoque, pour le 9, en session extraordinaire le Sénat et le Corps législatif. La Régente lance par toute la France une proclamation, un appel pour sauver la patrie en danger. Le Ministère fait une lourde chute. Un député, M. de Kératry, ose dire à la tribune : « Quand Napoléon 1er a succombé avec « nos bataillons, la France s'est chargée elle-même « du gouvernement de ses affaires. La confiance

« s'est retirée du Chef de l'Etat ; c'était justice et
« prévoyance. Napoléon III n'a pas su conduire
« nos armées à la victoire ; selon la proposition
« que nous avons déposée, qu'il cède sa place... »
Un autre, M. Jules Favre ajoute : « La vérité est
« que le sort de la patrie est compromis, et que
« c'est là le résultat de ceux qui dirigent les opé-
« rations de la guerre et de l'insuffisance absolue
« du commandement en chef. J'ai donc l'honneur
« de déposer une proposition aux termes de la-
« quelle une commission de quinze membres,
« choisis dans le sein de la Chambre, sera orga-
« nisée pour repousser l'invasion étrangère ».

Un peu plus tard, un député encore propose la
mise en accusation du maréchal Lebœuf, ancien
ministre de la guerre, actuellement major général
de l'armée. « La commission, dit-il, appellera à sa
« barre le maréchal Lebœuf et tous les fonction-
« naires de l'intendance et de l'administration mi-
« litaire ». Un tumulte effroyable a suivi ces
paroles ; la Chambre s'est agitée, soulevée, presque
bouleversée.

En lisant ces choses, nous nous disons que le mal
doit être immense. Mais quel mal? De quoi s'agit-
il ? Est-ce donc la défaite de Wissembourg et celle
de Wœrth seulement qui occasionnent de telles
émotions, des paroles aussi extraordinaires, des
propositions qui ne tendent à rien moins qu'à la
déchéance de l'Empereur. Évidemment, de plus
grands malheurs nous sont cachés. On ne veut pas

nous les communiquer ; nous irons voir par nous-mêmes où l'on en est et ce que nous pouvons faire pour utiliser nos dévouements. Nous nous décidons à quitter Nancy. Un train spécial nous emporte vers Metz.

# VI

## METZ.

A l'ouest de Metz, non loin de la station du chemin de fer, sur l'emplacement de la citadelle détruite en 1789, s'élève une caserne magnifique, bâtie sous le gouvernement de juillet, pour la somme de quatorze cent vingt mille francs. Elle restait vide ; on la destinait aux blessés ; le général Coffinières, gouverneur de la ville, veut bien nous l'assigner pour demeure, à la charge d'y prendre soin de la future ambulance. Nous y entrons avec joie. Enfin nous voyons nos services accueillis : nous pouvons nous dévouer pour notre généreuse armée. L'installation n'est pas longue à faire. On nous abandonne une grande salle pour les infirmiers, une autre pour les médecins et leurs aides, et trois chambres où se cantonne l'état-major, deux par deux ou trois par trois, selon l'occurrence.

Nous y trouvons de petits lits de soldats avec de gros draps gris et une couverture : nous nous croyons aux Tuileries ; c'est la première fois que plusieurs voient un lit depuis le départ de Paris, la dernière aussi jusqu'à la fin de la campagne. Grâce à la poudre insecticide, soufflée par M. Lefort avec une sage prévoyance, dans notre chambre on dort comme des princes, tandis que nos voisins, moins prévoyants, soupirent et maugréent sur leur couchette infectée d'horribles insectes qui n'ont pas voulu suivre les soldats à la guerre.

Dès l'aurore, après avoir remercié Dieu, nous courons aux informations. Des nouvelles ! des nouvelles ! il nous en faut : notre inquiétude est extrême.

Rien d'étrange comme le spectacle qui frappe nos regards. La ville est pavoisée comme pour le triomphe, et pleine cependant d'une émotion douloureuse.

A la Préfecture, où résident l'Empereur et son fils, des trophées, de magnifiques livrées, des officiers et des soldats en tenue irréprochable. Dans la rue des Clercs, drapeaux sur drapeaux. L'hôtel de l'Europe et celui de Metz, occupés par des généraux et des états-majors, en ont à toutes leurs fenêtres. Les maisons voisines en sont plus ou moins diaprées, selon l'importance des personnages qu'elles abritent. Dans les rues, des soldats, des soldats, toujours des soldats, des uniformes de toute couleur, des chevaux, des fourgons, des canons, des convois de poudre et de boulets. Au milieu de cette foule tumultueuse, les généraux brodés et les plus brillants officiers d'état-major passent inaperçus, tant ils sont nombreux. C'est l'image de la force et de la puissance.

Et cependant, les physionomies sont sévères, presque sombres. On entend parler de fuite de l'Empereur, de remaniement complet dans les hauts commandements, de disgrâce du maréchal Lebœuf, major-général de l'armée. Surtout, les mots de défaite et de honte se prononcent tout haut.

Qu'est-ce donc ? Les malheurs de Wissembourg et de Wœrth ne sont-ils pas les seuls ? L'armée du Rhin, commandée par l'Empereur, aurait-elle, à son tour, subi quelque mortel échec ?

## VII

### ÉCHAUFFOURÉE DE SPICHEREN.

Il n'est que trop vrai !

Battus en Alsace, nous avons, le même jour, à la même heure, éprouvé de cruels revers en Lorraine. De ce côté, comme de l'autre, notre territoire est envahi. La route de Berlin nous est coupée, et les Allemands semblent vouloir forcer celle de Paris.

D'habiles tacticiens ont dit que si, après la passe d'armes de Saarbrück, on avait profité de la surprise de l'ennemi, il eût été possible de culbuter le corps d'armée du général Steinmetz, de jeter parmi les Allemands cette stupeur qui naît presque forcément d'un premier revers, d'établir brillamment la réputation de l'armée du Rhin, de se précipiter sur le prince Frédéric-Charles, avant que le Prince-Royal, occupé en Alsace, eût trouvé le temps de le secourir, de battre ainsi l'ennemi en détail, de parer à l'inconvénient immense de la supériorité du nombre.

Était-ce réellement possible? Je l'ignore. Un homme de guerre pourrait seul le démontrer. Toujours est-il qu'on s'arrêta.

Son coup de main terminé, le corps Frossard prit ses positions et se tint sur la défensive. La situation était merveilleusement choisie, la répartition des troupes admirablement ordonnée. En avant du village de Spicheren s'établit la division Lavaucoupet sur des crêtes dominantes, devant lesquelles un profond ravin constituait une défense naturelle de la plus grande force, tandis que, vers la droite, des pentes très-raides et boisées descendaient rapidement jusqu'à la rivière. La division Vergé fut chargée de défendre la gauche vers Stiring. La division Bataille forma la réserve, en arrière, sur le plateau d'Œltingen. Au besoin, pour les soutenir, il y avait le corps entier du maréchal Bazaine, dont le quartier général était à Saint-Avold.

Comment se fait-il que, dans cette guerre, les meilleures positions nous portent malheur ?

Parmi les très-belles dispositions prises pour notre défense, on avait négligé, paraît-il, de laisser une forte avant-garde sur les crêtes qui dominent Saarbrück, pour contrarier les mouvements de l'ennemi, gêner la manœuvre de son chemin de fer et le passage de la rivière, en sorte que, sans coup férir, trois corps d'armée prussiens vinrent s'établir devant nous, à une distance de quinze kilomètres seulement ; que, le 6, vers sept heures du matin, leurs escadrons se montraient déjà sur la place d'exercice, tandis que leur infanterie arrivait en masse de Saarlouis, le long de la rive droite de la Sarre.

Français et Allemands ainsi en présence, un conflit devait nécessairement s'engager.

Des deux côtés, le canon fit entendre sa grande voix. Les troupes allemandes, cantonnées derrière la Sarre, accoururent à ce bruit. Le combat s'établit.

Incapables d'aborder les Français en face, les Prussiens essayent de les tourner. Cinq de leurs bataillons, soutenus d'une artillerie puissante, pénètrent dans le bois de Stiring, d'où ils espèrent nous battre en flanc et gagner les hauteurs par surprise. Vains efforts ! La division Vergé les reçoit de pied ferme et les refoule dans la vallée. Ils ne perdent cependant pas courage.

Vers trois heures, le chemin de fer amène de Neukircken une partie notable de leur infanterie du troisième et du huitième corps ; leur artillerie les rejoint au galop ; ils reçoivent ainsi un puissant renfort de troupes fraîches, à mesure qu'ils s'épuisent dans la lutte, tandis que nous, personne ne se présente pour nous soutenir. Par une étrange fatalité, le général en chef, retenu au loin toute la matinée, vient d'arriver seulement sur le champ de bataille. Par un malentendu plus inexplicable encore, un corps d'armée tout entier, celui du maréchal Bazaine, au lieu d'accourir au canon, reste en arrière, l'arme au bras, sans mettre dans la balance une vaillante épée, dont le poids eût changé peut-être la déroute en victoire.

L'ennemi, devenu puissant, nous regarde en face et se présente de front. Cependant il est aisé de voir que son principal effort se dirige vers notre droite. Ses tirailleurs pourchassent les nôtres ; son infanterie les suit de près. Il s'engage résolûment dans le bois et cherche à gagner la hauteur. Nos troupes résistent. L'affaire devient solennelle et terrible. Les Français ont dû se replier ; ils veulent regagner le terrain perdu ; les Prussiens ne lâchent pas ; on se choque, on se heurte : personne n'avance, personne ne recule ; c'est une lutte sur place, lutte vive, ardente, désespérée ; on se demande qui l'emportera ; nul ne saurait le dire. Tout à coup, une troupe française accourt du village d'Alting, frappe les Prussiens et les force à se réfugier dans le bois. La victoire voudrait-elle nous sourire ? Mais non ; voilà qu'une division prussienne, suivie d'une artillerie imposante, arrive sur le plateau, charge nos troupes, qui résistent d'abord, mais succombent à la fin et se retirent, obligées d'abandonner une position qu'on supposait inexpugnable.

Nos pertes sont énormes : la seule division Lavaucoupet a dix-huit cents hommes et cent soixante-trois officiers tués ou blessés ; le nombre total des morts et de trois à quatre mille hommes ; deux mille sont prisonniers. Tout le campement de la première et de la troisième division tombe aux mains de l'ennemi, aussi bien qu'un équipage de quarante pontons.

Qui racontera les désastres de la fuite et cet encombrement d'hommes, de chevaux et de voitures, luttant de vitesse pour échapper à l'ennemi, encombrant la route, abandonnant sur le chemin armes et bagages de toute sorte ? Que d'autres s'y résignent ; je n'oserais retracer des scènes aussi lamentables.

Pendant que l'infortuné général et ceux qu'il devait conduire à la victoire se précipitent vers Metz pour s'abriter derrière ses remparts, que le major-général, en apprenant ce désastre, ordonne à tous les corps d'armée d'opérer le même mouvement en arrière, l'ennemi occupe Forbach, où il trouve des approvisionnements considérables. Il est vrai que ses pertes sont cruelles. Une seule de ses divisions, la cinquième, a dix-huit cents blessés et trois cent trente-neuf morts; le quarantième régiment d'une autre de ses divisions a perdu près de mille hommes ; n'importe ! il a franchi notre frontière, envahi notre territoire; il s'y maintient; il est vainqueur !

---

## VIII

### EMBARRAS DE LA SITUATION.

Les événements se précipitent. Rien n'est plus capable d'arrêter l'invasion prussienne.

Après le revers de Forbach, le major-général s'est hâté d'envoyer à tous les corps d'armée de Lorraine l'ordre de se replier sous Metz. Cependant l'armée du maréchal de Mac-Mahon est en fuite, et le maréchal Canrobert a quitté Châlons pour accourir en Lorraine. Toutes les routes sont donc ouvertes à l'ennemi.

La première armée prussienne pénètre en France par Saarbrück, Forbach et Saint-Avold ; la seconde, par Deux-Ponts et Sarguemines ; la troisième, par Landau, Wissembourg, Haguenau, Saverne et Nancy. Leur marche s'effectue avec une rapidité prodigieuse ; chaque heure est marquée par un progrès ; à tout instant, on apprend des nouvelles désespérantes.

Le 9 du mois d'août, Saint-Avold est occupé, et les patrouilles ennemies ont poussé jusqu'à deux milles devant Metz. Le 10, on annonce que le roi a pris son quartier général à Saarbrück. Le 11, il est déjà à Saint-Avold. Le 12, la cavalerie allemande défie Metz, Pont-à-Mousson et Nancy. Le même jour, la petite forteresse de Lichtenberg ouvre la série des capitulations. Le 13, le roi, qui avance toujours, transporte son quartier général à Faulquemont, et lui-même, de sa personne, avec son état-major particulier, occupe le château de Herny, à quatre milles de Metz.

La physionomie de la guerre est franchement dessinée. Nous n'avons pas su aller en avant ; l'ennemi nous a prévenus ; nos frontières sont violées ; notre territoire est envahi ; il faut vaincre ou périr.

Rien de solennel et de lugubre comme les jours que nous traversons, ces jours qui suivent nos défaites et précèdent peut-être des calamités plus grandes encore.

La fortune de la France semble enfermée dans Metz. De la résolution qui va s'y prendre dépendent les destinées de la patrie.

Beaucoup disent : hâtons-nous ; laissons à la

ville toujours imprenable une forte garnison, assez nombreuse pour la défendre, pas trop lourde, de peur d'épuiser ses provisions. Que l'armée se retire; il en est temps encore. Elle peut se replier sur l'Argonne, donner la main au maréchal de Mac-Mahon, aller planter ses tentes sous les murs de Paris, y déployer fièrement ses drapeaux, attendre de pied ferme un ennemi contre lequel la France entière se lèvera, qu'elle enveloppera de toutes parts, qu'elle écrasera, dont elle ne laissera pas un débris flotter sur le Rhin.

Mais le pouvoir hésite; il doute de lui-même; il délibère non sur ce qu'il y a à faire pour le salut de la France, mais sur sa propre existence. L'Empereur est arrivé à une situation unique dans l'histoire des souverains; il a quitté les rênes de l'empire pour les confier à la Régente et se réserver le commandement des troupes; et voilà que sa main débile n'a plus la force de porter l'épée; l'armée perd confiance; elle se sépare de lui; tous les commandements lui échappent à la fois. Que va-t-il faire? Retourner à Paris? Mais les députés, mais le peuple le recevront-ils? Ne parle-t-on pas de sa déchéance? D'un autre côté, en restant à Metz, ne s'expose-t-il pas à se faire bloquer pour de longs mois? Sa planche unique de salut paraît être de recourir à la vaillante épée du maréchal de Mac-Mahon. Il ne tardera pas à prendre ce dernier parti, sans se douter que c'est une première étape vers Willemshœhe.

Lorsque la tête est troublée. que l'œil ne voit plus, que le cerveau élabore difficilement sa pensée, le corps entier s'affaiblit et le désordre pénètre dans les fonctions vitales. L'armée se ressentait des irrésolutions d'en haut ; le commandement ne s'imposait plus avec cette netteté qui inspire la confiance ; il semblait qu'on fût sur un navire livré à toutes les violences d'un vent impétueux, ou mieux, peut-être, entraîné à la dérive par les courants sous-marins.

Au milieu de la confusion générale, la situation de notre modeste ambulance devenait critique. Vainement, depuis huit jours, nos médecins demandaient-ils qu'on utilisât leur dévouement : invariablement on leur répondait: Attendez, nous verrons. — Ils comprirent qu'ils ne devaient plus compter sur une direction de détail, quand l'autorité semblait tracer les grandes lignes avec peine. Ils résolurent de se frayer eux-mêmes une voie.

Puisque, se dirent-ils, Metz paraît suffisamment pourvu, pourquoi ne pas diriger nos efforts de l'autre côté des lignes, vers le camp prussien, où abondent les prisonniers et les blessés français? Ils y sont meurtris, torturés par la douleur, accablés du poids de l'exil, incapables même de faire comprendre leur mal à des infirmiers qui parlent allemand. Invoquons en leur faveur la convention de Genève; son drapeau nous abrite ; nous en portons les insignes ; elle nous fait une position neutre ; profitons-en pour voler au secours de nos frères malheureux ; apportons-leur toutes nos ressources en tentes, en lits, en médicaments, et demandons aux Prussiens l'autorisation d'établir au milieu d'eux une ambulance française.

L'idée fut examinée en conseil ; le conseil la soumit à l'approbation de tous, et tous y souscrivirent.

Le lendemain, M. Lefort, accompagné de M. Good, docteur américain, parlant également le français, l'allemand et l'anglais, alla demander l'agrément de l'Empereur, qui accepta l'idée et renvoya ces Messieurs au maréchal Bazaine. Il leur fallait un trompette, un officier parlementaire et un drapeau blanc pour passer d'un camp à l'autre, selon les lois de la guerre. Le maréchal leur dit de tenter l'aventure seuls avec leur drapeau à la croix rouge. Ils partent. Les avant-postes français, qui n'ont reçu aucun ordre de suspendre le feu, sont les premiers à tirer sur eux ; pourquoi, dès lors, les Prussiens renonceraient-ils à la riposte ? Nos deux parlementaires continuent à marcher dans un péril extrême, lorsqu'un officier d'état-major accourt à toute bride leur dire qu'ils vont à la mort, et leur intimer l'ordre de rentrer dans nos lignes.

C'était un coup de providence !

La face des choses va changer ; bientôt malades et blessés abonderont à Metz, et personne ne sera de trop pour les secourir.

# IX

## SUITE.

Le 14 août, l'édilité de la cité Messine faisait les préparatifs de la fête légalement instituée en l'honneur de la dynastie napoléonienne. Un bouquet et une oriflamme dominaient la flèche de l'imposante cathédrale. Le peuple regardait avec étonnement. Il avait appris, la veille, que l'Empereur résignait ses pouvoirs de général en chef entre les mains du maréchal Bazaine, que le maréchal Lebœuf était relevé de ses fonctions de major-général ; il sentait par instinct qu'il y avait en haut de grandes défaillances, et il se demandait si on aurait le courage de se réjouir en de telles conjonctures.

Bientôt, d'un bout de la ville à l'autre, retentit un bruit extraordinaire d'armes et de chevaux. Un immense convoi pénètre par la porte Serpenoise pour aller déboucher dans le sens opposé. Deux lignes de fer coupent la cité en diagonale. Toute communication reste interrompue de l'est à l'ouest. Au débouché de toutes les rues, on se heurte contre le convoi en marche, et des gendarmes à cheval crient : On ne passe pas !

Quelque chose de grand se prépare sans doute.

Hélas ! on recule devant l'ennemi, de peur d'être cerné. Le général Steinmetz, avec son corps d'armée, campe au nord-ouest de Metz, à cheval sur les deux routes de cette ville à Saarlouis et à Saarbrück, prêt à se jeter sur nous si nous essayons de gagner Thionville. En même temps, le prince Frédéric-Charles marche avec rapidité sur Pont-à-Mousson, pour remonter vers le nord et nous couper la retraite sur Verdun. Il faut gagner de vitesse et chercher à passer avant l'arrivée du prince Frédéric-Charles, si nous ne voulons rester bloqués. De là ce mouvement de nos troupes, qui se hâtent d'atteindre la rive gauche de la Moselle.

L'armée s'en va donc ! Notre devoir est de la suivre.

On charge les fourgons ; tout le monde est prêt ; notre petite colonne s'ébranle ; elle traverse la Place Royale, mais, en face de la rue des Clercs, l'impassible gendarme met son cheval en travers et dit : On ne passe pas!

On ne passe pas ! il faut se résigner à attendre ; mais combien de temps? Des files immenses de chariots encombrent la voie ; ils marchent lentement ; le plus souvent ils s'arrêtent. Le jour tombera, la nuit entière s'écoulera avant que cesse de couler ce flot qui semble inépuisable. Nous retournons donc à la caserne ; mais on ne détellera pas ; les chevaux resteront sellés ; et nous nous tiendrons réunis, prêts à partir à la première éclaircie.

Que les prévisions des hommes sont courtes ! Comme nous nous agitons, et comme Dieu nous mène ! Le 14 du mois d'août, nous pensions quitter Metz, et, le 27 octobre, nous y étions encore !

---

# X

### LA NUIT AU CHATEAU DE BORNY.

Quelle nuit se prépare ?

Que signifie ce canon dont la voix gronde au loin ? annonce-t-il, pour demain, la fête légale des Napoléons ? — Non, car j'entends des feux de pelotons nourris et répétés ; et, dans les airs, s'élèvent des plaintes et des gémissements.

Nous montons aux terrasses de la caserne. Les forts Queuleu et Saint-Julien font parler la poudre. Entre eux deux, une épaisse colonne de fumée, mouchetée de feux incessants, indique une bataille du côté de Borny.

Pourquoi cette bataille ?

Notre retraite s'opérait en bon ordre. Le quatrième corps, artillerie, cavalerie, infanterie, avait presque entièrement franchi la Moselle, et le troisième s'ébranlait pour le suivre, lorsque l'ennemi s'aperçut enfin de notre mouvement, trop tard pour l'empêcher, assez à temps pour frapper et massacrer des hommes qui s'en allaient.

Il était deux heures environ. Les Prussiens, débouchant du bois de Colombey, dirigent contre la division Metman un feu de mitraille et de mousqueterie. Nos hommes se retournent, intrépides et fiers : ils acceptent la lutte. Avertie par le bruit, une partie du quatrième corps revient sur ses pas, gravit les hauteurs de Saint-Julien, et veut prendre sa part de la peine comme du triomphe. Les forts soutiennent les combattants par un feu intelligent et meurtrier. La lutte se prolonge avec des chances diverses. Trois fois le bois de Mey est pris ; trois fois il est repris. De nombreux tirailleurs essayent en vain de harceler notre droite; le général Pradier les repousse avec sa brigade. Sur la gauche, le général de Cissey charge intrépidement un groupe nombreux de cavalerie et d'infanterie. Soldats et officiers font vaillamment leur devoir. Hélas! combien mordent la poussière ! Le colonel Fournier tombe frappé à mort. On emporte le général Castagny, blessé. Le chef du troisième corps, général Decaen, est atteint au genou d'un coup de feu dont il mourra ; il n'en continue pas moins à diriger et à soutenir le courage de ses hommes. Trois quarts d'heure encore, il persiste. Enfin son cheval, traversé, se renverse sur lui, et, dans sa chute, le froisse cruellement. Grâce à tant d'énergie, à de si mâles courages, vers six heures, à la nuit tombante, les Prussiens se retirent, après avoir perdu dix mille hommes, de leur propre aveu, tandis que nos pertes s'élèvent à trois mille seulement. Le champ de bataille nous reste ; et l'armée continue son mouvement dans la direction de Verdun.

Cependant les jardins, les granges et toutes les dépendances du château de Borny sont encombrés de mutilés et de mourants. Personne pour les soigner. Les ambulances de guerre sont de l'autre côté de la Moselle. On fait appel à nos médecins. Ils accourent, se multiplient, arrêtent les hémorrhagies, extraient les projectiles, rapprochent les lèvres des plaies béantes, posent les premiers appareils. Les opérations les plus délicates se font sur la marche d'un perron, dans un taillis, sur le chemin. Il fait nuit. A tout instant, dans l'obscurité, s'élève un gémissement ; c'est le cri de détresse d'un mutilé qui s'épouvante et craint d'être oublié. Les lanternes sont rares ; on les promène en tout sens. Leur faible lumière se projette d'une manière sinistre à travers les arbres des bosquets ; elle n'éclaire que des tristesses ; ici un mort ; là un malheureux qui râle, prêt à rendre le dernier soupir ; plus loin une victime qui présente un membre saignant ; et le chirurgien, à genoux, les mains souillées ; et le généreux soldat du train, qui se tient debout, en silence, prêt à charger le patient sur son mulet, pour l'emporter. Du sang partout, sur la terre, sur les vêtements des blessés, comme sur les habits de ceux qui les soignent : du sang et des larmes ! au sein du désordre et de l'horreur, une modeste religieuse, maîtresse d'école au village, passe et repasse avec le meilleur vin des caves du château, offrant à boire avec une de ces paroles qui raniment le courage. Elle me conjure d'accepter de son vin. Un seul gobelet lui servait depuis des heures : la pauvre fille n'y prenait pas garde ; quand j'en approche mes lèvres, elles touchent le sang ; les parois en sont rouges.

Vers minuit, arrive l'ordre de nous replier sur Metz. L'armée continue son mouvement en arrière; elle quitte le champ de bataille ; on craint un retour offensif des Prussiens; il faut partir, abandonner les blessés à l'ennemi. Heureusement le courage de nos infirmiers est à la hauteur de leur dévouement ; ils préfèrent risquer le danger. Quelques charrettes sont encore là. Ils se hâtent d'y entasser les blessés. Quand le château n'en contient plus, on court à l'église. Pauvre église! Nous l'avons trouvée fermée, nous en avons enfoncé les portes, et nous l'avons remplie d'hommes qui se tordaient de douleur. L'église évacuée, on visite les maisons particulières. La difficulté augmente ; les chambres sont petites, les portes étroites ; les brancards circulent difficilement. Nous organisons un service au moyen duquel nous faisons sortir les blessés à travers les fenêtres des rez-de-chaussée. Mais voilà que les voitures sont pleines, il reste quatre hommes, parmi lesquels un petit sergent de Grenoble dont souvent j'avais vu le nom sur une modeste enseigne. Je fais appel au cœur de nos infirmiers ; ils tombent de fatigue, et la ville est encore loin ; mais leur ardeur triomphera. Ils se dévouent à porter à bras les quatre dernières victimes.

Quel pèlerinage que celui de Borny à Metz ! La route est bonne, mais étroite : il faut qu'elle donne passage à la multitude qui revient du champ de bataille, aux lourds canons traînés au grand trot, aux hussards qui courent ventre à terre, à l'humble fantassin qui se range sur les bords, que tout le monde heurte et pousse, comme s'il n'était pas la vraie force de l'armée. Nos charrettes de blessés cherchent à se frayer un passage au milieu de ce tumulte : il leur faudrait une allure calme, uniforme, douce; mais, perpétuellement cahotées, elles font souffrir les blessés, qui poussent des cris. La lune s'est levée ; sa lumière multiplie les ombres, et le mouvement général en paraît doublé. Voici la porte de la ville, étroite comme toutes les portes de forteresse; on s'y pousse, on s'y entasse, on s'y meurtrit. Il est quatre heures du matin lorsque nos tristes voitures arrivent enfin à la caserne du génie. Elle, encore hier vide et silencieuse, est pleine aujourd'hui de malheureux qui laissent échapper leur sang par mille blessures. Les escaliers en ruissellent ; les pavés en sont glissants. Nous courons d'une salle à l'autre, bénissant les moins maltraités, absolvant les autres. Combien ne verront pas le soleil de demain !

Pauvres mères, pleurez dans vos chaumières, pleurez et priez Dieu. Vos enfants vont mourir !

# XI

## LES MORTS.

Un armistice vient d'être signé entre le gouverneur de Metz et le général ennemi. On nous rappelle sur le champ de bataille pour enterrer les morts. Nous montons au fort Saint-Julien avec ordre de requérir cent hommes de corvée ; et puis lentement nous descendons les pentes de la montagne dans la direction du camp prussien.

A un certain âge, on croirait n'avoir plus de larmes dans les yeux, mais comment ne pas pleurer devant le spectacle du lendemain d'un combat?

Dans les champs, dans les prairies, au lieu de moissons jaunissantes et de verdure émaillée de fleurs, ce sont des terres piétinées, bouleversées par le mouvement des chevaux et des hommes, des arbres criblés, des branches brisées et dispersées par la mitraille ; et puis des ustensiles de campements épars çà et là, des bidons, des gamelles, des sacs, des fusils, des sabres, des képis, des cartouchières, mais surtout des morts!

Hier, hier matin, tant de jeunes gens pleins de vie avaient salué le soleil levant ! Ils s'étaient réjouis à la pensée d'un départ qui les rapprochait de Paris ; ils avaient fait leur sac en chantant ; et, cette nuit, nous en avons relevé un grand nombre gisant à terre, dans d'horribles tortures; et aujourd'hui le soleil se lève sur des morts !

Celui-ci est tombé raide, et ses membres conservent l'attitude de l'homme qui couche en joue. Celui-là s'était traîné vers un arbre pour s'y appuyer ; il est mort en rampant, avant de l'avoir atteint. On voit que d'autres se sont fait assister par leurs camarades ; à l'un on a placé son sac sous la tête, afin de l'aider à mourir moins durement ; on en a couché un second sur la berge d'un fossé. Une ligne entière de tirailleurs est là en bon ordre, tous blessés à la tête, tous renversés dans la même direction. Ils ont dû être balayés par la mitraille, tandis que, à genoux, ils se disposaient à tirer. Dans la poche d'un jeune officier, je trouve une lettre de sa mère et un chapelet. A la main d'un soldat, je vois son *Manuel du chrétien* et les prières des agonisants. Souvent un Prussien à côté d'un Français, tous deux morts en même temps selon toute apparence, tous deux, à la même heure, devant le tribunal du souverain juge !

Je ne parle pas de blessures atroces; à quoi bon ! L'âme de ces jeunes hommes me préoccupe, et je pense aux tortures morales qui ont empiré leur agonie.

J'en reconnais plusieurs dans le nombre. Ils avaient le cœur aimant et tendre. Au premier jour de l'année 1870, ils m'avaient dit : Voilà que nous touchons à l'expiration de notre congé. Au mois d'août, viendra le général inspecteur, et nous serons renvoyés dans nos foyers pour y vivre avec nos familles. — Ils le croyaient : la jeunesse ne s'imagine jamais devoir mourir ! Et voilà qu'hier au soir, ils sont tombés, et l'image de leur mère, celle de leur fiancée peut-être, a passé devant leurs yeux. Et ils ont crié : Mère à mon secours ! Mère, que je vous voie encore une fois, et que je vous embrasse ! Et, dans leur raison fiévreuse, ils ont cru revoir le pays et leur famille et leurs amis ; et ils ont étendu les mains, et ils n'ont palpé que la terre du champ de bataille, la terre humide de leur sang. Et, autour d'eux, le tumulte et l'agitation. Et, quand la lutte fut terminée, ils étaient seuls ; ils demandaient à boire, et personne pour leur en donner ; ils sentaient la vie s'échapper avec leur sang, ils priaient qu'on arrêtât ce sang ; mais qui était là pour panser leurs blessures ? Enfin ils ont compris qu'il fallait mourir malgré leur jeunesse ; et, seuls, sans consolation, sans une parole du cœur, ils sont morts ! Et voilà que celui qui les aimait ne pouvait plus rien pour eux, qu'ordonner à leurs camarades d'ouvrir une fosse dans le champ, et puis de les y déposer doucement, et de les recouvrir de terre ; de sorte que nulle trace ne restera d'eux, pas même une tombe au cimetière du village, où leurs parents viendraient prier. A l'automne, le laboureur, fendant la terre avec sa charrue, rencontrera leurs ossements, qu'il recouvrira bien vite en se signant avec une sorte de terreur. Et puis ce sera tout. Tant de jeunes existences auront disparu pour toujours.

Jeunes gens, l'éternité a commencé pour vous ! mais il y en a deux : il y a la récompense, et il y a le châtiment. Où êtes-vous ? Oh ! qu'ils sont coupables ceux qui vous ont dit : Soldats, plus de religion. Quand on porte l'uniforme, on ne prie plus, on blasphème ; au lieu de l'Église le cabaret, le théâtre et les mauvais lieux. — Qu'ils furent coupables et quelle responsabilité ils assumaient ceux qui vous conduisaient à la parade le jour du dimanche, de peur de vous voir aller vers Dieu ! Leurs exemples, leurs tracasseries, leurs blasphèmes sont cause de la perte de quelques-uns d'entre vous, que Dieu avait cependant faits, comme les autres, pour les rendre éternellement heureux. Au jour des justices, il leur sera demandé compte de votre sang. Malheur à eux ! mais en serez-vous moins perdus ?

Bienheureux ceux qui sont morts dans le Seigneur ! Enfants, vous étiez bons fils, et vous avez profité des leçons de vos mères. Devenus soldats par la loi du sort, vous avez voulu l'être par celle du devoir. Et vous avez été serviteurs de la patrie par conscience, bons camarades par charité, ennemis du blasphème, de l'ivrognerie et de l'impureté. Vous fermiez l'oreille aux mauvais propos de la caserne, et le vice ne pénétrait pas dans vos âmes. Vous étiez fidèles à la prière, aux sacrements. Et quand la bataille vous a surpris, vous aviez le cœur pur. Enfants trois fois heureux, ce corps que nous allons confier à la terre, Dieu vous le rendra glorieux, lorsque les jours de la terre seront passés. Votre âme est dans la gloire. Héros chrétiens, combien vous êtes maintenant au-dessus de nous ! Protégez vos familles, protégez l'armée, protégez la France ; protégez-moi, je vous implore.

Toujours solennelle est la bénédiction des sépultures, mais combien plus sur le champ de bataille ! La croix semble briller plus paisible au milieu de ces débris de la guerre. Et ces paroles : *Reposez en paix*, comme elles contrastent avec le tumulte de l'heure précédente, avec ces agitations, ces cris, ces explosions, ces grondements, cette poussière soulevée, cette fumée de la poudre, cet air embrasé, ces blessures sanglantes et ces râles de la mort !

Reposez, reposez en paix, chers enfants de la France. Notre tâche est finie. On ne voit plus rien de tous ces morts, rien que la terre fraîchement remuée.

# XII

## LES BLESSÉS.

Après les morts, les blessés.

Près d'ici, au château de Colombey, plusieurs gémissent entre les mains de l'ennemi. Sous la protection du drapeau à la croix rouge, nous quittons le champ neutre de la bataille pour franchir les lignes prussiennes et passer jusqu'à eux.

Aux abords du château, un chevalier de Malte nous accueille avec une grâce parfaite, et veut bien nous servir de guide.

Dans la cour, entre deux bâtiments d'exploitation, une vaste tranchée béante nous coupe le passage. Nous y plongeons nos regards. Hélas ! Déjà que de victimes auxquelles nous ne pouvons rendre d'autre service qu'un souvenir, une prière, et une bénédiction suprême !

Les portes s'ouvrent, et, sur la paille, pêle-mêle, étendus dans leurs habits sanglants, car il n'y a pour eux ni draps, ni couvertures, nous apparaissent quatre officiers et soixante sous-officiers ou soldats.

Comme nos cœurs battent ! Et quelle n'est pas aussi leur émotion !

Relevés, après le combat, par des hommes dont

ils ne comprenaient pas le langage, ils se sont vu
jeter sur la paille comme des bestiaux ; nul n'a
pansé leurs plaies ; nul n'a pu leur révéler les
chances de leur avenir. Depuis vingt-quatre heures,
ils voient leurs camarades expirer près d'eux sur
la même paille, ils redoutent le même sort, et les
tortures morales les déchirent plus encore que leurs
blessures. Tout à coup, leur apparaissent des
Français, des amis, pour leur tendre la main et
leur dire : nous voilà ! Nous voilà prêts à panser à
genoux ces blessures que l'amour de la patrie nous
rend vénérables et sacrées, à vous consoler, à vous
ramener parmi vos frères !

Nous voulons leur exprimer ces choses, mais
l'émotion nous suffoque. Les larmes aux yeux,
nous étendons nos mains vers eux ; ils nous présentent les leurs ; ils n'osent croire à leur bonheur. Quand on les a assurés que nous les ramè-
nerons à Metz, plusieurs veulent encore douter.

Pauvres gens ! Ils ont faim et soif. Nos voitures
contiennent quelques pains de munition. Nous les
partageons entre eux, le cœur navré de n'avoir
autre chose à leur offrir ; et, de leurs mains sanglantes, ils portent avidement à leur bouche cette
nourriture si peu faite pour des malades. La faim
s'apaise ; mais la soif ! L'eau manque presque absolument. J'aborde un officier prussien ; il me montre, dans une cuisine, l'unique réservoir de la
ferme. Je me mets à la pompe ; rien ne vient, l'officier me relève avec amabilité et ne cesse de faire

effort avant d'avoir rempli mon bidon d'une eau qui arrive seulement goutte à goutte. Nous y mêlons un peu d'une bonne eau-de-vie, reste de nos provisions de Paris; nous courons à la grange ; et toutes ces pauvres figures de s'épanouir, et les mains de se tendre pour recevoir, à leur tour, le modeste gobelet d'étain, qui fait la ronde.

Ensuite commence le triste chargement. Sur des charrettes de paysans attelées de quatre chevaux, on a mis de la paille. Il s'agit de soulever les victimes gémissantes, de les transporter, de les élever à bras tendus, pour les faire passer par-dessus les parois de la charrette, de les coucher enfin, en les entassant pour que tous puissent trouver leur place, opération rendue plus cruelle par l'état affreux des patients. Voyez ce petit sergent-major. Il se nomme Ferrant. Les os de ses jambes sont tellement broyés que ses pieds pendants tournent en tous sens. Il faudra, dès ce soir, l'amputer des deux cuisses. Généreux enfant ! Pendant quatre semaines, il vécut plein de courage et même d'espérance. Un jour, son capitaine vint lui annoncer la croix d'honneur. Il pensa mourir de joie. Hélas ! Il était bien près de succomber à la souffrance ! Nous courûmes dans la ville acheter la bienheureuse croix ; n'en trouvant pas, nous racontâmes notre peine à notre officier comptable, qui nous offrit la sienne. Nous la portâmes au malade ; il la prit dans ses mains. Ses deux beaux yeux parurent se ranimer. Nous suspendîmes la croix à la toile de la tente. Pendant deux jours, il la regardait continuellement. Souvent il disait : « Je ne puis croire qu'elle soit à moi. Que mes parents seront heureux ! » Après quarante-huit heures, j'attachai cette même croix sur un drap mortuaire. Au cimetière, je la reprenais et la remettais à l'intendance, pour qu'elle parvînt à une mère.

Combien de ceux que nous emportons suivront la même voie ! N'importe, si nous ne pouvons les sauver, du moins leur aurons-nous procuré la douceur de passer leurs derniers jours et de mourir entourés des soins de tant de cœurs, de tant de mains généreuses qui, à Métz, prodiguent aux blessés leur dévouement sans bornes.

Une dure épreuve termine cette journée.

Cinq Français gémissent, près de là, au château d'Aubigny. Des infirmiers ont couru trop tôt leur annoncer la délivrance ; l'autorité prussienne refuse de les céder ; il faut nous présenter devant eux pour leur arracher l'espérance. Qui dira leur douleur et les larmes brûlantes qui coulent sur nos mains à mesure qu'ils les étreignent et les embrassent ? Avant de les quitter, n'aurons-nous pas le bonheur de leur rendre quelques services ? L'un d'eux a la cuisse traversée et se plaint de n'avoir pas été pansé. Nous en faisons la remarque à un jeune docteur prussien, qui nous montre ses compatriotes bien plus malades, dont le tour cependant n'est pas encore venu, mais veut bien se déranger par une courtoisie toute chevaleresque. Il abandonne les siens, s'agenouille auprès du Français, et, avec des précautions exquises, sonde, élargit, soigne et bande cette mauvaise plaie. Un petit paysan assure qu'il n'a besoin de rien que d'écrire à sa mère. Assez heureux pour lui fournir le nécessaire, nous recevons de ses mains une lettre qui, pour la pauvre villageoise, vaudra des trésors. Gêné dans ses vêtements durcis par le sang caillé, l'enfant se soulève pour écrire ces mots si délicats : « Mère, ne pleurez pas ; je suis bien ; les Prussiens sont bons pour moi ; ma blessure n'est pas grave ; au revoir, mère ; je vous embrasse. » Un autre souffre cruellement d'une balle dans les flancs ; il veut recevoir l'absolution de ses fautes ; incapable de le soulager par moi-même, je lui remets cinq francs pour l'aider à se procurer quelques adoucissements, et nous nous embrassons, persuadés que c'est pour toujours.

Heureusement, deux jours après, les Prussiens revenant sur leur décision, les cinq blessés nous seront remis, et nous aurons la consolation de les voir tous guérir.

De tous les services rendus par notre ambulance, celui-là n'est-il pas le plus doux au cœur ? — *J'étais prisonnier*, a dit autrefois Notre-Seigneur, *et vous m'avez visité ; venez, les bénis de mon père !* — Sous le charme de cette douce parole, au XIIIe siècle, deux Français, Félix, du pays de Valois, et le Provençal Jean de Matha fondèrent l'ordre des Trinitaires pour la rédemption des captifs, et, plus tard, Pierre

Nolasque, un autre Français encore, institua l'ordre de la Merci. Au XIX° siècle, la convention de Genève a la fortune de pousser plus loin: *J'étais prisonnier, et j'étais blessé,* peut dire maintenant Jésus-Christ, *et vous m'avez délivré, et vous avez pansé mes blessures ; venez, les bénis de mon père !*

# XIII

## BATAILLE DE GRAVELOTTE.

Pendant que nous relevions et soignions nos blessés de Borny, la guerre se préparait à nous en faire d'autres plus tôt qu'on ne le prévoyait.

Notre armée continuait son mouvement de retraite sur Verdun, le deuxième et le sixième corps suivant la route du sud par Rezonville, Mars-la-Tour et Mauheulles ; le troisième et le quatrième se dirigeant au nord sur Conflans et Étain ; la grande réserve et les parcs derrière le sixième.

La première colonne s'avançait protégée par la division de cavalerie du général de Forton ; devant la seconde, la division de chasseurs d'Afrique, sous le général du Barail, éclairait la route.

On marchait, hélas! dans une sécurité inexplicable.

Le matin même du 15 août, les Prussiens nous avaient cependant donné la preuve qu'ils surveillaient nos mouvements dans leurs plus petits détails. Comme pour fêter la saint Napoléon, ils avaient placé deux pièces de canon un peu en avant d'Ars, à l'endroit nommé la Pompe à feu, et dirigé des projectiles meurtriers sur une maison de Longeville-les-Metz, où ils savaient que l'Empereur avait dû passer la nuit avec son fils. Leur premier obus était tombé entre Longeville et Moulins, avait tué un capitaine, étendu raide mort un adjudant-major, fracassé le bras d'un colonel, et forcé l'Empereur à prendre au galop la route de Gravelotte.

Sans doute, pointant sur la batterie prussienne, le fort Saint-Quentin l'avait fait taire d'abord et forcée à se sauver ensuite comme un écolier s'échappe après avoir joué un tour à ses maîtres ; mais, parce que l'affaire n'avait pas eu d'autre suite, devait-on mépriser cet avertissement significatif?

Et n'y avait-il pas dans l'air comme des signes précurseurs de la tempête ?

Le maire de Saint-Julien-les-Gorze, effrayé de voir les Prussiens traverser son village en bandes nombreuses et se dissimuler dans les bois, s'était hâté d'en prévenir son collègue de Gorze, auquel ce mouvement n'avait pas échappé, et qui, à son

tour, avait cru devoir dépêcher un exprès au général Frossard.

D'autre part, la division de cavalerie Legrand,
en reconnaissance du côté de Mars-la-Tour, après
avoir franchi le village sans coup férir, avait rencontré sur les hauteurs qui le dominent une forte
colonne de uhlans, s'était mise en devoir de la
charger, mais l'avait vue s'ouvrir, tout à coup,
pour laisser passage à d'atroces décharges de mitraille, devant lesquelles il avait fallu se replier.

Évidemment, l'ennemi se préparait à nous disputer le passage.

Dans la nuit du 15 au 16, ses intentions devin-
rent si manifestes que le maire de Gorze, n'osant
s'en rapporter à un simple message, courut lui-
même, dès le point du jour, prévenir le général
Frossard.

Et cependant, hélas ! nous fûmes surpris. Le
général en chef en convient dans son rapport.

Vers neuf heures, la division de cavalerie, chargée d'éclairer la marche du côté sud, se trouvait
sans défiance au bivouac, les chevaux dessellés,
au piquet, lorsque se fait entendre la voix
provocatrice du canon. Elle n'a que le temps
de se replier et de s'abriter derrière le deuxième
corps, tandis que l'Empereur et son fils s'échappent
de Gravelotte au galop, sous l'escorte du deuxième
chasseurs d'Afrique et de la brigade de lanciers et
de dragons de la Garde, pour s'enfuir jusqu'à Étain
et au delà.

Surpris ou non, il fallait se battre. On le fit généreusement ; et, grâce à Dieu, ni l'entrain ni le courage ne manquèrent.

Le général Frossard fait prendre les armes à ses troupes et occupe les positions de combat : la division Bataille à droite, sur les hauteurs qui dominent le hameau de Flavigny ; la division Vergé à gauche, sur le même mouvement de terrain ; la brigade Lapasset en retour à gauche, pour observer les grands bois de Saint-Arnoud, des Ognons, et couvrir la tête du défilé de Gorze. De son côté, le maréchal Canrobert prend également ses dispositions et déploie son corps d'armée en avant de Rezonville, entre la route de Verdun et le village de Saint-Marcel ; le général Texier à droite, avec le 9ᵉ de ligne, le seul régiment de sa division qui soit arrivé ; la division Lafont-de-Villiers à gauche, s'appuyant sur la route. En arrière, et parallèlement à la route, au delà de laquelle elle s'était avancée, s'établit la division Levassor-Dorval, avec mission de soutenir la brigade Lapasset et de surveiller les nombreux ravins qui aboutissent, par les bois, à Ars et à Novéant. Enfin la Garde se place en réserve à droite et à gauche de la route, sur les crêtes du ravin de la Jurée, et le maréchal Lebœuf reçoit l'ordre de pivoter sur sa gauche pour appuyer le sixième corps et prendre l'ennemi en flanc.

A neuf heures et demie, l'attaque prussienne se dessine surtout vers notre gauche. Il s'agit de nous couper la route de Verdun par devant, d'empêcher par derrière notre retraite sous Metz, de nous cerner plus tard à droite quand nous aurons essayé de nous échapper par la route de Briey, de nous tailler en pièces et de se présenter devant Metz en triomphateurs. Si nous nous défendons mal, nous sommes perdus, et Metz succombe avec nous.

La division Bataille, engagée la première, vient heureusement rallier un régiment de ligne que l'attaque a surpris et qui recule faute d'avoir eu le temps de se former en bataille ; la division Valazé accourt à son tour, et l'équilibre s'établit.

Mais nous sommes d'une infériorité effrayante devant l'artillerie prussienne, qui tire à outrance. Le général Bataille n'a pas la sienne ; au moment de l'attaque, les chevaux d'une de ses batteries étaient à l'abreuvoir, et l'autre batterie campait auprès du général Frossard. D'autre part, le maréchal Canrobert se voit réduit à répondre à cent quarante bouches à feu avec quarante pièces seulement.

Heureusement, l'ardeur de nos hommes supplée à tout. Ils se battent comme des lions, et l'ennemi essaye en vain de les culbuter.

Vers midi, le général Bataille, après avoir eu deux chevaux tués sous lui, est atteint lui-même et doit quitter le commandement. Un moment de désordre en est la suite. La division plie ; l'ennemi reprend courage. Nos lanciers, bientôt suivis des cuirassiers, essayent en vain de rétablir la position par des charges héroïques ; ils ne peuvent entamer les carrés ennemis. Deux escadrons prussiens les chargent, les poursuivent jusque sur une batterie de la Garde au milieu de laquelle se trouve notre général en chef. Le maréchal et son état-major doivent tirer l'épée et soutenir de leur personne un combat à l'arme blanche. La mêlée est effroyable ; mais l'ordre revient peu à peu, grâce à l'énergie de nos troupes, et la position s'égalise de nouveau.

Cependant l'ennemi cherche à surprendre notre droite. Les cuirassiers du roi et deux régiments de uhlans traversent la droite du sixième corps, franchissent nos batteries, dépassent la crête occupée par nos troupes et croient pouvoir se rabattre sur les derrières de notre infanterie pour lui couper la retraite, lorsque nos dragons et nos cuirassiers se précipitent, les prennent en flanc et en queue, les broient et les anéantissent. Il est deux heures ; nous restons maîtres absolus de ce côté.

La gauche seule est maintenant engagée. L'effort de l'ennemi s'y concentre. Vers cinq heures, la canonnade, momentanément interrompue, recommence avec une fureur satanique. Les réserves prussiennes se dessinent en masses énormes ; une charge de cuirassiers cherche à rompre notre centre ; un instant, nous paraissons succomber ; un régiment de ligne perd son aigle ; un canon nous est enlevé ; mais la division de cavalerie Valabrègue charge à son tour, reprend l'aigle et le canon, et ramène vigoureusement l'ennemi. Le général Bourbaki rassemble toutes le bouches à feu dont il dispose, établit une batterie de cinquante pièces, qui foudroie les masses prussiennes et les désorganise, pendant que le feu de notre infanterie les force à reculer. Vainement l'ennemi tente de déboucher par les forêts, qu'il trouve fortement gardées ; vainement il cherche à profiter des ravins qui séparent les bois de Saint-Arnould et des Ognons, nos mitrailleuses arrêtent toutes ses tentatives, en lui faisant subir des pertes énormes. Sa cavalerie essaye de tourner le quatrième corps ; la nôtre l'aborde de front. On se bat avec acharnement de part et d'autre ; enfin les Prussiens se retirent ; nous sommes vainqueurs !

Pendant cette brillante journée, cent quatre-vingt mille Allemands attaquèrent notre vaillante armée et lui mirent dix-sept mille hommes hors de combat.

Malgré notre infériorité numérique, nos troupes ne conservèrent pas seulement leurs positions, elles infligèrent à l'ennemi des pertes sanglantes. Le prince Frédéric-Charles, qui avait d'abord estimé à quinze mille le nombre de ses tués et blessés, déclara peu de jours après, dans un rapport officiel, que ce chiffre pouvait être porté à dix-sept ; mais depuis, on put se convaincre qu'il était de vingt-deux mille.

Le feu cessa complétement vers huit heures du soir. Le combat avait duré dix heures. Rien n'était disposé pour assurer la victoire, puisqu'on fut surpris ; la valeur avait heureusement suppléé à tout ;

officiers et soldats s'étaient montrés, une fois de plus, capables de combattre et de vaincre.

# XIV

## RETRAITE IMPRÉVUE.

A la suite de ce glorieux fait d'armes, il semble que la fortune nous revienne, que nous remontions au niveau d'où nous n'eussions jamais dû descendre, que, des hauteurs de Gravelotte, les aigles triomphantes vont déployer leurs ailes pour voler de succès en succès. Les cœurs sont dans la joie.

Et cependant, tout à coup, on recule.

Il est dix heures du matin. En parcourant le champ de bataille pour soulager les blessés, nous nous arrêtons, un moment, parmi ces braves jeunes gens du 3ᵉ bataillon de chasseurs à pied, qui ont si bien fait leur devoir pendant la journée d'hier. Nous jouissons de leur bonheur, nous échangeons avec eux des paroles d'espérance, lorsqu'ils nous font remarquer, à distance, une colonne épaisse de fumée. Qu'est-ce que cela peut être? Bientôt des hommes qui arrivent de là, nous apprennent que ce sont nos provisions de blé, de riz, de sucre, de café, de ceintures de flanelle, d'objets de campement, auxquelles on a mis le feu pour qu'elles ne devinssent pas la proie de l'ennemi.

En même temps, nous voyons tomber les tentes de la grande ambulance ; on se hâte de les replier ; on charge les blessés sur des voitures ; on donne l'ordre d'une volte-face à l'immense convoi qui arrive pour ravitailler l'armée ; et tous, fantassins et cavaliers, et les chevaux, et le matériel, retournent vers Metz ! Ils retournent, et avec quelle précipitation !

De l'autre côté du ravin, on a montré à nos médecins plusieurs fermes où gisent des multitudes de soldats blessés. Ils ont demandé la permission d'aller jusqu'à eux. Pendant qu'ils attendent la réponse, je fais quelques pas, afin de relever un malade tombé sur la route ; lorsque je reviens, je ne rencontre personne : médecins et fourgons se sont vus contraints de s'éloigner, et si vite que je trouve à leur place une mitrailleuse déjà en exercice, qui lance et reçoit de furieuses décharges.

Nous partons en jetant un regard douloureux sur les maisons où gémissent nos blessés, et serrant la main à quelques chasseurs que nous ne devons plus revoir, quoiqu'ils soient pleins de vie et de santé. Leur heure est marquée pour demain, mais ils ne le savent pas.

Que signifie ce mouvement en arrière ?

Dans l'armée, autant que nous pouvons en

juger, l'étonnement fut profond. Nous étions en marche vers Paris. A Gravelotte hier, comme avant-hier à Borny, les Prussiens ont essayé de nous arrêter ; nous les avons culbutés à Gravelotte et à Borny ; pourquoi ne pas continuer la marche en avant ? pourquoi surtout revenir sur nos pas ?

On en donna cette raison officielle : « Que l'eau manquait à Gravelotte et dans les environs ; qu'il importait, avant de continuer la marche en avant, d'aligner les vivres et de remplacer les munitions consommées ; qu'il fallait se donner le temps d'évacuer les blessés sur Metz » ; qu'en persévérant à marcher sur Verdun, on « pouvait éprouver un échec très-sérieux, qui aurait une influence fâcheuse sur les opérations ultérieures... ; » que la prudence exigeait de « se replier sur les positions de Rozérieulles à Saint-Privat-la-Montagne, de s'y fortifier et d'y tenir jusqu'à ce que, le ravitaillement terminé, il fût possible de reprendre l'offensive. »

Mais l'esprit se trouble devant cette réponse.

Pourquoi les vivres manquaient-ils le 17 ? On avait donc osé mettre une armée en marche sur Verdun sans avoir le moyen de la nourrir le lendemain ? Et fallait-il brûler, ce matin même, tant de provisions, si on craignait la famine ?

Quant aux munitions, l'armée, qui se voyait poursuivie, l'armée, dès le premier jour de sa retraite, attaquée à Borny, l'armée, qui savait le prince Frédéric-Charles à Pont-à-Mousson essayant de la gagner de vitesse pour arrêter sa marche, cette malheureuse armée avait donc été lancée sur Paris sans moyens de se défendre !

Et quand même les munitions eussent manqué, était-ce une raison de se replier sous Metz, puisque « cette ville ne pouvait donner que huit cent « mille cartouches ? » Ne valait-il pas mieux lui demander promptement tout ce qu'elle pouvait fournir, et courir s'approvisionner à Verdun ?

D'ailleurs, on l'apprit bientôt, elles ne manquaient pas, les munitions. Seulement, chose incroyable, on les avait perdues ! « On retrouva « quatre millions de cartouches dans les magasins « du chemin de fer. » Ainsi, à la guerre, on égare les cartouches ; on découvre, un jour, qu'on les a oubliées en gare comme un colis de voyageur !

Enfin, ramener les blessés à Metz était certainement une question de haute humanité ; mais n'étions-nous pas obligés, tout à l'heure, d'en abandonner un grand nombre, à cause de la précipitation de la retraite ? Nous dûmes aller les chercher plus tard et les demander aux Prussiens ; nous ne les obtînmes même pas tous, car j'en ai trouvé bon nombre encore dans les lazarets de la Prusse, bien après la capitulation.

Quant à l'échec très-sérieux qu'on pouvait redouter dans le cas d'une marche en avant, nous le subirons, hélas ! dès demain, après nous être repliés pour l'éviter ; et, malgré l'ordre de se fortifier dans les positions de Rozérieulles à Saint-Privat-la-Montagne, il faudra abandonner ces positions dans trente-six heures pour reculer de nouveau ; et, au lieu de nous ravitailler, nous marchons vers la famine.

D'après un officier de l'état-major belge, cette retraite serait « un des plus grands revers que les « armées françaises aient subis depuis des siècles. » A son avis, « si, le 16, les troupes fussent parve- « nues à se frayer un passage en marchant sur le « ventre de la division Stulpnagel, on aurait évité « la désastreuse bataille du surlendemain, et le « maréchal de Mac-Mahon n'eût pas perdu son « armée en cherchant à la dégager de Metz. Les « deux maréchaux réunis auraient pu tenter, avec « quelque chance de succès, le sort des armes sur « le massif qui sépare l'Aisne de la Marne dans les « environs de Sainte-Menehould, à la sortie des « défilés de l'Argonne, ou bien se replier sur « Paris, où leur présence eût rendu impossible « l'investissement de cet immense périmètre et « forcé M. de Bismark à se montrer plus coulant « sur les clauses d'un traité de paix. »

Le général Changarnier soutint plus tard une opinion semblable devant l'Assemblée nationale. « Certains corps, dit-il, fortement engagés, « avaient fait une grande consommation de muni- « tions, mais la plupart des autres avaient leur « approvisionnement intact ou peu diminué ; une « égale répartition entre les corps nous aurait

« donné des munitions pour deux batailles et
« demie. C'était beaucoup plus qu'il n'en fallait
« pour gagner Châlons ; nous avions l'avance sur
« l'ennemi, qui, même en s'imposant de grandes
« fatigues, n'aurait pu nous faire que des affaires
« d'arrière-garde sans importance, en nous lais-
« sant d'ailleurs la faculté de profiter d'une bonne
« occasion pour nous retourner vigoureusement
« contre lui. »

Un général prussien déclare nettement que la
supériorité des forces et la tactique de l'ennemi ne
furent point la cause de notre retraite : il affirme
que « si les Allemands arrivèrent, ce jour-là, à s'as-
« surer la possession de la route sud de Metz à
« Verdun, cela ne peut être attribué qu'à une
« insuffisance de direction du côté des Fran-
« çais. »

A d'autres de confirmer ou d'infirmer ces juge-
ments ; nous devons nous borner à l'exposition
du fait, et le fait, hélas ! est que nous reculions !

Comme nous étions loin des vantardises de nos
journaux avant la guerre ! Ils avaient dit que les
lourds Prussiens, incapables de marcher le matin
avant d'avoir bu leur bière, et plus tard moins capables encore de se remuer pour en avoir trop bu,
auraient à peine commencé à se mettre en mouvement que déjà le drapeau français flotterait à
Berlin ; et voilà qu'un mois s'était à peine écoulé
depuis la déclaration de guerre, et non-seulement

nous n'avions pas osé franchir la frontière ; mais, après avoir mis un pied à Saarbrück, nous l'avions retiré comme si le sol eût été aussi brûlant que la lave d'un volcan ; et les lourdes bottes de l'infanterie prussienne et le sabot des chevaux mecklembourgeois foulaient et défonçaient notre territoire ; et nous cherchions à nous sauver, à nous réfugier sous les murs de Paris ; et le roi de Prusse nous disait : Je vous le défends ; — et nous reculions pour nous abriter sous les forts de Metz !

O Dieu, quand vous voulez humilier un peuple, est-il vaillance qui puisse y mettre obstacle ?

<hr>

# XV

### BATAILLE DE SAINT-PRIVAT.

Un jour nouveau s'est levé, le cinquième de cette fuite douloureuse de l'armée vers Paris.

Que nous amènera-t-il ?

Hélas ! encore une de ces affaires néfastes où nos hommes se feront tuer héroïquement, sans autre résultat que de se défendre, pour aboutir au blocus d'abord, et puis, à travers d'effroyables souffrances, à la plus honteuse des capitulations.

Persuadés que nous continuerions notre marche après vingt-quatre heures de repos, les Prussiens ont consacré la journée d'hier à disposer parallèlement aux deux routes qui nous restent ouvertes, trois corps de l'armée du général Steinmetz et cinq de celle du prince Frédéric-Charles avec la Garde, en tout deux cent mille hommes sous les ordres de leur roi lui-même, avec l'intention de nous prendre en flanc, de nous envelopper s'ils le peuvent, et de nous couper à la fois la route de Paris et la retraite sous Metz.

Mais, au lever du soleil, lorsque leurs espions les eurent avertis que nos soldats, en se réveillant, ne faisaient d'autres préparatifs que ceux de la soupe du matin, ils se décidèrent à tenter un coup d'une hardiesse extrême, un mouvement de conversion en pivotant sur leur droite, l'aile gauche en avant, afin de nous attaquer de front.

Aussitôt le plan conçu, les ordres sont donnés, et le mouvement commence.

Ne serait-ce pas le moment de nous précipiter sur l'ennemi, de le surprendre au milieu de son évolution périlleuse, de le culbuter en détail avant qu'il ait formé ses lignes, de le précipiter, hommes et chevaux, dans les ravins, en pâture aux oiseaux de proie, et de filer enfin sur Paris ? Quelques-uns l'ont pensé. Avaient-ils tort ? avaient-ils raison ? Je l'ignore. Toujours est-il que nous attendîmes, l'arme au pied, laissant à nos adversaires toute facilité de prendre leurs dispositions contre nous.

Pendant que les Saxons décrivent le vaste quart de cercle qui doit les conduire à Saint-Privat, les troupes royales de Prusse, afin de masquer leur mouvement et de leur faire gagner du temps, commencent, vers une heure, à mitrailler notre centre. Nous opposons mitraille à mitraille, feux de pelotons à feux de pelotons. Deux heures durant, la lutte se soutient à armes égales ; rien de gagné, rien de perdu : nous pouvons espérer de refouler l'ennemi, de conserver nos positions et de compter une victoire de plus.

Nos soldats se montrent d'un entrain remarquable. Un régiment d'infanterie fond sur une batterie prussienne, en reste maître un instant, mais, refoulé par une charge impétueuse de cavalerie, ne veut cependant pas revenir les mains vides et entraîne avec lui deux pièces de canon. Les autres corps ne lui cèdent point en valeur. Les Allemands conviennent qu'ils leur infligèrent des pertes sensibles. « Le régiment Alexandre perdit « beaucoup d'officiers et de soldats, dit leur rap- « port officiel ; le colonel won Knapp fut grière- « ment blessé à la tête de sa brigade ; la Garde « surtout souffrit horriblement. Le commandant « major won Frabeck et cinquante officiers res- « tèrent sur le carreau ; aucun officier, aucun, ne « sortit du combat sans blessure ; les pertes de la « troupe s'élevèrent à peu près à la moitié de l'ef- « fectif ; et lorsque le jour commença à baisser, il « fallut envoyer des officiers d'état-major chercher

« et ramener les restes des bataillons de la Garde
« épuisés par le combat et auxquels manquaient
« presque tous leurs officiers. »

Singulier témoignage de l'insouciance de nos
soldats! Vers le milieu de l'action. nous étions à la
gauche, sur le plateau qui domine Rozérieulles. A
droite, le canon tonnait. Tout près, à quelques pas,
le général Frossard et son état-major prenaient des
mesures pour repousser une attaque imminente ; un
régiment de ligne se tenait l'arme au bras, face à
l'ennemi, tout prêt à entrer en bataille. Un lièvre
sort de son terrier. Le régiment oublie l'ennemi pour
s'occuper de ce phénomène, un lièvre au combat !
Il y a des rires, des plaisanteries ; plusieurs lancent
des pierres. Pauvres enfants ! ils pensaient à leur
souper, peut-être seulement à s'amuser, et tout à
l'heure, peut-être, ils seront morts ! Bientôt, on entend siffler les balles, et le général dit : tous ceux
qui ne sont pas nécessaires ici doivent s'en aller. —
Pendant que les hussards de l'escorte et les ordon-
nances qui gardent les chevaux des officiers s'abritent derrière un pli de terrain, à mesure que le sif-
flement des balles se multiplie, un artilleur, retenu
par son service, m'appelle, assure m'avoir connu je
ne sais où, et se met à me parler de choses et
d'autres, comme il eût fait au bivouac. Les balles
commençaient à faire rage, et lui, caressait ses
chevaux et causait pour passer le temps. Heureux
mépris du danger ! Généreux soldats, vous étiez
dignes d'un meilleur sort.

De ce côté du champ de bataille, on se trompait étrangement sur nos chances de victoire ; un officier d'état-major nous assurait que le maréchal Canrobert triomphait à Saint-Privat; on considérait l'action comme finie à notre avantage.

Cependant, lorsque, un moment après, nous descendons vers Châtel pour obéir au général, des obus éclatent près de nous. D'abord, nous n'y prenons pas garde; confiants dans les assurances reçues tout à l'heure, nous nous persuadons qu'ils viennent du front d'attaque, et que le tir des Prussiens manque son but ; mais bientôt, en examinant leur direction, force nous est de conclure avec tristesse qu'ils arrivent de Saint-Privat, et que l'ennemi avance de ce côté beaucoup plus qu'on ne le croyait.

Quel malheur, s'il venait à nous déborder ! En vain le combat se prolongerait-il au centre avec l'héroïsme que nous savons ; en vain, nos valeureux soldats défendraient-ils, durant de longues heures, les positions d'Amanvilliers, de Vernéville et de Gravelotte ; en vain, de ce côté, leur courage tiendrait-il jusqu'au bout la victoire indécise : Saint-Privat est la clef de la situation ; s'il succombe, tout est perdu.

Malheureusement, nous avons, pour défendre cette position essentielle, le sixième corps seulement, un corps dont le général en chef a écrit : « Il « n'était pas constitué en artillerie, génie, cavalerie, « ni même en infanterie ; une de ses divisions n'a- « vait qu'un régiment. »

Valeureux sixième corps, quel succès n'eût-il pas obtenu s'il eût été au complet, ou fortement soutenu ! Comme il se battit avec ardeur ! C'est devant cette poignée d'hommes et sous l'action de leurs projectiles que « le colonel Rœder, frappé à « mort, dit le rapport allemand, arrosa de son sang « la terre étrangère ; » c'est devant lui encore que « tombèrent les majors Schmerling et de Notz, « et le prince Salm, revenu de Mexico. » Deux commandants de brigade, quatre commandants de régiments et un grand nombre d'officiers supérieurs furent blessés en cherchant à le vaincre ; et capitaines et officiers subalternes succombèrent en grand nombre, terrassés par ses coups. Le rapport ennemi rend témoignage que l'artillerie prussienne ne détruisit Saint-Privat que « au prix des plus « grandes pertes infligées par sa fusillade. » Il ajoute : « Alors même que le village était en feu « sur plusieurs points, les Français, dignes de leur « vieille réputation de bravoure, montraient encore « une ténacité extraordinaire ; un feu roulant sortait « continuellement des endroits qu'ils occupaient, et « couvrait tout le voisinage d'une grêle de plomb. « Lorsque, à six heures et demie, on ordonna de « recommencer le feu, le sixième corps se battit en « désespéré. »

Tel est le témoignage de nos adversaires en faveur des soldats de notre sixième corps. Et ce ne sont pas des paroles vaines, ce sont des faits qu'il précise à leur avantage.

Mais que peut la valeur quand tout conspire à la rendre infructueuse ?

Vers trois heures, les Saxons ont achevé leur mouvement tournant. Ni reconnaissances, ni charges de cavalerie, ni décharges d'artillerie ne les ont tenus en échec : ils débouchent de Roncourt sur Saint-Privat, fiers de notre inaction et de leur succès ; ils entrent en ligne ; un ébranlement général se produit parmi eux ; le feu, la fumée, la fusillade, la mitraille indiquent, de leur part, la résolution déterminée d'en finir avec nous.

Merveilleuse est l'attitude de nos hommes, nous l'avons déjà dit ; mais, vers quatre heures. les munitions leur manquent. En vain, le maréchal Canrobert dépêche estafette sur estafette pour en obtenir, il n'en reçoit pas. Nos lignes trop faibles plient sous la trombe allemande, qui les broie et les écrase ; elles auraient besoin d'être soutenues et garnies ; la Garde, qui forme la réserve, n'est point envoyée à leur secours : une division seulement finit par recevoir l'ordre de marcher vers eux ; mais elle arrive trop tard.

C'en est fait ! Tout l'héroïsme du sixième corps aboutira forcément à un désastre ; nous y touchons ; nous ne l'éviterons pas. Le moment est venu de céder enfin et d'évacuer le village, *dont chaque maison*, au témoignage de l'ennemi, *exigea un siége particulier*. Disons le mot si difficile à arracher d'une bouche française, parce qu'elle n'en a pas l'habitude: malgré des prodiges de valeur, nous étions vaincus.

Toutefois, répétons-le bien haut, si nous dûmes subir la honte de la défaite, ce ne fut point manque de courage dans l'armée française. Tout ce que peut un soldat pour faire pencher la victoire, nos hommes en eurent l'audace. Ils ont résisté, ils se sont fait tuer, ils ont infligé à l'ennemi des pertes si sanglantes qu'à part celles de Zorndorff, d'Eylau, de la Moskowa et de Waterloo, nulle bataille, depuis le commencement du dix-huitième siècle, ne fut aussi meurtrière que les combats livrés sous les murs de Metz.

Un officier général ennemi leur rend ce témoignage : « Sans doute, écrit-il, nous étions vain- « queurs, mais aucun trophée, pas même un canon « démonté n'était entre nos mains comme preuve « du succès, et plus de quarante mille morts et « blessés attestaient l'acharnement inouï de ce « combat de neuf heures, dans lequel la valeur « allemande n'avait triomphé qu'avec peine de la « ténacité française. »

Honneur, par conséquent, honneur à ces généreux vaincus ! Le salut de la patrie n'a pas dépendu de leur vaillance. Si le courage eût suffi, la France aurait triomphé par eux à Saint-Privat. Honneur à eux, honneur et reconnaissance !

# XVI

## LA NUIT DANS LES DEUX CAMPS.

A l'heure fatale de la défaite, nous assistions des blessés un peu au-dessus du ravin de la forêt de Jaumont. Dire ce que nous vîmes de chariots, de fourgons, de batteries d'artillerie, de piétons, de cavaliers, de convoyeurs se précipiter de la hauteur dans la direction de Metz, se pousser, se heurter, s'écraser ; dépeindre ce tumulte et cet encombrement dépasserait la mesure de nos forces. Nous ignorions le résultat de la journée; mais, l'âme pleine d'angoisse, nous nous disions : la victoire s'annonce-t-elle ainsi ?

Les blessés passaient en grand nombre. Au 60ᵉ de ligne, par exemple, le capitaine Santi était revenu du feu avec quarante hommes valides seulement, et sans un seul de ses sous-officiers vivants. Quelle hécatombe ! Non-seulement les hôpitaux, mais les maisons particulières, mais les places publiques furent encombrées de mourants. Tristes et malheureuses victimes ! Rien de prêt pour les recevoir ! Des charrettes arrivaient, le conducteur frappait à la porte d'un lazaret, on lui répondait : il n'y a plus de place ! — Et les blessés gémissaient ; et on les conduisait ailleurs parmi les cahotements d'un pavé défectueux ; et ailleurs, même réponse ; et on les couchait à terre sur l'esplanade ; et il faisait nuit ; et ils perdaient leur sang ; et personne ne se présentait pour étancher leur soif, la soif si dévorante du blessé !

Ce n'est pas que je veuille accuser de dureté les directeurs des ambulances ni les charitables Messins. Des prodiges de dévouement signalèrent cette nuit affreuse ; mais, en de pareils désastres, la charité qui se multiplie, ne peut atteindre, toutes les misères ; et, pour un malheureux auquel on donne plus que le nécessaire, plus même que l'utile, combien restent sans soulagement dans un état voisin du désespoir ! Il faut avoir beaucoup vécu dans les ambulances, s'être vu soi-même dans l'impossibilité de venir à bout de tout ce qu'on voudrait, de tout ce qu'il faudrait, pour savoir combien de souffrances atroces accablent les victimes. A boire seulement, donner à boire, comme cela paraît simple ! Et cependant, soit dans la journée précédente, soit pendant cette nuit, que de malheureux nous ne pûmes satisfaire, parce que, je ne dis pas le vin, mais l'eau manquait souvent ! Je vois d'ici un pauvre jeune homme auquel un biscaïen avait ouvert le ventre ; la plaie restait béante, le ventre vide, ses entrailles tombaient sur ses genoux ; il demandait à boire. Il allait mourir ; nuls soins n'étaient capables de l'en préserver ; c'était bien le moins que de lui procurer ce faible soulagement : et cependant un quart-d'heure se passa avant qu'il fût possible de lui apporter une goutte d'eau. Non, ces choses ne sont pas croyables à qui ne les a vues ou n'a vu que rarement une ambulance après la bataille.

Quand on songe qu'en l'espace de quatre jours, Metz recevait plus de trente mille blessés ; trois mille six cent huit le 16 après Borny ; seize mille neuf cent cinquante-quatre après Rezonville ; et enfin douze mille deux cent soixante-treize cette nuit !

Dans le camp prussien, plus grandes encore étaient les tristesses. La nuit avait couvert de ses ombres la fin du combat, en sorte qu'on savait à peine si on était vainqueur ou vaincu, tant la lutte avait été vive et acharnée jusqu'au bout. Et, même en supposant un succès, « à la vue des pertes ter-
« ribles qu'on avait éprouvées, dit le rapport alle-
« mand, on se demandait si la victoire n'avait
« peut-être pas été achetée trop cher. Chaque
« soldat, chaque officier pleurait des camarades,
« des amis, des parents plus ou moins rapprochés.
« Tristement assis autour des feux à demi éteints,
« les survivants restaient sérieux et mornes ; la joie
« de la victoire osait à peine se faire jour. La Garde
« surtout, décimée comme elle l'était, passa une
« nuit de bivouac dont les souvenirs funèbres se-
« ront ineffaçables. »

« Le lendemain seulement on reconnut les
« avantages de cette bataille sanglante. Au jour,
« on vit le camp français complétement désert.
« La fuite de l'ennemi avait été si précipitée qu'à

« Amanvilliers, il avait abandonné un campement ;
« on y avait laissé les tentes, la plupart des effets,
« les papiers et les armes. Les marmites étaient
« toutes préparées devant des feux éteints ; des
« vêtements avaient été arrachés en hâte des
« coffres restés ouverts ; des lettres commencées
« gisaient sur les tables ; tout indiquait une fuite
« désordonnée, une panique..... Et puis on vit
« passer de longs trains de prisonniers... parmi
« lesquels une grande proportion d'officiers. »
Plus de doute, on était vainqueur.

Ah ! nuit affreuse, quel lendemain tu préparais
à la France ! Le blocus de sa plus belle armée,
et celui d'une place forte du premier ordre !

## XVII

### LE BLOCUS.

« Quel sera maintenant le sort de l'armée fran-
« çaise, écrivait le roi de Prusse à la reine Augusta,
« le lendemain de la triste bataille de Saint-Privat,
« quel sera le sort de cette armée refoulée dans le
« camp retranché très-fort de la place de Metz, il
« est impossible de le prévoir. »

Cette question du monarque à la princesse, nous

la posions tous, mais pour la résoudre dans un sens favorable à nos armes.

Assurément, la situation était grave, et la marche des événements depuis le commencement de la campagne donnait à réfléchir. Partis pour Berlin au bruit assourdissant de l'odieuse *Marseillaise*, bien loin d'envahir le territoire allemand, nous avions à peine atteint notre frontière qu'il avait fallu reculer. Aujourd'hui même, le courrier de Verdun, attaqué par les uhlans, nous revenait précipitamment avec ses dépêches ; le fil télégraphique de Briey, notre dernier moyen de communication avec la France, était rompu. Au nord, au midi, à l'ouest comme à l'est, l'inévitable armée prussienne nous criait : On ne passe pas ! — Nous restions bloqués enfin, et ce mot de blocus réveille forcément le souvenir de ces siéges fameux où peuple et soldats, dévorés par la soif et la faim, furent obligés de s'abreuver d'urine, de ronger des tiges de bottes et des harnais de chevaux après avoir mangé les rats et les serpents, se virent réduits, avant la mort, à l'état de squelettes, et moururent enfin désolés, abattus par le scorbut et le typhus.

Mais aussi, que de motifs d'une légitime confiance !

A tant faire que de rester bloqués, pouvions-nous l'être dans de meilleures conditions ?

De vieille date, Metz connaît la guerre, la guerre et le triomphe.

Sans doute, son premier souvenir est douloureux. Ravagée, pillée, brûlée par Attila, au cinquième siècle, elle paraît d'abord succomber, et l'ancienne capitale des Médiomatriciens perd son nom de Divodurum pour celui de la douleur et de l'opprobre. On l'appelle Metzeln, mot tudesque qui signifie ravagée, passée au fil de l'épée, d'où nous vient par abréviation le nom de Metz.

Mais bientôt elle renaît de ses cendres, plus glorieuse, plus forte, désormais invincible. Devenue possession du roi des Francs, en 510, elle est jugée si importante que, dès l'année suivante, elle est déclarée capitale du royaume d'Austrasie.

Lors du partage signé à Verdun entre les trois fils de Louis le Débonnaire, en 843, Metz encore sera capitale.

Et quand tout le pays situé entre Cologne et l'Océan prendra le nom de Lothaire, *Lotharii regna, Lotharingia, Lothier-règne ou Lorraine*, Metz en restera le centre incontesté.

En 985, elle devient ville libre, et maintient vaillamment son indépendance jusqu'à l'année 1552, qui marque son retour à la France.

Justement fière de ses armes, mi-partie sable et blanc, elle tient surtout à la pucelle qui les surmonte.

C'est un souvenir des Druides. Lors de la destruction de leur culte, quand ils cessèrent d'immoler annuellement une pucelle aux mauvais esprits en la faisant mourir de faim dans une tour, le peuple joyeux porta une pucelle en triomphe, et plaça son image au-dessus de l'écusson patriotique.

La pucelle rappelle également la mémoire de la jeune fille qu'un monstre affreux dévorait tous les ans, jusqu'au jour où saint Clément, premier évêque de Metz, tua le dragon.

La pucelle représente surtout Metz lui-même, la ville qui n'a jamais été prise d'assaut.

Aujourd'hui, pour n'être plus capitale, Metz n'en reste pas moins d'une importance considérable. C'est, avec Strasbourg, la clef de la France du côté de l'Allemagne.

Les institutions guerrières y abondent. Metz est chef-lieu d'une division militaire et de la 33e légion de gendarmerie. Il possède une direction, une école, un arsenal d'artillerie ; une direction des forges ; une école centrale de pyrotechnie ; une poudrerie ; une direction, une école, un arsenal de génie ; un magasin central d'habillement, d'équipement, de campement des armées ; un hôpital militaire ; un gymnase divisionnaire ; deux conseils de guerre ; un conseil de révision ; un bureau de recrutement ; un pénitencier, une prison militaire.

On assure que ses fortifications à la Vauban pourraient être renversées sans crainte d'une invasion, tant les accidents des terrains environnants sont propres à la défense. Les forts de Queuleu, de Saint-Julien et de Saint-Quentin le mettent à l'abri du bombardement.

En vérité, si on nous eût donné le choix de la ville où nous devions être enfermés, eussions-nous porté ailleurs nos préférences ?

Et puis, dans cette place inexpugnable, nous étions protégés par une armée vraiment magnifique, quoi qu'on en dise. Nos troupes s'étaient merveilleusement comportées ; elles avaient affirmé leur force et leur vaillance dans trois combats mémorables ; et le roi de Prusse leur avait rendu ce témoignage officiel que, *pour vaincre les soldats français, également braves, les siens avaient dû faire des prodiges de bravoure.*

De plus, il n'y avait point à redouter ce qu'on avait pu voir les jours précédents, des troupes vaillantes obligées de renoncer à la victoire, faute de munitions.

Dès le 22, le général Soleille écrivait au maréchal :

« Je suis heureux de porter à la connaissance de Votre Excellence les faits suivants :

« 1° Toutes les batteries de combats sont complétement réapprovisionnées ;

« 2° Tous les parcs, moins celui du sixième corps, qui n'a jamais rejoint l'armée, sont complets ;

« 3° Les batteries (divisionnaires ou de réserve), ont réparé leurs pertes en hommes et en chevaux, et sont prêtes à marcher ;

« En ce qui concerne l'infanterie :

« 4° Elle doit posséder, d'après les rapports

fournis, les quatre-vingt-dix cartouches de sac ;

« 5° Les réserves divisionnaires et les parcs de corps d'armée portent cinquante cartouches par homme ;

« 6° Un parc, formé à la suite de la réserve générale, contient, à l'heure qu'il est, un million trois cent mille cartouches ;

«........ En ce qui concerne la défense de Metz, la place possède, aujourd'hui 22 :

| | | |
|---|---|---:|
| Bouches à feu. | Canons de 24 (place et siége). | 103 |
| | Canons de 12          id. | 145 |
| | Canons de calibres inférieurs. | 103 |
| | Mortiers. | 189 |
| Approvisionnements. | Projectiles (approvisionnement plus que suffisant.) | |
| | Poudre. | 400,000 kil. |
| Fusils. | Modèle 1866. | 20,000 |
| | id.    1867 (transformé). | 3,256 |
| | id.    à percussion | 37,889 |
| Cartouches. | Modèle 1866. | 2,218,000 |
| | id.    1867. | 1,018,340 |
| | id.   Fusils à percussion. | 3,759,000 |

L'armée était donc sûre d avoir des munitions ; et, quand on a de quoi se battre et qu'on s'appelle l'armée française, est-il téméraire d'espérer le triomphe ?

Enfin, disons-le timidement, on comptait sur la prochaine arrivée du maréchal de Mac-Mahon. Mac-Mahon ! Mac-Mahon ! toutes les bouches acclamaient ce nom. Parce que le duc de Magenta était le type reconnu de la loyauté, de l'honneur, de la bravoure, du patriotisme, parce qu'il avait, à force d'énergie et de détermination, assuré la prise de Malakoff et sauvé l'armée française à Magenta, on voyait en lui l'homme de toutes les situations, le vainqueur quand même, le sauveur qui nous rachèterait partout et toujours. On oubliait qu'un homme n'est pas le bon Dieu, que toute puissance ne lui a pas été donnée au ciel et sur la terre.

Peut-être cette insistance à invoquer un secours extérieur aurait-elle dû nous faire réfléchir. Lorsque, sur le bord de l'abîme, une nation appelle un sauveur étranger, n'est-ce pas signe d'impuissance ? De même, une armée de 150,000 hommes, une ville généreuse comme Metz devaient-elles réclamer la coopération du vaillant maréchal ?

Mais n'insistons pas sur cette réflexion.

A tout prendre, notre position était-elle de beaucoup inférieure à celle des assiégeants ?

Voici de quelle manière un officier général allemand établit les deux situations. « Le vainqueur « n'avait pas atteint le but final de toute grande « bataille, la destruction de son adversaire. « L'armée française, bien que refoulée derrière « les forts de la vaste place de Metz, se dressait « encore avec un courage inébranlable. Séparée de « l'intérieur, elle en était réduite, sans doute, « à ne plus compter que sur ses propres forces et « sur les ressources que la place pouvait lui « fournir, mais, en compensation, sa nouvelle « position, inattaquable par un combat immédiat,

« lui assurait la sécurité nécessaire pour se refaire
« après des affaires si chaudes. »

« Les conditions devenaient, au contraire, tout
autres pour l'armée d'investissement. Possédant
des communications sûres avec le pays situé en
arrière, elle recevait tout ce dont elle avait besoin
en hommes et en matériel ; mais un continuel service de surveillance, qui ne pouvait impunément
se relâcher, ne lui permettait pas un instant de ce
repos si nécessaire et si bien gagné. Les chances
restaient encore presque égales, au moins pour
les premières semaines ; les résultats de ces combats qui avaient coûté des deux côtés plus de
80,000 hommes, étaient effroyablement petits.
C'est d'ailleurs un signe caractéristique de l'esprit
qui animait les deux armées, de voir que, dans ces
luttes gigantesques, les Allemands, les vainqueurs,
n'avaient conquis comme trophées que le misérable chiffre de sept canons et seulement six mille
prisonniers non blessés, qui, presque sans exception, avaient tous été pris dans les villages dé-
fendus jusqu'à la dernière extrémité. »

Ainsi, aux yeux mêmes de l'ennemi, nous n'é-
tions pas perdus, et quand le Roi de Prusse écrivait
à la Reine que « le sort de l'armée française, en-
« fermée dans Metz, était impossible à prévoir »,
c'est qu'il croyait à nos chances de succès et ne
regardait pas sa victoire comme assurée.

« Aussi, écrit le général Deligny, dans les corps,
parmi les troupes, l'on se figurait n'être encore

qu'au début d'une longue campagne, et l'on s'attendait à rentrer prochainement en opérations. » Or, jusqu'ici, pour nos armées, *entrer en opérations*, c'était marcher à la gloire.

Pour nous, qui n'avions pas l'honneur d'être soldats, nous espérions tout de la valeur de l'armée, et lorsqu'on nous parla de blocus, nous en fûmes peu émotionnés.

Au fait, si nous étions bloqués, n'était-ce pas qu'on l'avait bien voulu ? Après Borny, nous avions continué notre mouvement en avant ; quand nous revînmes sur nos pas le lendemain de Gravelotte, c'était pour obéir à une mesure stratégique spontanément ordonnée par notre général en chef, et non pour fuir devant l'ennemi. A nos yeux, l'issue de la malheureuse bataille de Saint-Privat ne pouvait être qu'un temps d'arrêt dans la victoire, et rien de plus.

Le blocus nous apparaissait comme un épisode intéressant plutôt que redoutable.

Après avoir cerné Sébastopol pendant deux longues années, nous trouvions piquant de changer de rôle, d'assiégeants de devenir assiégés. Au lieu de l'assaut de Malakoff, nous allions voir une magnifique sortie décider un autre genre de victoire.

Nous espérions ! Et, parmi nos médecins comme chez nos infirmiers, il y eut renouvellement d'ardeur à se dévouer à cette brillante armée, dont nous attendions le salut de la patrie.

# XVIII

## NOTRE AMBULANCE.

Après la bataille, pour nous, s'imposait toujours la triste mais douce obligation de secourir les blessés.

Avant toutes choses, nous résolûmes d'aller redemander à l'ennemi ceux que nous n'avions pu ramasser et ramener parmi leurs frères.

Cette expédition faillit nous coûter la liberté.

Les avant-postes prussiens avaient respecté notre drapeau à la croix rouge. Nous avions franchi en silence les lignes ennemies, rencontrant à chaque pas des sentinelles cachées derrière les arbres et des patrouilles de uhlans sans être arrêtés ni même interrogés, et nous venions de gravir les pentes encore ensanglantées du plateau de Gravelotte, lorsque, tout à coup, sans l'avoir prévu, nous nous rencontrâmes en face du quartier général, au cœur de l'armée prussienne, précisément à l'heure où elle exécutait une manœuvre savante et prenait ses positions contre nous.

« Halte ! cria M. Lefort, halte, et pied à terre ! »

Pendant que nous nous concertions sur ce qu'il y avait à faire, quelques Poméraniens, occupés à construire des ouvrages en terre afin de nous mieux canonner à l'heure du combat, quittèrent

leur travail pour causer sans façon avec nos infirmiers. Bientôt accourut, à toute bride, un général,
qui nous demanda, fort en colère, la raison de
notre audace. Nos drapeaux et nos brassards l'indiquaient assez. Évidemment nous ne pouvions être
soupçonnés d'espionnage. Dix médecins à cheval,
portant le brassard de la convention de Genève,
une longue file de voitures à quatre chevaux, om-
bragées du drapeau protecteur, nos bannières
blanches et rouges, notre cortége nombreux nous
signalaient au loin. On ne se présente pas ainsi
lorsqu'on veut trahir. Était-ce notre faute si nous
avions vu ce qui devait rester caché ? On aurait dû
nous arrêter aux avant-postes, en référer à l'autorité et nous conduire aux ambulances par des
chemins détournés. Le général parut le comprendre ; il nous rappela cependant qu'il avait le
droit de nous faire prisonniers, et s'en alla, laissant
à un colonel fort bien élevé le soin de disposer de
nous. On banda les yeux à M. Lefort et à M. Good,
pour les mener au général en chef ; et puis on nous
fit ranger sur une ligne au bord d'un fossé, la face
tournée vers Metz, avec défense d'essayer de regarder dans le camp prussien. Nos voituriers
avaient une peur bleue ; ils juraient que, s'ils
rentraient dans Metz, ils ne nous loueraient plus
leurs chariots. Plus d'un novice sentit le frisson
courir dans ses veines. Un jeune sous-aide me demanda tout bas si ce n'était pas pour nous fusiller
par derrière qu'on nous tenait en ligne. Pauvre

ami ! il ne connaissait pas la guerre et s'imaginait qu'on y pendait et fusillait les hommes comme des oiseaux à la chasse.

Nous attendîmes en silence.

Devant nous, un panorama splendide et un vaste sujet de méditation. Au loin, encadrée dans un ciel pur, se dressait la ville de Metz encore ceinte de sa couronne de verdure, qu'un siége odieux n'avait pas eu le temps de flétrir, Metz toujours paré comme pour une fête, Metz converti pour nous en prison ; et, sous nos pieds, les tristes champs de Gravelotte, où tant des nôtres ont succombé sans pouvoir sauver la France.

Bientôt nous reviennent M. Lefort et M. Good, les yeux toujours bandés. Ils sont à cheval, et des soldats tiennent leurs chevaux par la bride. On nous fait signe de les suivre. Une patrouille marche devant ; une autre nous escorte. Nous descendons ainsi quelque temps en silence, avec ordre de regarder toujours droit devant nous sans détourner la tête, et quand il devient évident que nous ne pouvons plus rien voir des agissements de l'ennemi, on détache les bandeaux, on nous souhaite bon voyage ; il faut nous résigner à revenir sans nos chers blessés.

Une foule de maraudeurs avaient abusé du brassard pour s'introduire au camp prussien, dévaliser les morts et, peut-être, espionner ; les Allemands en étaient las, et voulaient qu'on respectât la convention ou qu'on la supprimât. C'était leur droit.

Malheureusement, l'autorité française n'avait pas fait assez de cas de cette convention, qu'elle était appelée à exécuter-pour la première fois. Elle n'avait même pas donné de brassard à ses médecins ni à ses infirmiers. Par la même raison, elle n'exerçait aucune surveillance sur l'usage de cette marque distinctive. Tout le monde en portait dans Metz ; le premier polisson venu s'en affublait pour faire toutes sortes de déloyautés et réclamer l'impunité. Nous venions de payer pour les polissons. Aussi, dès le lendemain, M. Lefort adressa-t-il une réclamation respectueuse à laquelle on fit droit. Un avis du commandant supérieur fut affiché sur tous les murs, menaçant des gendarmes quiconque enfreindrait la convention : une foule de brassards disparurent. Tous les abus ne cessèrent pas cependant. Peut-être, si on s'était montré plus ferme, les victimes eussent-elles moins souffert.

Le soir même de cette équipée, les Prussiens se départirent de leur rigueur. A la nuit, un parlementaire vint dire que nous pouvions retourner à la recherche de nos blessés ; un convoi partit à onze heures ; il en rapporta un grand nombre avant que le soleil fût levé.

Cependant il ne suffisait pas de ramasser les mourants sur le champ de bataille, il fallait encore les soigner.

La caserne du génie nous devenait inhospitalière. La nuit même du 14, pendant que nous étions au château de Borny, l'administration avait cru devoir nous reprendre les modestes salles où nous étions heureux de trouver un abri, et quand nous revînmes le lendemain avec notre triste chargement d'hommes presque morts, nous ne trouvâmes d'autre asile que la cour, où s'entassaient pêle-mêle nos cantines. Nos généreux médecins se mirent peu en peine de cette mésaventure : ils cherchèrent un gîte, comme ils purent, dans les maisons de la ville, demandèrent à l'hôtel de Metz de se charger de nos repas, et se mirent résolûment au service des blessés. Cette vaste caserne ne pouvait rester sans prêtre durant la nuit. Je vins à bout de m'organiser un petit nid sous un escalier, dans un vestibule donnant sur la cour. Heureuses nuits que celles-là ! le matin, entre plusieurs sommeils, j'avais consolé, absous, béni de pauvres jeunes gens qui, surpris à la fleur de l'âge, quittaient la vie loin de ceux qu'ils aimaient. Je les baisais au front, je leur montrais le ciel, et, la main dans la main, je leur recommandais de prier pour leur famille, pour l'armée et pour la France, quand ils paraîtraient devant Dieu.

Bientôt cependant, on nous signifia l'ordre de nous retirer tout à fait ; l'Intendance envoya ses médecins et ses infirmiers ; nous devenions inutiles ; nous songeâmes à porter ailleurs nos efforts.

A l'angle d'une petite île, entre la Préfecture et la place de Chambre, à l'ombre bénie de la magnifique cathédrale dédiée à Saint-Étienne, un ancien marché aux fleurs restait vacant. Le maire nous permit de le transformer en ambulance. Nous y dressâmes des tentes. Nos ingénieurs y installèrent des lits. Le jour même de l'ouverture, cent cinquante blessés y trouvèrent asile.

Derrière ces tentes où gémissait la douleur, j'élevai celle du Dieu qui console. Chaque matin, je portais mon autel de l'une dans l'autre : je célébrais la messe au moment où le jour, dissipant les ténèbres, calme les angoisses des nuits sans sommeil ; aux mourants je distribuais la communion, à tous la bénédiction.

Pauvre et chère ambulance, combien ton souvenir nous restera précieux !

Pendant toute la durée du siége, la ville entière se résuma pour nous dans cette langue de terre, où nous avons vu bien souffrir, où nous avons vu beaucoup mourir, où nous recueillîmes les dernières confidences des mourants, où nous acquîmes des protecteurs dans le ciel car ils y sont, ces généreux enfants ! Ils voyaient venir la mort avec tant de foi, faisaient si admirablement le sacrifice de leurs jeunes années pour Dieu et pour la France !

Mais pourquoi parler de siége ? Le blocus n'est que momentané. L'armée va sortir, on nous l'a promis ; et nous la suivrons !

# XIX

## TENTATIVES DE SORTIE.

Dès le 26 du mois d'août, toutes les préoccupations sont à la levée du blocus.

On a reçu l'ordre de plier les tentes et de se transporter sur la rive droite de la Moselle : on va donc forcer le passage du côté de Sainte-Barbe.

Le mouvement s'opérait avec cet entrain particulier à nos soldats. Dès six heures du matin, de nombreux bataillons occupent déjà leurs nouvelles positions ; ils attendent le signal de fondre sur l'ennemi, lorsqu'arrive celui de se tenir en paix et d'envoyer prendre à Metz des vivres jusqu'au 28 août inclusivement. Pourquoi cet arrêt ? Que n'avait-on fait distribuer les vivres dans la journée d'hier ? Il y a bien là quelque chose de surprenant, mais on n'y prend même pas garde.

Vers une heure, nouveau mécompte ; une tempête affreuse se déclare. Les hommes se mouillent sur place ; ils s'impatientent ; ils voudraient marcher en avant. Point du tout ! Après sept heures d'immobilité sous une pluie battante, le clairon, qui sonne enfin, indique la retraite vers les anciens campements. A la nuit, il faut traverser de nouveau la Moselle pour se coucher sur des terrains détrempés par l'orage ; ce sont vingt-quatre heures de fatigue en pure perte.

On murmure bien un peu ; mais le soldat est de si bon caractère ! Le lendemain, il a tout oublié ; il croit à une fausse manœuvre savamment combinée pour donner le change à l'ennemi ; il croit et il espère de plus en plus en la sagesse du commandement.

Quatre jours se passent dans l'expectative. Le cinquième ramène la joie presque jusqu'au transport.

Enfin, voilà Mac-Mahon, criait-on de toute part, dans la matinée du 31.

Et, cette fois, il y avait quelque chose de plausible dans cette nouvelle décevante, si souvent répétée et si constamment fausse. Un courrier du maréchal était arrivé, malgré la surveillance de l'ennemi ; il apportait ces mots : « Reçu votre « dépêche du 19 à Reims ; me porte dans la direc- « tion de Montmédy ; serai après-demain sur « l'Aisne, où j'agirai selon les circonstances pour « vous venir en aide. »

Le commandant en chef donne l'ordre de recommencer le mouvement interrompu le 26. On traverse de nouveau la Moselle ; on prend ses positions en avant des forts Queuleu et Saint-Julien. Les troupes marchent joyeuses. Rien ne présage le malencontreux orage du 26 ; le soleil s'est levé splendide ; qui sait ? Peut-être le soleil d'Austerlitz !

Assurément, la sortie était devenue plus difficile. Prévenu depuis cinq jours, l'ennemi n'avait pas perdu une minute pour accumuler les ouvrages en terre, créneler les villages, et fortifier Sainte-Barbe, point culminant de la situation. L'armée d'investissement s'était fortement organisée, sous le commandement du prince Frédéric-Charles. Elle se composait de 200,000 hommes, campés par fractions à peu près égales, les uns sur la rive droite, les autres sur la rive gauche de la Moselle. Derrière chacune de ces fractions, au moins un corps d'armée entier formait une réserve disponible. Des ponts étaient jetés au-dessous de la ville, pour faciliter les communications. Une double et triple ligne d'ouvrages, de batteries et de tranchées-abris circonvenaient la place. Sur tous les points dominants on avait installé des observatoires, plus des télégraphes destinés à relier entre eux les quartiers généraux ; autant de chances malheureuses contre nous. On se le dit à voix basse, et toutefois sans y attacher trop d'importance. L'espérance de franchir les lignes prime toute autre considération.

Vers deux heures, notre ambulance arrive modestement, et s'arrête indécise un peu en avant de la ferme de Belle-Croix. Hélas ! Quand on parlait de triomphe, notre cœur battait avec force ; mais nous savions que la gloire s'achète avec du sang, et, laissant aux triomphateurs le soin de moissonner les lauriers, nous songions à relever les victimes.

Nous trouvons tout le monde dans une impatience fiévreuse.

L'action n'est point commencée. Le fort Saint-Julien tire mollement ; ses boulets passent par-dessus nos têtes et s'en vont battre les retranchements de l'ennemi. La troupe reste immobile. A mesure que les heures se succèdent, on pense à la journée du 26 ; et puis on aperçoit au loin les officiers prussiens, joyeux de notre inaction, nous compter, grâce à leurs lunettes de précision, faire signaux sur signaux, et réunir leurs hommes de tous les points de leur camp.

« Ce retard fut une si lourde faute, écrit un « général prussien, qu'elle est à peine possible de « la part d'un vieux soldat. »

A quatre heures enfin, le combat s'engage.

Un régiment de ligne s'ébranle : nous le suivons. A la hauteur de Lauvallier, le spectacle devient splendide. Nos valeureux soldats font des prodiges. Vers la nuit, le troisième corps occupe Noisseville ; deux divisions emportent Servigny à la baïonnette ; Charly et Poix deviennent la proie du quatrième corps. Les Prussiens l'ont avoué depuis, nous avions percé leur ligne principale des deux côtés de la route de Saarlouis. Joyeux, nous regardons derrière nous Aubigny et Colombey, où nous entrâmes en suppliants, le lendemain de la bataille de Borny ; car alors ils appartenaient aux Prussiens. Comme nous les avons dépassés ! Et nous allons en avant, et de tous les côtés nous arrivent des cris de triomphe. Vingt-quatre canons ennemis restent entre nos mains.

Pourquoi la nuit vient-elle arrêter nos succès? Ah ! si la bataille eût commencé plus tôt !

Mais l'obscurité s'est faite : le bruit cesse ; les feux s'éteignent ; les troupes reçoivent l'ordre de bivouaquer. A demain le couronnement de la victoire !

Pour nous, c'est le moment de l'action. Nos charrettes se mettent en marche, et nous allons relever les blessés. Quelques infirmiers partis en éclaireurs sont venus dire qu'ils sont deux mille et qu'ils appellent au secours. Tout à coup, survient une défense. Les cruelles nécessités de la stratégie veulent qu'on abandonne ces malheureux quelques heures encore. Que faire ? Obéir est la grande loi de la guerre ; nous obéissons, le cœur plein d'angoisses. Dans une grange voisine, il y a des monceaux de paille à laquelle l'épi tient encore : nous nous étendons sur cette paille ; mais comment dormir? Nous pensons à ces jeunes gens blessés qui ont froid, qui ont soif, qui perdent leur sang, qui nous appellent sans recevoir de réponse, à ceux qui vont mourir, que nous bénissons de loin, que nous voudrions tant assister de près, consoler et absoudre !

Vers minuit, le canon gronde ; la fusillade recommence : le bruit strident des mitrailleuses déchire la nuit : nous cherchons à voir ; l'obscurité nous en empêche ; tout pénétrés du triomphe de la veille, nous disons : l'ennemi revient sans doute ;

mais nous sommes prêts à le recevoir. L'aurore éclairera notre triomphe, et nous irons à nos blessés parmi les cris de victoire !

Erreur décevante !

On a malheureusement négligé de se garder dans les positions nouvellement conquises. L'ennemi a rassemblé ses forces ; son retour offensif nous prend au dépourvu ; nos soldats, trop peu nombreux, quittent Servigny, et les vingt-quatre bouches à feu qu'on n'avait pas ramenées la veille sous prétexte qu'il serait temps le lendemain, retournent au pouvoir des Allemands.

Au petit jour, la canonnade fait rage. L'engagement paraît assez vif du côté de Noisseville. Nous regardons la bataille avec anxiété, à mesure que le soleil monte à l'horizon.

Vers neuf heures, le maréchal Lebœuf et son état-major gravissaient une pente, abrités par un pli de terrain ; un obus éclate ; le général Manèque a la cuisse labourée ; on nous l'apporte ; il est calme, et demande aux médecins si cette blessure l'empêchera de monter à cheval ; il ne se doute pas que son heure est marquée et qu'il doit mourir ! On le panse ; on l'emporte sur un brancard au fort Saint-Julien ; et nous continuons à soigner les blessés.

Bientôt il nous semble que les obus prussiens tombent de plus en plus près de nous ; l'un d'eux passe même par-dessus nos têtes et s'en va faire un trou dans la terre à quelques pas derrière. La conclusion est forcée : l'ennemi approche ; nous reculons.

Mais pourquoi reculons-nous? « Que s'est-il donc « passé? demande le général Deligny. Le comman- « dant en chef, les chefs de corps s'interrogeaient « l'un l'autre, mais ils ne le surent jamais d'une « manière positive. »

« De fait, personne, semble-t-il, n'ordonna la re- « traite.... Tous les officiers de troupes, tous les « généraux interrogés répondirent invariablement : « nous nous sommes retirés parce que nous avons « vu tout le monde se retirer. »

Mystère !

———————

## XX

### NOUS RESTERONS A METZ.

Ce qui était pour nous un mystère le 26 du mois d'août et le 1er septembre, a cessé de l'être aujourd'hui.

Hélas ! nos soldats se faisaient tuer en vain; l'armée s'immolait sans profit ; ces combats n'étaient que des simulacres de sortie ; on ne devait pas quitter Metz; l'autorité ne le voulait pas.

Le 26, au moment de la tempête. le maréchal

avait jugé « inexécutable dans de bonnes condi-
« tions, tout mouvement offensif sur des terrains
« détrempés ; » il avait réuni un conseil de guerre
au château de Grimont, et l'avait consulté non plus
seulement sur l'opportunité de retarder la sortie,
mais sur la question autrement grave de savoir s'il
fallait jamais essayer de percer les lignes prussiennes.

Étaient présents à cette réunion solennelle, où se
réglèrent nos destinées ĕt celles de la France :

Le maréchal Bazaine, général en chef ;

Le maréchal Canrobert, commandant le 6ᵉ corps;

Le général Frossard, commandant le 2ᵉ corps ;

Le maréchal Lebœuf, commandant le 3ᵉ corps ;

Le général de Ladmirault, commandant le 4ᵉ
corps ;

Le général Soleille, commandant l'artillerie de
l'armée ;

Le général Coffinières de Nordeck, commandant
supérieur de Metz ;

L'intendant Lebrun, intendant en chef de
l'armée.

« Ils émirent l'avis que l'armée devait rester sous
« Metz, parce que sa présence maintenait devant elle
« 200,000 ennemis, qu'elle donnait le temps à la
« France d'organiser la résistance, aux armées en
« formation celui de se constituer, et qu'en cas de
« retraite de l'ennemi, elle le harcèlerait, si elle ne
« pouvait lui infliger une défaite décisive. Quant à
« la ville de Metz, elle avait besoin de la présence de

« l'armée pour terminer les forts, leur armement,
« les défenses extérieures du corps de place ;
« et il fut reconnu que celle-ci ne pouvait tenir
« plus de quinze jours sans la protection de
« l'armée....

« Il fut, en outre, convenu dans la réunion du 26,
« que, pour soutenir le moral des troupes, on
« ferait des coups de main pour harceler l'ennemi
« et augmenter nos ressources. »

D'après le général Changarnier « une seule voix,
« celle du maréchal Lebœuf, s'éleva pour conseiller
« de marcher en avant et de faire une trouée. »

Le colonel d'Andlau ajoute ce détail :

Le général Bourbaki, retenu par l'obligation de
présider au mouvement de la Garde, qui passait la
Moselle, n'avait pu assister à la délibération. « Ce
« fut au moment où la résolution venait d'être
« prise qu'il arriva, plein de l'ardeur qu'on lui
« connaît ; son avis lui fut demandé, et, si l'on en
« croit son propre témoignage, il n'hésita pas un
« instant à déclarer qu'il fallait sortir au plus vite
« et à tout prix ; on lui fit connaître alors l'avis de
« ses collègues, les raisons qui l'avaient motivé, et
« en présence de cette opposition générale, il se
« contenta d'incliner la tête, sans ajouter un mot
« de plus, puis il sortit fort mécontent de la
« chambre du conseil. »

Sans être militaire, et sans s'arroger le droit de
juger l'autorité, ne peut-on se permettre de douter
de la sagesse d'une pareille détermination, prise

huit jours seulement après le blocus, et lorsque nulle
tentative n'a été faite pour le forcer ?

Divers avis émanés de haut semblent nous y au-
toriser.

« Cette décision fut un immense malheur, devait
« dire plus tard le général Changarnier en pleine
« Assemblée nationale, et je le regretterai pendant
« le peu de jours que Dieu pourra m'accorder sur
« la terre.

« Je pensais, et je pense encore aujourd'hui que
« nous aurions dû marcher en avant et chercher à
« pénétrer jusqu'aux Vosges, et même à gagner
« Langres et la vallée de la Haute-Saône.

« Si nous avions percé dès le 26, nous aurions
« eu dès le lendemain, des nouvelles précises de
« l'armée du maréchal de Mac-Mahon, et, confor-
« mant notre marche à la sienne, nous l'aurions
« ralliée deux jours avant qu'elle ne vînt se jeter dans
« le gouffre où elle devait fatalement périr. »

« En vérité, écrit un officier étranger, quand on
« se trouve dans un camp retranché dont le cercle
« d'investissement a plus de 60 kilomètres, qu'on
« a pour soi l'initiative de l'attaque et l'avantage de
« la mobilité, et qu'on dispose d'une armée mobile de
« de plus de cent cinquante mille braves, on doit
« non-seulement savoir ne pas se laisser enfermer,
« on ne se contente même pas de se faire jour à
« travers les lignes ennemies, mais on doit faire
« payer cher à son adversaire la téméraire entre-
« prise de vouloir bloquer une position de quinze

« lieues de tour, dont une armée mobile de cent
« cinquante mille hommes occupe le centre. »

Si le maréchal Bazaine eût vaillamment poussé
ses troupes en avant, s'il eût rendu sa victoire
complète, le 1ᵉʳ septembre, ajoute un officier gé_
néral prussien, « il neutralisait presque la défaite
« de Sedan, parce qu'il aurait fallu détacher de ce
« point sur Metz des forces tellement considé-
« rables qu'à peine serait-il resté de quoi marcher
« sur Paris, et qu'en tout cas on eût été trop faible
« pour investir la place.

« En le voyant quitter la partie d'une manière
« aussi inattendue, il n'y eut plus un officier alle-
« mand qui doutât que le sort définitif de cette
« grande armée ne fût décidé, et que sa reddition
« ne fût plus qu'une question de temps. »

Ainsi pensent les habiles. La résolution du conseil de guerre au château de Grimont fut donc un
malheur presque irréparable.

Mais à quoi bon discuter? La fatale sentence est
prononcée. Le sort en est jeté : Metz abritera
l'armée, et l'armée abritera Metz ; triste et cruelle
alternative, situation désastreuse qui arrachera à
la France des larmes de sang. Quand nous aurons
abrité Metz et qu'il nous aura abrités pendant deux
mois, quand notre belle armée aura été torturée,
décimée par la pluie, la maladie, la faim, Metz, que
nous abritions, passera aux mains des Prussiens,
et notre armée, qu'il abritait, s'en ira gémir dans les
casemates et sous les neiges de l'Allemagne.

Pleurez, malheureuse pucelle ; pleurez ; votre couronne de gloire va tomber : l'ennemi foulera d'un pied superbe le seuil de vos portes.

---

# XXI

### POURQUOI NE SORTIRAIT-ON PAS ?

Depuis Attila jusqu'à Napoléon III, Metz est resté invincible. Comment se fait-il qu'aujourd'hui « cette « place forte ne puisse tenir plus de quinze jours « sans la protection de l'armée ? »

Autrefois ses ennemis furent-ils donc moins terribles et ses défenses naturelles plus formidables ?

Je remonte au dernier siége, celui de 1552, et je compare.

En ce temps-là, je trouve Metz aux prises avec Charles-Quint. Les plus grands généraux de l'époque marchent avec lui. Le duc d'Albe et le marquis de Marignan accourent ensemble, le même jour. Le duc de Holstein, le comte d'Egmont, et les seigneurs de Brabançon et de Bossu les suivent de près. Le chiffre de l'armée allemande dépasse toutes les proportions connues jusqu'alors. La ville sera investie, étroitement serrée, bloquée sans miséricorde.

Le roi Guillaume de Prusse n'est certes pas plus redoutable que Charles-Quint.

Mais peut-être, en 1552, les Messins étaient-ils plus attachés à la France qu'ils ne le sont aujourd'hui ?

Bien au contraire.

Depuis cinq mois à peine ils étaient Français. Encore l'étaient-ils devenus par surprise. Le connétable de Montmorency avait amené des troupes jusqu'à la porte Saint-Thiébaut, et dépêché deux capitaines pour demander seulement le passage. Nombre de seigneurs, lassés de l'autocratie de Charles-Quint et gagnés à la cause de la France, étaient accourus au-devant de lui pendant que les magistrats, sans défiance, sortaient pour le complimenter. Quelques soldats avaient occupé la porte ; le connétable l'avait franchie à la tête d'un corps de cavalerie, et, tout à coup, s'était arrêté au pied de la cathédrale. Des bourgeois avaient voulu protester ; les seigneurs, chefs de la milice, avaient empêché une prise d'armes, et la ville libre était devenue possession française. Le fait s'était passé le 10 avril. Or, voici que, le 19 octobre, l'Empereur essayait de ramener les Messins à l'Allemagne avec leurs priviléges de ville libre. Quelle tentation pour un grand nombre !

On sait combien ils tenaient à leur indépendance. Sur la porte Serpane, celle qui conduisait à la ville ravagée par les Hongrois en 906, et dont le nom défiguré se traduit aujourd'hui par celui de porte Serpenoise, une inscription rappelait avec quelle ardeur le plus mince bourgeois savait la défendre.

En 1470, le duc Nicolas de Lorraine essayait, comme le fit plus tard le connétable de Montmorency, de s'emparer de Metz par trahison. Ses soldats, déguisés en campagnards, s'étaient arrêtés sous la porte avec une voiture de marchandises. « Par « ce moyen, dit la chronique, ils empêchaient la « herse de tomber et favorisaient l'entrée des sol- « doyers. Harelle se promenant là, entendit des « cris et le mouvement des envahisseurs, et n'é- « coutant que son courage patriotique, il se di- « rigea vers la porte, abattit la herse, puis réveilla « les Messins par les cris : A l'arme ! Au secours ! « Les Lorrains sont dedans !

« Aussitôt de chaque maison sortirent des hom- « mes armés de tout ce qui se rencontrait sous « leurs mains ; ils combattirent corps à corps, en « tuèrent une trentaine, dont plusieurs de notables « seigneurs, firent une cinquantaine de prisonniers; « et le reste prit la fuite. »

Le nom de Harelle, le boulanger, fut gravé sur la porte. Les pères, en passant, le montraient à leurs enfants, et l'enfant, comme le vieillard, se découvrait, et tous disaient : vienne l'ennemi : nous saurons défendre nos libertés.

Eh ! bien, l'occasion était belle de reconquérir ces libertés ! Aussi, dit la chronique, Charles-Quint « s'attendait qu'il y aurait quelque trahison parmi

« les Messins et parmi la haute classe ; que, par
« un manque d'entendement, le défenseur de
« Metz serait obligé de se rendre à discrétion, ainsi
« que la ville. »

Certes, en 1870, notre situation l'emporte de
beaucoup. Sauf quelques Juifs et quelques protestants, est-il un Messin dont le cœur ne batte
pour la France ? en est-il un qui aspire à devenir
Prussien ?

Ainsi l'ennemi du dehors est moins formidable
aujourd'hui qu'en 1552, et nous n'avons rien à
craindre au dedans ; alors pourquoi ne pas vaincre
comme en 1552 ?

Le rapport officiel du conseil de guerre a répondu:
« La ville de Metz avait besoin de l'armée pour
« terminer ses forts, leur armement, les défenses
« extérieures de la place ; elle ne pouvait tenir plus
« de quinze jours sans la protection de l'armée. »

« D'autre part, l'armée n'avait pas moins be-
« soin de Metz ; elle se trouvait dénuée de res-
« sources en munitions d'artillerie de campagne,
« sans viande ni biscuit. Les régiments du corps
« Frossard n'avaient plus d'ustensiles de cam-
« pement et ne pouvaient faire cuire leurs ali-
« ments. »

Mais le duc de Guise, en face de Charles-Quint,
se trouvait-il mieux partagé ?

Précisément, dit le chroniqueur, « Metz était
« très-mal fortifié, les fossés très-étroits et presque
« comblés. »

Que fit le duc ? Il commença par « compléter
« les fortifications de la ville et en éleva de nou-
« velles. Pierre Strozzi et Camille Morini dirigeaient
« les travaux .. Lui-même donnait l'exemple de
« l'activité ; souvent il portait la hotte ; et le
« marquis d'Elbeuf, ainsi que Biron, Larochefou-
« cauld, Randan, Nemours, Gonnor, Martigues et
« le vidame de Chartres suivaient son exemple. »

Il se hâta de renvoyer les bouches inutiles, et,
sous peine de mort, ordonna à tous ceux qu'on
soupçonnait de tenir pour Charles-Quint, de sortir
dans les vingt-quatre heures.

« Il établit les règlements les plus sages sur les
« relations qui devaient exister entre les militaires
« et les bourgeois pour le maintien de la disci-
« pline..... et fit rentrer dans la ville tous les vivres
« et le bétail des villages voisins, incendier les
« moulins à trois lieues à la ronde. »

Claude de Gournais, seigneur de Tallange, restait
hors des murs avec des provisions considérables.
« Monseigneur de Guise l'envoya avertir de vider
« tout le bien qu'il avait à la Horgue, et de rentrer
« à Metz. De Gournais, qui était du parti contraire
« aux Français,... fit réponse au messager qu'il ne
« se souciait point de Monseigneur de Guise.....
« Mais le duc, clairvoyant, faisait toujours suivre
« ses paroles par des actions. Il envoya ses soldats,
« qui pillèrent toute la maison sans rien laisser, et
« cernèrent le dit Seigneur de Tallange, qui fut
« pris, lié sur un cheval, et conduit en la maison

« du prévôt. Sans les seigneurs de sa parenté, qui
« prièrent pour lui, il eût eu la tête tranchée... »

Après cela, le duc songea aux victimes de la
guerre. Il supplia le roi de lui envoyer le médecin
le plus célèbre du temps.

Ambroise Paré ne connaissait pas le prétendu
progrès de la médecine impie de nos jours. Il avait
le bon esprit de ne pas nier Dieu, ni son interven-
tion dans les choses humaines. Il croyait que, tout
en laissant une action puissante à l'énergie, à l'intelligence, à la science du praticien, il ne cessait pas
d'être l'auteur de la maladie et de la santé, comme
de la vie et de la mort : il croyait qu'en présence
d'une responsabilité aussi périlleuse que celle d'un
homme à tuer ou à guérir, il convenait au médecin
de s'humilier devant Dieu, de le prier d'éclairer son
intelligence et de guider sa main ; et lorsqu'il réussissait à ramener un malade des portes de la mort,
il disait : *je le pansais, Dieu l'a guéri.*

Aussi la confiance était-elle sans bornes pour ce
médecin habile et modeste ; et quand on sut que le
duc de Guise l'avait mandé, il y eut explosion de
joie et de redoublement de confiance dans le peuple
et dans l'armée. — « Nous ne craignons plus de
« mourir, s'écrièrent les assiégés, Paré est avec
« nous. »

Ainsi toutes choses se trouvèrent-elles prévues
pour le siége de 1552.

Les difficultés qu'on nous oppose sont-elles plus
grandes que celles qu'on dut surmonter alors ?

On nous parle de forts incapables de tenir contre l'ennemi. Est-ce bien sérieux ?

Pendant un mois, l'Empereur, le major général, les deux aides-majors généraux, les chefs d'armes spéciales, les principaux états-majors avaient résidé à Metz, et on se doutait si peu de cette insuffisance absolue des forts, qu'on avait organisé toutes choses pour un départ sans qu'il vînt à personne, pas plus au général en chef qu'au gouverneur de Metz, l'idée qu'on livrait à l'ennemi notre principale forteresse privée des moyens de se défendre.

Mais si la ville avait réellement besoin de l'armée, comment, pour en sortir, avait-on pu livrer les sanglantes batailles de Borny, de Gravelotte, de Saint-Privat, faire couler tant de sang, faire tuer tant d'hommes ? n'était-ce pas un crime ?

Et, dans tous les cas, si les forts n'étaient pas suffisamment armés, pourquoi, depuis un grand mois que la guerre est déclarée, ne s'être pas mis au travail avec l'ardeur du duc de Guise qui, lui aussi, trouva les fortifications dans un état fâcheux ? le temps ne lui fut pas accordé avec plus d'abondance qu'à nous. Ce qu'il put faire alors, en étions-nous incapables aujourd'hui ?

On se plaint de n'avoir ni vivres, ni munitions, ni ustensiles de campement. Que n'a-t-on fait comme nos devanciers de 1552 ?

« Nous aurions pu, dit le général Changarnier, « rayonner à dix-huit et vingt kilomètres autour de « Metz, et dans ce pays plantureux, fertile, admi-

« rablement cultivé, où tous les plus beaux villages
« qui soient en France se touchent, nous aurions
« pu en quelques jours faire rentrer une grande
« quantité de bétail, de grains et de fourrages,
« suffisante pour plusieurs mois d'approvisionne-
« ment. Par malheur, le général en chef n'eut pas
« cette sage prévoyance; s'il l'avait eue, l'histoire le
« placerait dans ce groupe glorieux des hommes
« qui ont le mieux servi leur pays. »

Quant aux munitions de guerre et aux ustensiles de campement, Metz n'aurait-il pas dû les avoir en abondance, grâce à son établissement pyrotechnique, à son magasin central d'équipement et de campement des armées? Et fallait-il attendre la veille du blocus pour s'assurer de leurs ressources, pour constater, par exemple, que l'établissement de pyrotechnie «n'avait pas même le moyen de confec- « tionner les cartouches, » et « demander à Paris « ce qui était indispensable pour remonter l'outil- « lage ? »

Que serait-il advenu en 1552, si les défenseurs de Metz eussent attendu la veille de l'arrivée de Charles-Quint pour se préparer au blocus ?

Le duc de Guise, au contraire, était prêt lorsque ses éclaireurs lui révélèrent la présence de l'Empereur à Deux-Ponts d'abord, et bientôt à Forbach. Il ordonna de fermer les portes, de baisser les herses, de lever les ponts, et il attendit avec confiance

Le 19 octobre, l'ennemi arrivait sans tarder,

Guise lui prouvait qu'il se tenait sur ses gardes, et plusieurs de ses capitaines se précipitaient contre les avant-postes impériaux et les forçaient à se replier sur le gros de l'armée.

D'abord établi sur le mont Saint-Julien, le duc d'Albe s'apercevait promptement que ses batteries ne produisaient aucun effet ; il essayait de prendre de nouvelles positions sur les hauteurs de Belle-Croix, mais l'artillerie des remparts l'empêchait d'ouvrir les tranchées.

Le 2 novembre, il changeait son plan d'attaque, laissait à Saint-Julien les troupes nouvellement arrivées des Pays-Bas, et venait camper au Sablon en traversant le pont de Magny. Le 10, ses batteries frappaient la porte Serpenoise. Après quelques jours, une brèche commençait à se pratiquer. Vains efforts. Les assiégeants veillaient. Il se hâtèrent de combler la brèche, « et ni prince, ni capitaine qui « s'y épargnât». A quelques toises en arrière, «sous « la direction de M. de Guise, on éleva un autre « rempart plus fort, plus haut que le premier. »

Bientôt, le siége entre dans une nouvelle phase, et le danger augmente. L'Empereur, jusque-là retenu malade à Thionville, veut par sa présence électriser les combattants. Le 26 novembre, il fait diriger sans relâche les feux d'une puissante batterie entre la porte Serpenoise et la Moselle. « On « tira pendant cette journée, dit le chroniqueur, « treize cent quarante-trois coups de canon ; mais « l'activité du duc de Guise s'en accrut. Le gou-

« verneur était partout ; les officiers ne se refusaient
« à aucun service, et quand il s'agissait d'élever un
« rempart derrière une muraille en danger, le ca-
« pitaine, comme le soldat, mettait la main à
« l'œuvre et portait la hotte... Le 27, les batteries
« impériales tirent contre Metz treize-cent soixante-
« dix-neuf coups de canon. On entendait le bruit
« à Strasbourg et à quatre lieues au-delà. Le 28,
« une vaste brèche se forme aux murailles ; mille
« cris de joie l'annoncent au camp autrichien, et
« personne ne doute pendant quelques instants que
« cette brèche ne mette bientôt la ville dans la né-
« cessité de se rendre. Le nuage de poussière qui
« enveloppait les ruines s'étant dissipé, l'armée en-
« nemie voit la muraille que tant d'efforts étaient
« parvenus à détruire, remplacée par un rempart
« que le duc de Guise avait fait élever à l'avance
« derrière... »

Malgré tant de travaux, les assiégés ne se conten-
tent pas de se défendre ; ils attaquent. Le seigneur
de la Brosse, lieutenant des gendarmes de Guise,
conduisant une troupe intrépide, entre le Pont-des-
Morts et le Pontiffray, bouleverse les campements
d'Albert, marquis de Brandebourg ; il culbute, il
renverse ; le marquis échappe difficilement à un
coup de lance, et le seigneur de Brabançon tombe
blessé. Mêmes efforts les jours suivants, et même
succès. On ne laisse pas à l'assiégeant un seul instant de trêve.

L'Empereur, fatigué, veut en finir. Le 7 décem-

bre, il annonce l'assaut. « Le duc de Guise, sur le
« rempart, la pique à la main, entouré des ducs de
« Nemours, de Montmorency, Horace Farnèse, et
« de l'élite de la noblesse française, attendait l'at-
« taque avec sécurité.... » Charles-Quint se fait
porter dans les rangs. « Il lit dans les regards de
« ses soldats qu'un assaut serait une vaine entre-
« prise, » parce que la noble attitude des assiégés
inspire le découragement. Il fait rentrer les troupes,
en disant: *Je ne vois point d'hommes autour de moi.*

Le reste du mois se passe, les batteries autrichiennes tirant sans cesse, les Messins ne négligeant
aucune occasion de faire des sorties. Enfin le
premier janvier, l'Empereur se voit contraint de
lever le siége.

« Le duc de Guise, dit la chronique, fit chanter un
« *Te Deum* en action de grâce, et joignit sa recon-
« naissance à celle que tout le peuple témoignait
« à saint Sigebert, roi d'Austrasie... »

« Le quinze janvier, fut faite une procession gé-
« nérale pour rendre, de nouveau, grâce à Dieu. Le
« Saint-Sacrement était escorté de monseigneur le
« maréchal de Saint-André, du duc Horace, de
« monseigneur le duc de Guise et de monseigneur
« le prince de la Roche-sur-Yon, aux quatre coins
« du dais. Les autres princes et grands seigneurs,
« et grand nombre de gentilshommes, capitaines,
« soldats et les bourgeois la suivaient, tous rendant
« grâce au Souverain Maître de la délivrance de
« leur captivité. »

Ainsi la ville de Metz fut-elle conservée à la France par le patriotisme soutenu de la bravoure et du dévouement, malgré des difficultés sans nombre.

Pourquoi faut-il qu'aujourd'hui, dans une situation moins périlleuse, nous vivions sous la menace d'une capitulation ?

La ville, nous dit-on, a besoin de l'armée, et réciproquement.

Ainsi, en 1870, la fière cité qui sut résister à Charles-Quint, tremblait devant le roi Guillaume de Prusse !

Ainsi la plus belle armée de France serait incapable d'autre chose que de se cacher sous les forts *pour donner le temps à d'autres d'organiser la défense nationale !*

Non, il n'en saurait être ainsi ; j'en jure par le vieil honneur français. La situation n'était pas aussi désespérée qu'on voudrait nous le faire croire.

Quand on est dépositaire des vieilles traditions messines, quand on a l'honneur d'être un des premiers boulevards de France, on ne renonce pas si facilement à la résistance.

Quand on s'appelle l'armée du Rhin, quand on vient de faire des preuves si magnifiques à Borny, à Gravelotte, à Saint-Privat, on se sent capable d'une autre mission que celle « de donner à d'autres le « temps d'organiser la défense nationale ; » on prétend bien ne céder à personne l'honneur de sauver la France.

# XXII

## TRISTES EFFETS DE LA SÉQUESTRATION ET DES NOUVELLES DE FRANCE.

Trop de personnes connaissent, aujourd'hui, les rigueurs morales d'un blocus pour qu'il faille décrire ici les regrets, les préoccupations, les angoisses qui en furent pour nous la suite après la bataille de Sainte-Barbe.

Tant qu'on put conserver l'espérance d'une brillante sortie, l'horreur de la séquestration ne se fit point sentir. A peine si l'on parut s'en douter. Les vivres n'étaient point rationnés. Les hôtels, les restaurants, les cafés restaient ouverts. Les étalages des marchands paraissaient encore suffisamment confortables. Le canon grondait trop loin pour inquiéter les habitants au fond de leurs paisibles demeures ; on savait le bombardement impossible ; les officiers inoccupés venaient du camp demander des distractions à la ville : on les voyait nombreux aux tables des cafés, causant et devisant avec les bourgeois ; les soldats erraient par les rues, regardant les boutiques, achetant du pain et quelques suppléments à leurs vivres d'ordinaire. L'animation générale s'en augmentait d'autant. Nulle trace de frayeur, nulle apparence de découragement. Mais, lorsqu'après le beau fait d'armes du

31 du mois d'août et la retraite inexplicable du
1er septembre, on put douter de l'énergique résolution du commandement et de sa volonté de sortir
à tout prix, une vague inquiétude s'empara des
esprits, on se sentit le cœur envahi par les tristesses
du blocus.

Le blocus, situation étrange dans tous les temps,
plus étrange encore au XIXe siècle. Lorsque les communications de peuple à peuple étaient difficiles
et lentes, lorsque, dans un même pays, il fallait des
semaines, quelquefois des mois pour avoir des
nouvelles d'une frontière à l'autre, l'absence,
du courrier, si dure qu'elle fût, trouvait des
hommes préparés à attendre. Mais aujourd'hui que
les trains rapides et les bateaux à vapeur ne nous
suffisent plus, lorsque, pour la moindre des choses,
un couteau perdu, un parapluie oublié, on a recours
au télégraphe; lorsque, chaque matin, le plus mince
bourgeois demande à l'électricité ce qui se passait
la veille à Vienne, à Londres, à Saint-Pétersbourg,
à New-York, à Pékin, il paraît infiniment plus
douloureux de s'entendre dire, du jour au lendemain, sans qu'on ait eu le temps de le prévoir :
Désormais plus de rapport avec le pays. Vous êtes
bloqués. En dehors des murs et d'un périmètre
fort court, il n'y a plus rien pour vous, ni espace
pour vous mouvoir, ni communication de la pensée;
c'est l'ostracisme. Aussi n'étonnerai-je personne en
disant que nous ressemblions à des voyageurs
égarés qui cherchent leur chemin, la nuit, dans une

forêt, et désespèrent de l'atteindre. L'ennui, le marasme, une sorte d'effroi commencèrent à s'emparer des âmes.

Ah! qu'une presse intelligente, conduite par des hommes de cœur, de science et de vrai talent, aurait pu faire de bien parmi cette immense population d'assiégés !

Quoiqu'il n'y eût rien à raconter, les journaux ne manquèrent pas. On les imprimait sur papier bleu, jaune, rouge, lilas, de toutes les couleurs, excepté le blanc.

Chaque jour, en achetant ces feuilles d'une nuance inusitée, qu'on nous offrait au coin des rues comme des prospectus de tailleur ou de cordonnier, nous y cherchions quelques récits des grands siéges, des généreuses défenses, des sacrifices héroïques, des stratagèmes sans nombre d'une résistance à mort. Nous nous attendions à voir les officiers d'état-major, les ingénieurs civils et militaires, les savants de la bourgeoisie, les professeurs du Lycée en vacances, nous enseigner par la voie de la presse, les différents moyens de venir en aide à la défense, réchauffer notre patriotisme, nous animer au sacrifice; et c'eût été un grand bien, un secours immense pour la défense, si tous les hommes de cœur eussent offert à l'armée, à la ville, le tribut de leur science, de cette science du passé qui illumine l'avenir, celui de leurs inventions, de leurs recherches du moins, pour améliorer une situation matérielle qui allait toujours en empirant. Comme les jours si longs de marasme, de découragement, de colère impuissante se fussent changés en journées héroïques ! La presse eût été pour nous une lumière prophétique dans les ténèbres ; elle eût versé, chaque jour, un baume sur les plaies de la veille, animé les courages, échauffé le dévouement, enfanté l'héroïsme qui entraîne la victoire.

Mais la presse moderne vit de passions, de passions mesquines et de nouvelles à sensation, et la presse messine fut ce que le journalisme est partout. Elle nous raconta ce qu'il eût mieux valu ignorer, les querelles de l'autorité militaire avec la municipalité, certaines plaintes de la bourgeoisie contre l'armée, les récriminations de quelques officiers contre les bourgeois. Sans mauvaises intentions, pour le plaisir de raconter des nouvelles, elle sema la défiance, aida la démoralisation.

A bout de nouvelles, on ne résista point à la séduction des cancans, et le mal s'aggrava d'autant. On essaya de voir par-dessus les lignes prussiennes ; on monta sur les hautes tours pour appeler un libérateur ; et comme on ne voyait rien venir, et qu'on n'entendait aucun écho lointain, on se prit à inventer. Des nouvelles impossibles circulèrent en toute liberté. Un jour, par exemple, on nous annonçait Mac Mahon vainqueur sur toute la ligne, ou bien Ducrot faisant à Verdun son entrée triomphale. Et tout le monde de dire : c'est vrai ; cela ne pouvait être autrement. On se berçait ainsi d'espérances chimériques propres à entretenir la mollesse. Quelquefois on dénaturait les faits à notre avantage. Ainsi, le vendredi 9 septembre, à la nuit, dans l'obscurité la plus épaisse, par une pluie torrentielle, on entend tout à coup les plus effroyables détonations. Les Prussiens tiraient à outrance. Les forts répondaient avec énergie. Ce bruit soudain avait quelque chose de sinistre. Les troupes prirent les armes. Nous fîmes nos préparatifs pour les accompagner au champ de bataille. Au bout d'une heure, le silence se rétablit. Les hommes se remirent sous les tentes-abris. Tout rentra dans le calme le plus parfait. J'ignore si, à l'heure présente, on connaît bien encore la signification de ce mouvement ; mais, dès le lendemain matin, les hommes à nouvelles prétendaient la donner. C'était le général d'Autemarre qui avait surpris le prince Frédéric-Charles. On n'en pouvait douter, nous devions faire une sortie, opérer notre jonction. — Bientôt ce fut l'Empereur lui-même qui s'annonçait par des salves dignes d'un souverain. — La rumeur populaire grossissait le récit des habiles de la langue ou de la plume. Un sous-officier de zouaves de la Garde vint raconter à nos infirmiers qu'effectivement l'Empereur arriverait le lendemain avec 500,000 hommes. Le général Picard l'avait annoncé à sa brigade sous les armes. Lui, sous-officier, l'avait entendu. Il avait même entendu mieux que cela. Le maréchal Bazaine avait réuni tous les généraux ; il leur avait dit que, par dépêche, l'Empereur le chargeait de donner *une poignée de main* à chacun d'eux, en attendant qu'il le fît lui-même avant peu. Les esprits bien faits trouvaient *la poignée de main* dans l'ordre des choses probables. Nous avions beau leur demander *à quand le petit verre*, quel jour et dans quel cabaret l'Empereur trinquerait et renouvellerait *la poignée de main* ; imperturbablement on répondait : doutez-vous de sa prochaine arrivée, de la délivrance, du triomphe ?

On n'imagine pas le mal que ces fausses nouvelles produisaient dans les esprits et dans les cœurs.

Dans cette pénible situation, il eût fallu oublier, faire abstraction du monde entier et ne plus songer qu'à une seule chose, la délivrance de Metz, le triomphe de l'armée pour le bonheur de la France. On fit tout le contraire. Nous occupant des autres et jamais de nous-mêmes, nous passions nos jours à nous demander : qui donc nous sauvera ? A quel jour la levée du blocus ? Tandis que nous aurions dû nous tirer d'affaire nous-mêmes, et le plus vite possible.

Peut-être l'autorité militaire aurait-elle dû prendre l'initiative ? Les masses ont besoin d'être conduites ; il leur faut des chefs qui leur montrent un objectif, les poussent, les entraînent vers le but.

Nous attendîmes longtemps un ordre du jour, une proclamation qui animerait tout le monde au sacrifice, en indiquant à chacun la part d'efforts qu'on attendait de lui ; rien n'arriva.

Je me trompe !

Soudain, comme un coup de foudre, se révéla le plus sinistre des événements.

Le 13 septembre, on lut sur tous les murs cette proclamation signée du général gouverneur, du préfet et du maire ;

« Habitants de Metz, on a lu dans un journal
« allemand, *la Gazette de la Croix*, les nouvelles
« les plus tristes sur le sort d'une armée française
« écrasée par le nombre de ses adversaires, sous les
« murs de Sedan, après trois jours d'une lutte
« inégale. Ce journal annonce également l'établis-
« sement d'un nouveau gouvernement par les repré-
« sentants du pays. Nous n'avons pas d'autres
« renseignements sur ces événements, mais nous
« ne pouvons pas non plus les démentir. »

Le 16, parut un ordre du maréchal Bazaine lui-même ; il était ainsi conçu :

« A l'armée du Rhin .

« D'après deux journaux français du 7 et du 10
« septembre, apportés au grand-quartier général par
« un prisonnier français qui a pu franchir les lignes
« ennemies, Sa Majesté l'empereur Napoléon aurait
« été interné en Allemagne après la bataille de
« Sedan, et l'Impératrice, ainsi que le prince impé-
« rial, ayant quitté Paris le 4 septembre, un pou-
« voir exécutif, sous le titre de gouvernement de
« Défense nationale, s'est constitué à Paris. »

Le lendemain, les journaux nous donnaient la circulaire d'un ministre des affaires étrangères improvisé et quelques détails sur les préparatifs de la défense de Paris.

Ces révélations achevèrent de troubler les esprits. On nous avait tant promis que la délivrance nous arriverait avec Mac-Mahon et son armée ; et voilà qu'on nous annonçait au contraire, le naufrage du vaisseau qui portait notre fortune!

Oh ! qu'elle est sage la règle qui ordonne au général en chef d'une troupe assiégée de fermer l'oreille à tous les bruits du dehors, de les empêcher de circuler autour de lui, de peur de détourner les esprits du but unique de la défense.

A Metz, pour notre malheur, on négligea l'observation de cette prescription si fondée en raison. Les conséquences en furent terribles. Que n'avons-nous ignoré la catastrophe de Sédan !

Mais l'indiscrétion est faite ; il n'est plus temps de la retenir. Arrêtons-nous un moment, il le faut, sur les événements auxquels la proclamation de nos chefs a fait allusion : ils eurent trop d'influence sur la situation de l'armée captive à Metz, nos hontes en furent trop fatalement la conséquence, pour que nous ne relisions pas cette page de notre histoire écrite avec du sang. La capitulation de Metz deviendrait inexplicable sans cela.

# XXIII

## LA CATASTROPHE DE SEDAN.

Que lui est-il donc arrivé à cette armée, sœur de la nôtre, que nous avons laissée fuyant sur les routes de l'Alsace, après la bataille de Wœrth ?

Où a-t-elle porté ses pas ? Nous l'attendions. Pourquoi n'est-elle pas venue jusqu'à nous ?

Trois corps la composaient, sous les ordres du général Félix Douay, du général de Failly et du maréchal de Mac-Mahon, commandant en chef.

Courons d'abord au plus éloigné, celui du général Douay. Nous avons assisté à sa pénible formation. Nous l'avons vu en marche sur Mulhouse pour rejoindre le maréchal. Qu'est-il devenu ?

Un acteur et témoin va nous le dire.

« Nous arrivons, dit-il, à Mulhouse, le samedi soir 6 août. On nous distribue des vivres à huit heures, mais le bois pour les faire cuire n'arrive que le lendemain dimanche à 8 heures et demie. A 9 heures, les marmites sont au feu et le soldat se réjouit à l'espérance d'une soupe réconfortante, lorsque survient un ordre de renverser les marmites, de lever le camp et de partir sur-le-champ ! Partir ! mais dans quelle direction ? Celle de l'ennemi ? Point du tout. Nous lui tournerons le dos. Nous reprendrons exactement le chemin d'hier. Par malheur, les ordres de marche, donnés avec trop de précipitation, s'exécutent mal. Les troupes se trouvent toutes massées près du pont du canal, n'ayant d'autre débouché qu'un passage de cinq mètres. Le défilé d'une seule division dure trois heures, pendant lesquelles les hommes restent debout, sac au dos, regrettant la soupe renversée, et surtout se moquant de cette singulière manière de commencer la guerre par une fuite précipitée.

Tout le monde s'ébranle enfin, mais quelle douloureuse étape ! Des hommes peu endurcis à la marche, sont blessés par des chaussures trop neuves, d'autres désespérés par la rapidité de la retraite et le poids accablant du sac dont ils n'ont pas l'habitude. Plusieurs, affamés, ont bu pour tromper la faim, et leur tête en est troublée. Un seul régiment sème en route sept cents fusils et huit cents sacs. Hébété d'ivresse, anéanti par le désespoir, le soldat en retard ne sait plus que jeter l'injure grossière à la face des officiers d'arrière-garde, qui s'efforcent de l'encourager et de le faire marcher encore. Lorsque nous arrivons à Danemarie, vers cinq heures du soir, les troupes sont réduites de moitié par les traînards.

« Vers huit heures, on établit les bivouacs, on mange à peu près et on se couche. Mais voilà qu'au milieu de la nuit, arrive du sous-préfet de Schelestadt une dépêche qui recommande à tous les maires d'avertir leurs administrés de sauver ce qu'ils ont de plus précieux, parce que l'ennemi est sur nos pas. Le général ordonne d'avancer le départ, fixé d'abord à cinq heures du matin, et les troupes, qui n'ont pu être averties à temps, murmurent d'avoir à se lever avant de s'être reposées.

« Autrement douloureuse que celle d'hier sera cette nouvelle étape. L'effroi est partout. Déjà terrifiés par la dépêche, les villages le deviennent plus encore par cette fuite de l'armée, le passage rapide et morne des généraux et des états-majors, et la marche forcée des soldats qui se traînent et qu'on oblige à suivre. A son tour, l'effroi des paysans consterne le soldat. Partout où se rencontrent des maisons, même spectacle douloureux. De pauvres ameublements jonchent la route ; on jette les matelas par les fenêtres pour déménager plus rapidement ; le chariot s'encombre trop vite ; le conducteur prétend que les chevaux ont leur charge. la mère supplie d'attendre encore, et met un berceau de plus. On part enfin ; on se heurte contre le soldat ; on se mêle à ses rangs ; on trouble sa marche si pénible.

« Il est nuit quand les troupes dressent leurs tentes démoralisées par la fatigue, les scènes de douleur. et la pensée qu'on ne les croit pas capables de tenir tête au danger. Autour du feu où se prépare la soupe du soir, les hommes se demandent : qu'y a-t-il donc enfin ? L'ennemi est-il si formidable ? — Tout à coup, ils apprennent que la cause de ces marches forcées est une mystification. Il n'est pas vrai que les Prussiens soient à Mulhouse ; le sous-préfet s'est trompé. Explosion de murmures dans le camp. Le soldat s'en prend à ses chefs, victimes cependant comme lui : il dit tout haut : Qu'auraient fait nos généraux en face d'une attaque sérieuse, s'ils se sauvent ainsi devant un ennemi imaginaire ? »

Enfin on est à Belfort ; on y restera six jours ; et puis, tout à coup, on recevra l'ordre d'aller à Paris, et puis de revenir à Châlons.

Laissons-y, un moment, ce malheureux corps d'armée pour rechercher celui du maréchal de Mac-Mahon.

La bataille de Wœrth venait de finir. « Tous les régiments, confondus et débandés, forment une cohue sans nom, écrit un chef de bataillon. Les projectiles sifflant au milieu de cette foule, y creusent des trouées sanglantes : le terrain que nous traversons, est couvert de morts et de blessés. Ces derniers, les plus malheureux, nous supplient de ne pas les abandonner et de les emporter. Que faire ? Le cœur déchiré, on détourne les yeux, on cherche à éviter un pareil spectacle : il se reproduit à chaque pas.

« Nous débouchons du bois par la vallée de Reischoffen. Les canons, les mitrailleuses, des voitures, des affûts encombrent le chemin et se pressent pour passer le pont. Une batterie, qui vient s'établir sur les hauteurs, nous lance ses obus... Dans le village, l'encombrement est indescriptible.

Généraux, officiers, soldats de tous corps, voitures et canons, tout est confondu.

« Le maréchal de Mac-Mahon arrive près de nous et nous désigne Saverne comme point de ralliement. La marche commence alors, la nuit arrive. Nous avons huit lieues à faire, et la fatigue est extrême. L'infanterie est obligée de piétiner dans les terres labourées. On est écrasé de douleur et de sommeil ; aussi des bandes de soldats se couchent dans les champs, au risque de se faire tuer par la cavalerie prussienne. »

Pourquoi prend-on la route de Saverne ? peut-être pour couvrir le défilé dont les Prussiens connaissent malheureusement le chemin depuis 1814, et le fermer au prince de Prusse ? Mais non, on le quitte dès le lendemain. L'armée ne sait pas où on la mène ; elle comprend l'incertitude du commandement, se livre à toute espèce de désordres. La désertion s'organise et se pratique dans de vastes proportions ; on se livre au maraudage, au pillage, à la dévastation, et les paysans effrayés se demandent s'ils ont affaire à des Français ou à des Cosaques. Comme les voitures, les vivres et les objets de campement sont restés aux mains de l'ennemi, et que l'intendance n'a pas prévu cette marche, les distributions ne se font pas, le soldat s'irrite et devient voleur. Peut-être certains chefs ne donnent-ils pas assez l'exemple de l'abnégation et de la souffrance généreusement acceptées. Tout concourt au désordre. Et puis, le découragement vient s'ajouter à tant d'abus. On accuse le gouvernement, l'autorité militaire ; on n'a plus confiance. C'est en de telles dispositions qu'on arrive à Châlons.

A son tour, le corps du général de Failly parvient à ce triste rendez-vous. Il n'a pas connu la guerre, celui-ci, car il était à Bitche, où l'ennemi n'a point encore paru ; mais à la nouvelle du désastre de Wœrth, on l'a fait partir avec précipitation, sans même emporter les bagages, et il a rallié le gros de l'armée, à peu près en aussi mauvais état que s'il eût essuyé une défaite.

A Châlons, le maréchal a rencontré l'Empereur. Il lui démontre l'impossibilité de conduire à l'ennemi ses troupes démoralisées, sans vivres ni bagages. Il demande à se retirer sous les murs de Paris, où les hommes se compteront, se referont et reprendront énergie et force, car ils ne sont pas découragés à toujours ; ce sont de vaillants cœurs, auxquels il faut seulement se remettre d'une surprise. L'Empereur accède ; on part pour Rheims.

L'armée s'est renforcée de troupes fraîches. Elle se compose ainsi :

1er corps, général Ducrot, 40,000 hommes.

5e corps, général de Failly, 25,000   —

7e corps, général Félix Douay, 30,000 —

12e corps, général Lebrun, 45,000   —

Avec cent quarante-mille hommes, que de services ne rendra-t-on pas devant Paris ?

Mais Paris n'en veut à aucun prix. Il s'y est

formé, dit un officier général Prussien, un parti guidé *par des avocats beaux parleurs* qui agissent avec une hypocrisie profonde, *parlent ouvertement en faveur de la défense nationale*, semblent n'avoir que cela à cœur, et, au fond, se proposent secrètement un autre but, celui de renverser l'Empire *et d'établir la République, même si la France ne la veut pas*. Ces hommes s'agitent ; il leur importe d'éloigner l'Empereur et même l'armée, afin de conserver le champ plus libre. Lorsqu'ils apprennent la résolution prise au camp de Châlons, ils s'insurgent comme si un malheur menaçait la France. Devant leur attitude, le pouvoir se trouble. Le conseil des ministres, le conseil privé, les présidents des deux chambres se réunissent à l'Impératrice pour obtenir du maréchal et, au besoin, lui commander de partir pour Metz.

Cependant l'armée est à Rheims, et le maréchal, qui ne se doute pas de ces intrigues, donne l'ordre de marcher vers la capitale, lorsque l'Empereur le fait venir, lui communique les dépêches de la Régente et l'oblige à signer des résolutions toutes contraires à ses vues. On prétend qu'au sortir de la demeure impériale, il aurait dit à son ami, le général Forgeot : J'aurais mieux aimé me voir couper le bras droit que de donner cette malheureuse signature.

On quitte Rheims le 23, et on va camper à Bethnéville. Nouvel obstacle ; les vivres manquent ; il faut, pour s'en procurer, se rapprocher du chemin de fer, rétrograder vers Réthel. Le 27, on est au *Chêne-Populeux*; mais les avant-gardes prussiennes s'y montrent en même temps, et sont déjà aux prises avec les généraux Douay et de Failly. La marche est coupée. Le maréchal reprend son premier projet, et, de nouveau, se dirige vers l'ouest : les ordres sont donnés : on va partir : pendant la nuit, la Régente signifie par le télégraphe l'ordre de gagner Metz, quoi qu'il en coûte. Mutisme de la part de l'Empereur, qui se livre sans résistance à suivre ces marches et contre-marches. Le maréchal obéit encore, et vient établir son quartier-général à Stonne, dans la journée du 28. Il croyait partir de là pour Stenay et Montmédy, lorsqu'on lui apprend que l'ennemi l'y a encore devancé. Changement nouveau. On ira donc à Raucourt : on essayera de passer la Meuse à Mouzon. Effectivement, le 29, Le général Lebrun s'est jeté sur la rive droite, et les corps Douay et de Failly s'apprêtent à le suivre, lorsque l'ennemi assaille le corps de Failly, le rejette en désordre vers Mouzon, harcèle les hommes du général Douay et produit la perturbation dans leur marche.

Pour la troisième fois, le maréchal se voit dans l'impossibilité de porter secours à Metz. Il y renonce définitivement, et, de guerre lasse, ordonne à tous de se retirer vers Sedan.

Pendant que cette malheureuse armée faisait marches et contre-marches, à la façon d'un homme ivre, et perdait un temps précieux, les Allemands la poursuivaient sans relâche.

Aussitôt après avoir bloqué le maréchal Bazaine sous les forts de Metz, le Roi avait dirigé vers Paris les troupes inutiles au blocus. Le Prince royal de Saxe recevait l'ordre d'en conduire une portion par Verdun, Sainte-Ménéhould et Rheims ; le Prince royal de Prusse celui de suivre, avec l'autre fraction, la route de Nancy, Bar-le-Duc, et Vitry-le-Français.

Le 25, les deux princes allaient opérer leur jonction pour fondre sur le camp de Châlons, culbuter l'Empereur et son armée, continuer ensuite leurs opérations contre la capitale, lorsqu'ils apprennent le départ de nos troupes dans la direction de Rheims. Dès le lendemain, ils changent de front et se portent vers le nord. Le 27 et le 28, des escarmouches de leur cavalerie ont déjà fait connaître aux Français qu'ils sont poursuivis. L'infortuné maréchal se trouve dans la situation la plus critique : sa gauche appuyée sur la Belgique, dont il ne saurait franchir la frontière sans être prisonnier, son front menacé par le Prince royal de Saxe, sa droite par le Prince de Prusse. Impossible à lui de traverser la Meuse, comme il se le proposait, entre Sténay et Dun. Il se rejette vers le nord et ordonne le passage par Mouzon, Villers et Rémilly.

Le deuxième corps réussit à l'opérer, le premier se prépare à le suivre et s'en tirera avec succès; mais le général Douay, retardé la veille par je ne sais quelle circonstance, et le général de Failly, déjà si malheureux, vont commencer la série des désastres à l'affreux dénouement desquels nous assisterons dans trois jours.

C'était le 30 du mois d'août.

Poursuivi depuis deux jours, obligé de soutenir la veille même un combat de quatre heures contre les troupes saxonnes, le cinquième corps avait son camp autour du village de Beaumont, sans grand' gardes de cavalerie, sans même de petits postes d'infanterie, raconte un témoin. Personne pour le garder, sauf les sentinelles du front de bandière, comme on aurait fait en pleine paix. Les hommes avaient démonté leurs fusils pour les nettoyer ; les uns faisaient la soupe, d'autres étaient allés recevoir des distributions dans le village, les chevaux des généraux et des états-majors mangeaient dans les écuries, lorsque, tout à coup, vers midi, des balles et des boulets traversent les tentes. Les troupes, sans avoir le temps de lever le camp, renversent leurs marmites, saisissent leurs armes et se portent en avant. Le combat s'établit au milieu d'un désordre inimaginable : les soldats sans leurs chefs, les généraux cherchant leurs troupes, l'artillerie isolée et sans soutien ; pêle-mêle désolant, au milieu duquel les projectiles sifflent, tonnent et renversent leurs victimes. La lutte n'est pas possible ; la résistance devient illusoire ; on se précipite vers la Meuse. L'artillerie ennemie pointe de ce côté ; son feu enfile le pont et le gué de Mouzon, frappe à coup sûr dans les masses compactes d'hommes, de voitures et de chevaux : les monceaux de morts augmentent l'encombrement de ces étroits débouchés. Le corps d'armée est affreusement décimé ; il perd ses bagages, son artillerie, un nombre d'hommes considérable. Le soir, on voit arriver de Paris le général de Wimpffen, envoyé par le ministre de la guerre pour remplacer le général de Failly destitué.

Au même temps, notre septième corps éprouvait aussi des malheurs. La veille, il n'avait pas atteint le campement désigné par le maréchal. Il s'était arrêté à Oches, et se trouvait en retard. Il marchait vers Raucourt, d'où il aurait dû être parti le matin, sa troisième division couvrant la retraite. L'artillerie défilait sur la chaussée, et l'infanterie, massée par divisions, allait à travers champ sur la gauche de la route, lorsque les fuyards de deux régiments de ligne, engagés dans l'affaire de Beaumont, accourent en criant au massacre, jettent l'effroi parmi ceux qui marchaient sans crainte, et semblent fatalement députés pour les prédisposer à mal soutenir une attaque.

« Nous avions dépassé Raucourt de deux kilomètres à peine, écrit un officier, engagés dans un défilé, espérant gagner Rémilly avant la nuit et trouver le pont libre, quand une vive canonnade éclate sur nos derrières. Les obus frappent sur la queue de l'immense colonne d'artillerie et sur les voitures attardées.

« On avait négligé de garder les hauteurs boisées qui bordent le ruisseau de l'étroite vallée de Raucourt, et les batteries qui nous avaient déjà salués le matin, avaient pu librement poursuivre leur conduite.

« La nuit nous protégea plus efficacement encore que la fusillade engagée pendant quelques instants par la brigade Bitard-des-Portes.

« L'artillerie se massa alors tout entière à droite de la route, sur le plateau d'Augecourt, pour permettre à la queue de la colonne de s'avancer et de se mettre à l'abri du feu. C'est là que, épuisés, hommes et chevaux se couchèrent à terre ; on ne songea même pas à allumer des feux, et chacun chercha dans sa besace s'il lui restait encore un morceau de biscuit. Depuis Wouziers, nous n'avions pas eu de distributions.

« Vers dix heures, un officier, couché dans le sillon, fut heureusement réveillé par le choc d'une roue, qui fit tomber son sabre fiché en terre, à hauteur de sa tête.

« C'était l'artillerie de la 3ᵉ division qui partait pour gagner au plus vite le pont de Rémilly. Les troupes d'infanterie de cette division, soit qu'elles n'eussent pas reçu d'ordres précis, soit que l'obscurité de la nuit ne leur eût pas permis de voir qu'elles laissaient toute l'armée derrière elles, avaient abandonné leurs positions et descendaient vers la Meuse, tandis que treize batteries restaient, sans garde et sans soutien, à deux kilomètres de l'ennemi, qui bivouaquait à Raucourt.

« Il fallait vite reconnaître des chemins pour sortir sans bruit de cette position périlleuse, et vers minuit nous partions.

« Mais, arrivés à Rémilly, nous apprenions que le pont, à moitié submergé, n'était plus praticable pour l'artillerie, qui dut suivre au trot la route de la rive gauche de la Meuse. On commença alors une marche insensée, les voitures se doublant l'une l'autre dans la nuit noire et bousculant sans merci des groupes d'hommes épars de tous les régiments et de tous les corps, marchant au hasard, droit devant eux, sans ordres et sans chefs.

« Le général Douay arrivait à trois heures et demie du matin devant les portes de Sedan ; elles étaient fermées et on refusait d'ouvrir : « Je somme le commandant de la place, sur sa responsabilité personnelle, d'ouvrir ses portes aux débris du septième corps d'armée », s'écria-t-il.

« C'étaient, en effet, des débris ; toute la deuxième division et une partie de la troisième étaient sur la rive droite de la Meuse, le reste sur la rive gauche, marchant sans savoir où était l'autre partie de l'armée, sans point de ralliement, sans renseignements sur la première division si malheureusement engagée la veille. »

Ainsi, le 30 du mois d'août, deux corps d'armée sur quatre se trouvaient déjà cruellement maltraités par un ennemi décidé à ne pas nous faire de quartier. La partie n'était cependant pas perdue.

Le premier corps, bien établi à Carignan, n'avait pas eu le temps de souffrir : il n'avait pas vu le feu depuis l'ouverture des hostilités. Le douzième, intact également, avait pris de bonnes positions sur la rive droite de la Meuse, au-dessus de Mouzon. Le fleuve coulait entre nous et l'ennemi. On avait le temps de rallier le cinquième et le septième corps, on pouvait tenter le sort des armes, accepter une lutte devenue nécessaire ; on s'y attendait même, lorsque arrive tout à coup l'ordre de se concentrer autour de Sedan.

Quand on jette les yeux sur la carte du pays, l'effroi s'empare de l'âme à la pensée qu'une armée française a pu s'engouffrer au milieu de ces montagnes pour s'y faire cribler par la mitraille ennemie.

Sedan est une ville frontière, de petite importance stratégique, malheureusement dominée de trois côtés par des montagnes. Ses fortifications sont insuffisantes aujourd'hui ; elle aurait besoin de forts détachés, armés d'une artillerie à longue portée. Du sud-est au nord-ouest, la Meuse, qui baigne le pied de ses remparts, lui constitue une défense naturelle. Deux routes la mettent en communication avec Mézières dans la direction de l'ouest ; une troisième, qui monte vers le nord-est, lui ouvre un passage vers la Belgique.

L'armée française établit ses campements sur la rive droite de la Meuse ; la ville lui servant, en quelque sorte, de pivot ; elle s'ouvrait en éventail du village de Floing au nord-ouest, à celui de Bazeilles au sud-est ; elle occupait un terrain montagneux, coupé de bois et de futaies, connus sous des noms divers, mais tous faisant partie de la grande forêt des Ardennes. La retraite sur Mézières lui était coupée ; une seule issue lui restait, la route de la Belgique ; elle pouvait encore en profiter le 31, à la condition d'occuper fortement les villages de Givonne et d'Illy; mais on négligea cette précaution, et, dès le 31 au soir, elle se trouva littéralement bloquée entre la Meuse gardée par des Allemands sur la rive gauche, et un demi-cercle de montagnes sur lesquelles on permit à l'ennemi de s'établir sans lui en disputer les crêtes.

Aucune des journées de ce drame sanglant ne devait se passer sans effusion de sang.

Le 30 avait été marqué par le désastre de Beaumont ; le 31, ce fut le tour du douzième corps d'entrer en lutte. Mais heureusement son baptême de feu devait être glorieux.

Il avait passé la journée de la veille sur ses positions de Mouzon, pour couvrir le mouvement des autres corps ; et, le lendemain matin, il s'était acheminé vers Sedan, par Douzy, en côtoyant la rive droite de la Meuse.

Arrivé à Bazeilles vers onze heures, il fut accueilli par une grêle de mitraille que l'ennemi lui envoyait de l'autre côté de la rivière et du chemin de fer.

La division d'infanterie de marine se déploya sans retard et fit de belles preuves. Vers trois heures, une forte colonne de Bavarois étant venue à bout de déboucher par le pont, nos mitrailleuses l'avaient d'abord débusquée; mais après une seconde charge, elle s'était emparée du village, lorsque la brigade Martin des Pallières la chargea si vigoureusement qu'elle fut obligée de se replier en désordre; et, quelque effort qu'elle essayât ensuite, elle dut renoncer à forcer le passage. Le combat dura jusqu'à six heures du soir. L'avantage fut à nous; l'ennemi dut se retirer de l'autre côté du fleuve.

Mais, comme si tout conspirait à notre perte, ce pont fatal par lequel l'ennemi venait d'essayer de franchir nos lignes, aurait dû être coupé immédiatement : l'ordre en fut même donné; malheureusement il resta pour augmenter nos désastres du lendemain.

La nuit venue, les Allemands s'échelonnèrent du midi au nord, le long des montagnes, en suivant la ligne tracée par les villages de la Pinserie, de la Moncelle, de la Petite-Moncelle, de Daigny, de Givonne et d'Illy. Leur intention paraissait être de nous attaquer vigoureusement à droite et au centre, en attendant que le prince de Prusse nous surprît à gauche, et de nous refouler vers Sedan, où notre perte était plus qu'assurée.

Le moment était suprême. Les destinées de la France allaient se jouer sur ce terrain critique.

Dès cinq heures du matin, les Bavarois ouvrirent un feu d'une vigueur effroyable contre les troupes rangées en bataille autour de Bazeilles, les mêmes qui avaient fait de si bonnes preuves hier au soir. Le maréchal de Mac-Mahon s'y porta en toute hâte. Quelques instants après, un éclat d'obus l'atteignait à la hanche, le forçait à la retraite, et les Bavarois, encouragés par ce premier succès, doublaient l'ardeur de leur attaque. Un nouveau chef prenait le commandement : c'était le général Ducrot, désigné par le maréchal. Deux heures après, arrive le général de Wimpffen, plus ancien de grade et porteur d'une lettre du Ministre de la guerre, qui l'investit du commandement suprême, à défaut du maréchal. Le général Ducrot se désiste. Ainsi, dans un court espace de temps, au moment d'une action décisive, le commandement passait de main en main, et s'affaiblissait d'autant.

Pendant que les Bavarois nous prenaient en flanc, les Saxons dirigeaient vers le centre une attaque offensive, d'autant plus terrible qu'elle partait des hauteurs et nous écrasait en plongeant.

Au même temps la Garde royale fondait sur nous, vers le nord de Givonne, trouvait une résistance énergique, répondait à la vigueur par la vigueur, luttait sans trêve, s'acharnait, se faisait soutenir par des batteries qui prenaient nos hommes en flanc, et finissait, vers dix heures du matin, par faire plier cette portion de l'armée française, dont trois mille hommes s'ouvraient un passage vers la Belgique, et les autres, jetant leur fusil, s'enfuyaient de toute part, se cachant dans les bois, se précipitant dans les ravins, courant affolés vers la forteresse, tandis que la cavalerie prussienne poussait contre eux une charge à outrance.

Notre droite tenait toujours. En vain, les Bavarois revenaient sans cesse à la charge ; chaque fois, ils se voyaient refoulés. C'était une lutte à mort. Pour en finir, le général de Wimpffen ordonne aux troupes d'infanterie d'occuper les maisons de Bazeilles ; il dispose autour quelques pièces d'artillerie, ouvre un feu terrible, force les Bavarois à se replier en désordre, lance contre eux l'infanterie de marine et se voit un moment vainqueur.

Un feu électrique se communique au centre. Nos troupes prennent la résolution hardie d'escalader les hauteurs sur lesquelles les Saxons les dominent. Elles s'élancent avec une énergie sublime. Les balles et la mitraille fondent sur elles comme un ouragan de feu ; n'importe ! L'espérance renaît dans tous les cœurs. Triomphants à droite, nous ne tarderons pas à l'être au centre. La gauche n'est pas suffisamment investie pour inspirer trop de crainte. En avant ! La victoire peut-être sera bientôt notre partage.

O malheur ! Le général de Wimpffen, maître des Bavarois sur la droite, croit pouvoir dégarnir le village de Bazeilles et lui prendre quelques hommes pour réparer le désastre de Givonne. Les Bavarois l'ont vu. Ils se sont précipités. Bazeilles est à eux. Nos troupes perdent le terrain de plus en plus. L'artillerie les décime. Les Bavarois les frappent sans quartier, et réussissent à les chasser jusque sous les murs de Sedan.

Le centre, dégarni sur sa droite, affaibli déjà par la défection de sa gauche, commence à perdre courage. L'ennemi le prend en écharpe et lance dans ses flancs des masses énormes de projectiles qui abattent des rangs entiers, déciment les bataillons, font d'effroyables trouées parmi les régiments les plus compactes. C'en est fait. La force lui manque : il chancelle : le vertige le prend : la panique s'en empare : la déroute est complète.

Onze heures ont sonné. Le Prince royal de Prusse, qui marchait en hâte sur la rive gauche de la Meuse, est arrivé enfin vers le nord et déploie une armée toute fraîche sur les hauteurs entre Saint-Menges et Fleigneux. Il opère sa jonction avec les troupes du Prince royal de Saxe sur les plateaux d'Illy, et l'armée française est définitivement enveloppée dans un cercle de feu sans issue.

Une troisième bataille s'engage. Cette fois, c'est à notre extrême gauche à soutenir la lutte. L'infanterie, massée derrière des abris divers, ne donnera pas encore. Pendant cinq heures, elle assiste l'arme au bras, au combat d'artillerie le plus désespérant. Le Prince royal a sur nous l'avantage d'une position plus élevée, celui de la portée et du calibre de ses canons. Nos batteries ne l'atteignent pas et labourent en vain la terre à ses pieds ; les siennes renversent nos hommes sur leurs pièces, brisent nos affûts, font éclater nos caissons, détruisent, écrasent, anéantissent.

L'infanterie, couchée à terre, attendait toujours. Enfin l'ennemi s'ébranle et vient à elle. La fusillade s'établit. Une lutte solennelle est engagée.

Pendant ce temps-là, nos généraux se demandent quelle sera l'issue probable de la journée. Le cercle de feu se resserre davantage autour de nous. Comment y échapper ? Ne serait-il pas à propos de tenter une trouée pour opérer sa retraite dans la direction de Mézières ? Les magnifiques escadrons de nos cuirassiers reçoivent l'ordre de se mettre en mouvement. Ils se précipitent. C'est comme un torrent furieux, mais un torrent qui remonte au lieu de descendre ; et les Prussiens s'étonnent de recevoir en pleine poitrine une charge poussée par des hommes qui, tout à l'heure, étaient à leurs pieds. L'ardeur emporte nos cavaliers au delà des limites. Ils poursuivent l'ennemi jusque dans les jardins de Floing, où les tirailleurs, cachés derrière les haies, tirent sur eux et les forcent à la retraite. Ne craignez pas que ce revers les démonte. La cavalerie prussienne les poursuit ; ils reviennent, mais pour se reformer et charger encore. Cette fois, ils y mettent plus de précaution, réussissent mieux, et s'en vont frappant sur leur droite et sur leur gauche, renversant tout ce qu'ils rencontrent. Cependant une masse compacte d'infanterie prussienne s'est ébranlée tout à coup : elle s'avance lentement : les cuirassiers se précipitent pour l'atteindre : elle s'arrête subitement à deux cents mètres, et dirige contre eux une décharge formidable, qui renverse hommes et chevaux dans un pêle-mêle effroyable. En vain les chasseurs d'Afrique et les hussards volent à leur secours, de nouvelles décharges déciment ces admirables escadrons. Les Prussiens, sans perdre de temps, marchent vigoureusement sur un terrain jonché de cadavres d'hommes et de chevaux, parviennent jusqu'à notre infanterie, qui les reçoit sans pâlir et les accueille par une décharge générale de mousqueterie. Pourquoi faut-il qu'en ce moment décisif, l'artillerie ne soit pas là pour soutenir nos généreux fantassins ? Pendant un moment, ils arrêtent, par leur ferme attitude, la marche des Prussiens. Mais voici que la mitraille ouvre parmi eux des chemins sanglants. Des masses entières sont renversées, et nulle force ne vient contrebalancer l'action formidable des bouches à feu servies par l'ennemi. Le découragement d'abord, la panique ensuite s'emparent de tous : et, pour la troisième fois de la journée, les Français connaissent le chemin de la fuite.

Quelle imagination se représentera les horreurs de ce moment ! Cavaliers, artilleurs, fantassins, hommes, chevaux, fourgons, canons, voitures de toute sorte se précipitent vers Sedan. On se presse, on s'entasse. Tous veulent pénétrer à la fois par des portes étroites : ils se renversent, tombent dans les fossés, se voient foulés aux pieds des chevaux, écrasés par les lourds canons, culbutés avec fureur. Ce sont des cris mêlés de rage et de terreur. Pendant ce temps-là, toutes les batteries de l'ennemi se rapprochent, dirigent un feu convergent sur ces masses en désordre, ajoutent l'horreur du sang, de la mutilation et de la mort à cette confusion épouvantable.

Mais le clairon sonne : il sonne la charge. Une révolution heureuse s'opère donc en notre faveur? Qui sait? Le maréchal Bazaine s'est dégagé ; il arrive ! Illusion décevante ! Pendant qu'à Metz, tout le monde criait : Mac-Mahon ! Mac-Mahon pour nous délivrer ! à Sedan on disait : Bazaine, Bazaine sera notre sauveur ! — On croit à l'arrivée du maréchal Bazaine, et les courages se relèvent. Ce n'était pas cela. Le général de Wimpffen avait conçu l'espoir de pratiquer une trouée dans les rangs ennemis. Quelques milliers d'hommes se rangeaient à sa suite : au son du clairon, il marchait sur les Bavarois retranchés au village de Balan. Accueilli par une grêle de projectiles, il chargeait toujours. Les Bavarois, retranchés dans l'église, conservaient la supériorité de la position. Le général, sans se décourager, faisait braquer deux pièces d'artillerie contre la porte de l'édifice, réussissait à l'enfoncer, faisait deux cents prisonniers, et se préparait à charger encore, lorsqu'on vit, tout à coup, le drapeau blanc flotter sur la citadelle. L'Empereur demandait grâce !

Ainsi se terminait dans l'opprobre cette journée lamentable.

Quelle chute comparable à celle-ci ?

Le 1er septembre 1870, la soixante-quinzième année depuis le jour où le général Bonaparte devenait premier consul, la soixante-huitième depuis que le premier consul se fit empereur, cinquante-cinq ans après Waterloo; vingt-deux ans s'étant écoulés depuis la proclamation de la seconde République française et l'avénement d'un deuxième Napoléon au pouvoir; dix-huit ans après que le suffrage de neuf millions d'hommes eut permis au président de la République de ceindre la couronne impériale, moins de quatre mois après qu'un second plébiscite et huit millions de voix eurent confirmé l'Empire et proclamé que la dynastie des Napoléon gouvernerait à jamais la France, pendant qu'une armée de 108,000 hommes se faisait massacrer au pied des remparts derrière lesquels il s'abritait; — Louis Napoléon III rendait son épée aux Prussiens !

Avec lui et de par lui, tombaient au pouvoir de l'ennemi un maréchal de France, 4,000 officiers de tous rangs, 79,000 soldats, enfermés dans Sedan, 11,000 pris en combattant, et 14,000 blessés ; 10,000 chevaux ; tout le matériel de guerre ; 400 pièces de canon de campagne ; 70 mitrailleuses ; 150 canons de remparts ; les armes et les bagages.

Ce désastre sans précédent ouvrait la route de

Paris aux armées allemandes et leur livrait le territoire tout entier.

C'en était fait de l'Empire ; c'en était fait de notre première armée ; la seconde était bloquée sous Metz ; la France restait sans défenseurs !

----

## XXIV

### SOUFFRANCE ET RÉSIGNATION.

Si épouvantable qu'elle fût, la catastrophe de Sedan ne suffit pas à jeter le découragement dans la population ni dans l'armée.

Sans doute la consternation fut grande, et la douleur amère.

Il n'y avait pas à se faire illusion, la France restait momentanément sans appui, sans force. De ses deux armées, l'une était prisonnière de guerre jusqu'au dernier homme; l'autre, la nôtre, bloquée, investie, cernée de toutes parts, ne pouvait rien non plus pour sa défense. Qu'allait devenir la patrie ? On se le demandait avec effroi.

Cependant on espérait encore. On se disait que le général en chef, s'inspirant d'une noble énergie, ferait un appel aux troupes, laisserait à Metz le nombre d'hommes suffisant pour défendre les forts,

et tenterait avec le reste un de ces coups sublimes
que frappent les héros, franchirait le cercle de fer
où nous étouffions, se jetterait au sein de la France
en larmes, rallierait toutes les bonnes volontés,
toutes les énergies, tous les courages, s'ensevelirait
plutôt sous les ruines de la patrie que de la laisser
périr sans une résistance héroïque de ses enfants.
On se répétait cela, et on reprenait confiance.

Certes, il fallait que le moral fût bien fort pour
résister à de telles émotions, car la souffrance
augmentait chaque jour dans la ville assiégée.

Au début du blocus, ceux qui avaient quelques
avances s'étaient précipités sur les magasins et les
avaient si bien épuisés que plusieurs avaient dû se
fermer. Le sel, le sucre, les épices, le beurre, les
œufs et la volaille faisaient défaut. La graisse tendait également à disparaître. Au milieu de septembre, on payait trois francs la livre de cette matière nauséabonde avec laquelle on prépare les
illuminations. L'huile cessait également de couler
des tonneaux épuisés. Continuellement de nouvelles
affiches, placardées sur les murs, exigeaient une
privation nouvelle. On annonçait des visites domi-
ciliaires pour enlever aux particuliers ce qui ne
leur était pas absolument nécessaire, on rationnait
les habitants; on défendait aux boulangers de
donner du pain sans une carte personnelle dé-
livrée par la mairie, où la quantité était prescrite:
d'abord cinq cents grammes, et puis trois cents,
enfin deux cent cinquante d'une matière visqueuse,

mélange de tout ce que renferme le blé brut, pellicule, son et farine, sans compter la paille qu'on y trouvait en assez longs morceaux. La viande de cheval était la seule qu'on pût encore se procurer. Chaque jour elle devenait plus mauvaise. Comme les fourrages manquaient, on nourrissait ces malheureuses bêtes avec des feuilles et des écorces d'arbres ; aussi les plus fortes allaient-elles sans cesse en s'amaigrissant ; la plupart succombaient avant même d'arriver à l'abattoir : leurs cadavres bordaient les chemins et souillaient les ruisseaux. A prix d'or, les riches obtenaient ce qu'on voulait bien appeler les bons morceaux, et quels morceaux ! Pour les pauvres, il y avait la famine. La faim s'imposait si impérieuse à nos soldats qu'ils se précipitaient sur les bêtes mortes étendues dans la boue des chemins. A peine un cheval tombait-il mort que des bandes entières accouraient pour le dépecer. En un instant, on n'en voyait que les os. Souvent, au bord d'un sentier, j'ai vu deux, trois et quatre jeunes soldats accroupis dans la fange devant un squelette à demi enseveli dans la boue, dont on croyait avoir enlevé tout ce qui était mangeable ; un couteau à la main, l'air sérieux, dans un profond silence, ils cherchaient à détacher de ces os décharnés quelques lambeaux oubliés, et puis se relevaient, emportaient ces débris avec une sorte de joie amère, les faisaient cuire dans un coin et s'en repaissaient avidement.

Ajoutez aux souffrances résultant de ces privations la nécessité de pourvoir aux soins de vingt mille blessés.

La ville entière était devenue comme une vaste ambulance. Les établissements publics, la manufacture de tabac, le lycée et le tribunal, l'évêché, les maisons de religieux et de religieuses, grand et petit séminaire, collége des Jésuites, couvent du Sacré-Cœur, asile des sœurs de la Providence, et une foule d'autres s'étaient transformés en hôpitaux. La place Royale et l'esplanade, promenade unique et chère aux Messins, étaient généreusement abandonnées aux officiers d'administration. Sur la place Royale, on avait rassemblé des wagons de marchandises dans lesquels des hamacs recevaient les moins malades ; on avait dressé des tentes sur l'esplanade ; des baraques s'élevaient dans l'île de Saulcy et à Chambières ; les rues étaient pleines de ces malheureuses victimes qui, le front bandé, le bras en écharpe, soutenues par des béquilles, cherchaient un peu de soleil ou quelque distraction.

Et puis l'impitoyable mort fauchait avec une rigueur extrême. Le chiffre officiel des pertes de l'armée durant cette période douloureuse se trouve ainsi fixé dans le rapport du général en chef :

« Vingt-cinq officiers généraux, deux mille quatre-
« vingt-dix-neuf officiers de tout grade, et qua-
« rante mille trois cent trente-neuf sous-officiers
« et soldats tués, blessés et disparus. »

Les vieillards à l'estomac débilité succombaient avant l'heure, faute d'une nourriture légère et fortifiante ; les enfants, privés de lait, de grand air et des mille douceurs nécessaires à leur âge, mouraient dans les bras de leurs mères.

Aux tortures de la faim, de la maladie et de la mort s'ajoutèrent bientôt, cruelles et terribles, les préoccupations de l'avenir.

D'abord une proclamation du gouverneur de Metz inspira quelques doutes sur l'énergie de la la défense.

Après avoir annoncé les malheurs du 1er septembre, le général ajoutait :

« Habitants de Metz,

« L'armée qui est sous vos murs, et qui a déjà
« fait connaître sa valeur et son héroïsme dans les
« combats de Borny, de Gravelotte, de Servigny,
« ne nous quittera pas ; elle résistera avec nous aux
« ennemis qui nous entourent, et cette résistance
« donnera au gouvernement le temps de créer les
« moyens de sauver la France, de sauver notre
« patrie. »

Beaucoup de personnes s'étonnèrent en lisant ces lignes. On ne voyait pas bien comment, sans armée, « le gouvernement trouverait les moyens de « sauver la France. » Ne semblait-il pas plus naturel de se précipiter à son secours que de la regarder faire ?

On se demanda pareillement si l'immobilisation des troupes autour de la ville n'était pas plutôt une charge qu'un avantage. Avec ses forts, une garnison relativement petite et les approvisionnements de ses magasins, la place pouvait tenir longtemps, supporter patiemment les angoisses du blocus et attendre la paix sans avoir à plier le genou devant un vainqueur. Les munitions ne devaient pas lui manquer, puisque son arsenal voyait fabriquer, chaque jour, au témoignage du général en chef, « des « fusées percutantes, de la poudre et des car- « touches avec un papier spécial. » Quant aux provisions de bouche, elle en possédait ; la preuve en est simple. Du moment qu'elle a pu nourrir 240,000 hommes pendant soixante-douze jours, elle pouvait tenir six mois, livrée à elle-même, réduite à ses habitants et à sa garnison normale, c'est-à-dire à quatre-vingt mille âmes.

On raisonnait ainsi. Était-ce bien à tort ? Le général Changarnier, dans son discours à l'Assemblée nationale, semble avoir donné raison aux Messins contre le gouverneur. Toujours est-il que cette résolution de s'immobiliser dans Metz effrayait singulièrement et faisait concevoir des appréhensions sur l'issue probable du siége.

Bientôt le désir de dégager leur part de responsabilité, entraînant les autorités civiles et militaires à nous révéler leurs dissentiments, ajouta singulièrement au malaise.

Après une séance où le général Coffinières avait parlé de l'épuisement des vivres, l'édilité afficha cette phrase sur tous les murs :

« Le Conseil municipal se fait l'interprète de la
« cité tout entière ; il ne peut se défendre d'ex-
« primer son douloureux étonnement de la tardive
« connaissance qui lui est donnée, en ce jour seule-
« ment, des ressources et subsistances sur les-
« quelles le commandant supérieur peut compter
« pour assurer la défense de la place. »

A cette réprimande publique le commandant supérieur répondait qu'effectivement, jusqu'à ce jour,
il n'avait jamais communiqué ces choses au Conseil municipal réuni, puisque jamais il n'avait pris
part à ses séances, mais que l'autorité civile ne
pouvait les ignorer, puisque « souvent il en avait
« entretenu le maire et ses adjoints ainsi que plu-
« sieurs membres du Conseil. »

Peut-être eût-il mieux valu ne point nous mettre
dans la confidence de ces choses. A quoi bon nous
laisser comprendre que nos guides ne s'entendaient
pas suffisamment pour nous diriger au milieu de
périls effrayants ?

Heureusement le peuple messin ne se laissa
troubler pas plus par ces défaillances d'en haut,
que par la disette, la maladie ou les craintes de la
mort. Il resta ferme au milieu des angoisses d'un
patriotisme réduit à l'impuissance. Son rôle était
de pleurer et de souffrir, il s'y résigna noblement.

Quelques hommes tentèrent bien de le faire sortir
du calme, en provoquant certaines manifestations
d'un patriotisme douteux ; il eut le bon esprit de
ne point les suivre.

Ainsi, le 11 octobre, on imagina de faire circuler une dépêche manuscrite annonçant trois victoires sous Paris, 180,000 ennemis hors de combat, retraite de l'armée prussienne, reprise de Lunéville par les francs-tireurs des Vosges. Une certaine foule s'ameuta sur la place de l'Hôtel-de-Ville, une députation de la garde nationale se rendit chez le commandant supérieur pour demander ce qu'il fallait croire de ces choses ; en même temps un officier de la milice citoyenne arracha l'aigle du drapeau de la mairie, le jeta sur la place avec mépris et pressa la foule de réclamer la proclamation de la République. Heureusement l'émeute avorta. Le bon sens messin fit justice de ces fauteurs de désordre. Elle comprit qu'il y avait mieux à faire en ces moments critiques ; que la République, l'Empire, la Régence n'en subiraient pas moins leur sort ; que le salut et l'honneur de Metz réclamaient autre chose que des manifestations stériles.

Un peu plus tard, on vit des gamins et quelques jeunes gens suivre le cheval d'un capitaine de cavalerie, en criant qu'ils ne consentiraient jamais à se rendre. On sut le lendemain que cet officier avait déjà fait une scène extravagante à l'hôtel du Nord ; et lui-même reconnut son égarement dans cette triste lettre rendue publique : « Hier, emporté par des souffrances morales qui, depuis bien des jours, m'accablent et me tuent, je n'ai pas su résister à cette surexcitation nerveuse qui me fait sans cesse verser des larmes, et je me suis abandonné à une démonstration que, dans mon amour pour mon pays, je croyais sainte et digne. Une terrible nuit m'a ouvert les yeux, et je vois en ce moment l'affreux abîme que j'ai creusé sous mes pas ! Cet abîme ne peut être comblé que par ma mort. Ah ! je vous en conjure, Monsieur, intercédez pour moi auprès du général Coffinières et du maréchal Bazaine ; intéressez à mon malheur, si grand pour moi et si terrible pour ma famille déjà si cruellement éprouvée par la mort de mon jeune frère, les nobles dames qui, depuis trois mois, donnent leur cœur et leur âme aux soldats qui souffrent ; ayez pitié de moi car je suis digne de pitié ! » La masse, heureusement, refusa de suivre le cortége au moins grotesque de cet officier qui se mettait sous la protection des femmes pour ne pas mourir ; et la manifestation en resta là.

Plus tard encore, au sein de la nuit, on essaya de sonner le tocsin ; on n'y réussit même pas. La cloche si belle s'étonna de rendre des sons aussi discordants, et bientôt fit silence. L'émeute n'eut même pas la peine d'avorter.

En vérité, on peut le dire, durant tout le siége, au milieu des plus douloureuses épreuves, Metz ne connut point de désordre. Ce qu'elle pouvait, la population le fit noblement. Elle partagea la souffrance de l'armée ; elle prodigua ses soins aux blessés : elle ouvrit, en leur faveur, une souscription dont le montant s'éleva, je crois, à cent mille francs ; une commission d'hommes considérables siégea en permanence à l'Hôtel de Ville pour veiller aux intérêts de nos chères victimes des combats. Indépendamment des ambulances nombreuses déjà citées, les maisons particulières elles-mêmes s'offrirent à recevoir des blessés, avec autant d'empressement qu'elles se fussent ouvertes pour une fête. Fête sublime, en effet, la fête de la charité.

On fit aussi une adresse à l'armée, véritable expression des sentiments unanimes; on y disait :

« L'honneur de la France et du drapeau que vous avez toujours défendu avec une invincible vaillance, la gloire de notre cité, vierge de toute souillure, nos obligations envers la postérité nous imposent l'impérieux devoir de mourir plutôt que de renoncer à l'intégrité de notre territoire. Nous verserons avec vous la dernière goutte de notre sang, nous partagerons avec vous notre dernier morceau de pain. »

Quand il n'y eut plus d'espoir, la dernière manifestation de la douleur fut simple, majestueuse et sublime. Une statue s'élève sur la Place d'armes, celle du maréchal Fabert, enfant de Metz et l'une de ses gloires. A son pied, on lit ces paroles du maréchal à Louis XIV :

« Si, pour empêcher qu'une place que le roi m'a
« confiée ne tombât au pouvoir de l'ennemi, il
« fallait mettre à la brèche ma personne, ma famille et tout mon bien, je ne balancerais pas un
« moment à le faire. »

Au milieu d'une foule silencieuse et recueillie,

un homme s'avança, couvrit la statue d'un crêpe, plaça sur sa tête une couronne d'immortelles. Pas une parole, pas un cri. On se dispersa en priant et en pleurant.

Tel fut Metz pendant le siége, calme, digne, résigné, héroïque, sublime.

------

# XXV

## NOBLE ATTITUDE DE L'ARMÉE.

Nos jours s'écoulaient tristes et sombres. La pluie ne discontinuait pas. Des torrents d'eau nous inondaient. Le sol détrempé nous livrait passage à travers des mares de boue.

La troupe, sans le savoir, remplissait le désolant programme du 26 août : « Sous prétexte de sou-« tenir son moral, on lui faisait faire des coups « de main. » Nos soldats se battirent ainsi, en septembre et en octobre, à Lauvallier, à Vany, à Chieulles, à Mercy et à Peltre, à Lessy, à Ladonchamps, à Bellevue et à Saint-Remy. Le nombre des blessés et des morts s'en augmentait d'autant ; mais, d'avance, il était décidé que ce sang versé, ces jeunes vies moissonnées ne seraient d'aucun profit à la cause de Metz, à celle de la France.

Pauvres enfants ! à quel prix on mettait leur héroïsme ! Faire de meurtriers coups de main pour entretenir leur moral, était-ce bien là ce que méritait leur dévouement sans réserve ? Sollicité, un jour, d'ordonner un coup de main, le maréchal de Saxe répondait : Général, quel résultat en obtiendrez-vous ? — La gloire, répondait le général. — Et combien d'hommes ferez-vous tuer pour obtenir cette gloire ? ajoutait le maréchal. — Une trentaine seulement, repartait le général. — Eh ! bien, concluait le maréchal, s'il s'agissait d'exposer la vie d'une trentaine de généraux, je permettrais ; mais pour celle des soldats, je m'y refuse. — Ce que le maréchal ne permettait pas dans l'intérêt de la gloire d'un général, est-il bien sûr qu'il l'eût employé comme moyen d'entretenir le moral de ses hommes ? Nous sommes tentés de croire que son génie lui en eût fourni de préférables ?

Plus j'y songe, plus j'admire l'ardeur toujours nouvelle avec laquelle nos généreux soldats se portaient à ces attaques toujours inutiles. En les ramassant blessés et meurtris à la fin de l'action, je sentais mon cœur se serrer. Encore des blessés, encore des mutilés, encore des estropiés pour le reste de leurs jours ! encore des mourants et des morts ! Et puis la retraite sonne ; on rentre dans ses lignes, aussi peu avancé que le matin ; n'y a-t-il pas là de quoi jeter dans le plus profond découragement ? Et cependant ces bons petits hommes

ne se rebutaient pas ; je les entendais s'écrier :
A une autre fois !

On a beaucoup parlé de la démoralisation du soldat. Écoutons, à ce propos, le témoignage du général Deligny.

« Le régime débilitant physiquement et moralement, auquel la troupe se trouvait astreinte, semblait, dit le général, avoir été combiné, de manière à produire, à point nommé, les hallucinations de la peur et de la soumission inerte ; on l'eût dit appliqué méthodiquement, patiemment, avec une inexorable logique.

« Et cependant, toutes les fois qu'on leur demanda de marcher à l'ennemi, nos hommes le firent du meilleur cœur.

« Depuis le milieu de septembre, il se fit quelques petites sorties ; la fin du mois fut signalée par une opération, relativement plus importante par le chiffre des forces engagées et l'étendue du terrain parcouru.

« Dans une même journée, toute la zone comprise entre le chemin de fer de Saarrbrück, depuis la gare de Peltre jusqu'au château de Colombey, avait été envahie par nos troupes ; sur tous les points, l'ennemi avait été bousculé, battu et malmené ; on lui avait fait plusieurs centaines de prisonniers.....

« Si le commandement s'était proposé, en cette occasion, de démontrer pratiquement aux troupes qu'elles n'étaient plus en état de se mesurer avec l'ennemi, et qu'elles n'avaient plus qu'à se résigner à leur sort et à courber la tête, il manqua son but, car elles prouvèrent que leur énergie n'était point éteinte. Elles s'étaient emparées au pas de course des positions stratégiques de la rive droite de la Moselle, de celles dont l'occupation était essentielle à nos manœuvres.... »

Dans les premiers jours d'octobre, l'armée se vit encore appelée à donner des preuves de sa vitalité.

« On feignit de vouloir s'ouvrir la route de Thionville......

« Le premier obstacle à vaincre était la position de Ladonchamps, château retranché, à la possession duquel l'ennemi semblait attacher une certaine importance ; il lui fut enlevé, au point du jour, pour ne plus être abandonné, quelques efforts qu'il ait faits pour le reprendre.

« ... Le 7, un mouvement d'ensemble eut lieu dans la même direction...... « Tous firent vaillamment leur devoir..... » Les voltigeurs de la Garde, déployés à leur sortie des tranchées, se trouvaient avoir, à deux kilomètres en avant de leur front, les villages des Maxes, de Saint-Remy, des Grandes et des Petites-Tapes, tous plus ou moins occupés par l'ennemi. Ils se portèrent résolûment en avant, ne se laissèrent point arrêter par la violence des feux de mousqueterie et d'artillerie dirigés sur eux, et ils enlevèrent, successivement, à la baïonnette, ces différents villages, dans lesquels ils firent huit cents prisonniers. Ils s'y maintinrent jusqu'à la nuit, sous les feux convergents de plus de quarante canons, la plupart d'un gros calibre ; s'ils se retirèrent, c'est parce que le programme fixé à l'avance était rempli et que l'heure de rentrer au camp était venue.

« Cette opération fut la dernière de la campagne..... »

Les troupes avaient bien mérité jusqu'au bout. Désormais elles ne franchiront plus, en armes, les limites de leurs camps respectifs, non qu'elles s'y refusent, mais parce qu'on ne le veut pas.

« Elles sont ensevelies vivantes, et bien vivantes.

« Leur agonie date de cette époque.

« ...... On a écrit, qu'à l'armée du Rhin, les actes d'indiscipline étaient fréquents et que la tenue y était négligée.

« Nous tenons ces assertions pour absolument fausses, et comme dénotant, tout à la fois, une ignorance complète de la vie des camps, et une grande malveillance pour l'armée. Des actes d'indiscipline isolés, soit ! nous accordons qu'il a dû s'en commettre.

« Quand 150,000 hommes sont réunis, et que toute leur vie se passe dans l'étreinte de la discipline, qui sert à coordonner tous les rapports et à sanctionner tous les devoirs, quoi de surprenant qu'il arrive à certaines natures de chercher à se soustraire à l'entrave ?

« Contrairement à l'assertion que nous repoussons, nous affirmons que jamais une aussi grande agglomération de troupes n'a été placée dans des conditions plus propres à provoquer le relâchement de la discipline, et qu'aucune n'a aussi bien résisté aux dissolvants physiques et moraux qui s'attachent aux armées malheureuses.

« La tenue des officiers et des soldats était celle qu'on tolère en campagne et qu'il était possible d'avoir dans les conditions où on se trouvait. Tous dormaient et se mouvaient dans la boue, sous la pluie, ayant la tristesse dans le cœur, et sous les yeux les plus affligeants spectacles.

« On reproche leur mauvaise tenue à des malheureux qui fouillaient et refouillaient la terre du matin au soir, ou disséquaient des animaux morts de faim, pour assurer leur nourriture. Ce reproche donnerait à rire si le sujet était moins lamentable. »

Ainsi parle le général. Beaucoup d'autres témoignages confirmeraient le sien ; mais il faut se borner. Les troupes n'ont donc failli en rien de ce qui est essentiel.

Et que n'aurions-nous pas à ajouter sur l'attitude sublime des blessés et des mourants ! Cette portion souffrante de l'armée offrait un spectacle digne des anges et des hommes. Généreux blessés ! Combien ils auraient eu besoin d'une nourriture saine et fortifiante ! Et nous n'avions à leur offrir que du bouillon de cheval, un morceau de viande sèche de cheval, et point de sel ; au lieu de pain, souvent du biscuit ferme et dur, ou bien de ce mélange qu'on appelait du pain, mais qui, en vérité, n'avait point de nom. Et cependant ils ne se plaignaient point. Avec quelle reconnaissance ils recevaient le peu qu'il nous était donné de faire pour eux ! Une petite marchande, bien ignorée, bien cachée dans son arrière-boutique, s'était donné la peine de racler des morues, elle en avait enlevé le sel, qu'elle conservait précieusement pour les besoins de la charité. Je l'avais su par hasard. Je courus chez elle et lui offris le peu d'or que je possédais pour obtenir un peu de ce sel à l'odeur forte. Quand elle sut que je le destinais aux malades, elle m'en remit plusieurs petits paquets, et ne voulut jamais en accepter le prix. J'avais également eu la bonne fortune d'acheter un plein sac à meunier de tabac en feuilles, lorsqu'il fut aisé de prévoir que le tabac aussi allait manquer. Je tenais mon trésor soigneusement caché dans ma tente, et, chaque jour, en faisant ma tournée d'ambulance, aux plus gravement malades je donnais une pincée de sel, aux autres quelques feuilles de tabac. Comme ils se montraient heureux ! comme ils remerciaient ! Indépendamment des visites de la journée, j'avais pris l'habitude de faire une tournée générale vers neuf heures du soir. Je m'approchais de chaque lit, je souhaitais une bonne nuit, et je bénissais. Avec quelle gratitude ces hommes, qui auraient eu besoin de tant d'autres choses, agréaient ce témoignage d'une bonne volonté impuissante à les soulager ! Quand un malade paraissait dormir, je passais en le bénissant de loin, et comme la lumière était faible, je me trompais quelquefois, et je prenais pour le sommeil ce qui n'était que le calme silencieux. Alors le délaissé faisait entendre une petite toux, ou bien, à voix basse, il disait : Mon Père, je ne dors pas ! — Il lui fallait son bonsoir et sa bénédiction. Une nuit, j'étais pressé, et je passais sans m'arrêter devant le lit d'un bon gros réjoui que je faisais semblant de ne pas voir. — Oh ! c'est trop fort, s'écria-t-il ; vous me croyez donc mauvais, mon Père, parce que je suis gai. Je vous assure cependant que j'entends la messe de tout mon cœur, lorsque vous la dites dans notre tente. Je vous en prie, donnez-moi ma part de bénédiction. Ainsi se montraient-ils empressés et reconnaissants, quand un murmure eût été si excusable de la part d'hommes qui avaient répandu leur sang pour la France, et que nous ne pouvions soulager.

Mais les mourants surtout se montrèrent admirables.

Pauvres jeunes fils de cultivateurs ou d'ouvriers, ces nobles enfants n'avaient pas choisi librement, pour la plupart, la carrière des armes. Le sort les y avait jetés. Il leur avait fallu quitter leur père, leur mère, leurs frères et sœurs qu'ils aimaient, peut-être une fiancée à laquelle leurs parents leur avaient promis de les unir dès qu'ils auraient réalisé quelques économies ; et ils étaient partis avec l'espoir du retour ; et la balle cruelle les avait renversés ; et, mutilés, déchirés, épuisés de sang, torturés par la souffrance, ils voyaient venir la mort. En vain, ils appelaient leurs parents. Seuls, seuls, ils allaient mourir sur un grabat d'ambulance ; et le murmure ne sortait pas de leurs lèvres. — Il le faut, Dieu le veut, disaient-ils en joignant leurs mains défaillantes ; et ils mouraient.

L'un d'eux avait la cuisse amputée. C'était un jeune maçon, de Paris. Sa plaie se fermait à vue d'œil ; chaque matin, il m'appelait pour voir de mes yeux et constater sa guérison. Il reprenait à la vie, faisait des rêves d'avenir. Mais, un jour, l'infection purulente se déclare. Il faut mourir. Ses devoirs religieux accomplis, il reste calme. A chaque nouveau soleil, il demande si c'est le dernier. Enfin, une nuit, il appelle son camarade, et lui dit : Je sens que je suis au bout. Dis-moi comment il faut faire pour mourir. — Et son camarade veut le distraire. — Mais non, il n'est plus temps : dis-moi comment je devrai faire tout à l'heure pour me bien présenter devant le bon Dieu. — Et, tous deux parlent de l'éternité jusqu'à une heure du matin. Alors le blessé s'arrête ; il tend la main. — Adieu, dit-il encore. Il fait un signe de croix, et il meurt.

Dans la nuit qui suivit la bataille de Saint-Privat, la petite église de Lessy était pleine de blessés. Un artilleur accourt vers moi, en pleurant : Venez, dit-il, consoler mon ami qui se meurt. — Et j'arrive. L'ami avait la mâchoire fracassée, la tête informe, mais l'œil dégagé, plein de vie. — Mon bon camarade, criait l'autre, mon bon camarade ; et il l'embrassait. — Mon Père, ajoutait-il, faites tout ce que vous pourrez pour mon bon camarade. — Je m'agenouillai près du mourant : je lui fis signe que j'allais lui donner l'absolution de ses fautes. Il joignit les mains et parut se recueillir. Force était bien de l'abandonner pour courir à d'autres. Bientôt son ami vient m'avertir qu'il me demande encore. J'accours. Le patient me fait des signes nintelligibles. Alors il a la force de se lever et de se tenir à genoux. Il ôte sa veste et me montre la ceinture de son pantalon. Comme je ne comprends pas encore, il prend un couteau dans la poche de son camarade, coupe cette ceinture et en fait sortir deux pièces d'or. Et de la main, il me montre l'autel, et puis son cœur. Je crois avoir compris, je lui dis que je remettrai cet argent à l'évêque de Metz, pour faire dire des messes à son intention. Son œil s'illumine, il incline sa malheureuse tête en témoignage d'assentiment, et se recouche pour mourir sur le pavé du sanctuaire.

Un jeune homme souffrait depuis assez longtemps. La présence du prêtre ne lui semblait point agréable. Je passais vite auprès de lui, d'autant que son lit devenait, peu à peu, le rendez-vous des suspects en état de marcher. Un jour, il m'envoie chercher. Il veut me consulter. Les hommes le soignent, mais ne le guérissent pas. Il s'adressera donc à Dieu. Il a pris la résolution de lui consacrer sa vie tout entière et de se faire religieux au Saint-Bernard, s'il vient à guérir.

Il me demande de recevoir son vœu. — Persuadé qu'il sera mort avant huit jours, je veux qu'il emporte un double mérite au ciel, et, sans lui avouer que je le crois perdu, je lui fais ce raisonnement : Vous voulez vous donner à Dieu, si vous obtenez de vivre : ne vaudrait-il pas mieux un acte complet d'abandon, vous en remettre à lui pour la mort comme pour la vie, selon sa volonté? — Oh ! répondit-il, c'est vrai. Eh ! bien, voulez-vous recevoir mon vœu ? — J'exigeai qu'il y réfléchît encore. Il refusait. Nous convînmes que, le soir, je viendrais entendre la confession générale de toute sa vie, qu'il tenait à faire ; et comme, après l'avoir absous, je lui disais que, le surlendemain, je lui dirais la messe, je lui donnerais la communion et qu'ensuite il ferait son vœu, — Non, reprit-il, je n'aurais peut-être pas le temps. — Le lendemain matin, je dressai mon autel auprès de son lit. Il reçut la communion. Je lui suggérai les paroles avec lesquelles il devait faire à Dieu sa promesse. Il les répéta avec ardeur. Une heure après, je retournai près de lui. Il avait perdu connaissance. Cet état dura trois jours, au bout desquels il parut devant le Dieu auquel il s'était donné pour la mort comme pour la vie.

Voici un petit sergent. Une belle chevelure noire encadre sa jeune figure. Son œil également noir est plein de mélancolie, mais expressif et beau. Le pauvre enfant avait eu le genou horriblement fracassé par une balle tirée à vingt pas. D'abord transporté dans une ambulance trop nombreuse, il n'avait pu y recevoir tous les soins désirables. Une horrible inflammation se déclara dans la cuisse. On nous l'apporta. Nous fûmes assez heureux pour le mettre dans un lit, soulagement qui lui avait manqué jusque-là. L'amputation fut jugée nécessaire. Il la redoutait ; je lui expliquai de quelle manière il fallait s'abandonner et se laisser complétement endormir. Il le fit. Lorsqu'il se réveilla, le membre était séparé ; on pansait le tronçon sanglant. Il me regarda en souriant et il m'embrassa. Hélas ! l'opération ne devait pas le sauver. Plusieurs fois déjà il m'avait parlé de sa mère. De temps en temps, il répétait : Pauvre mère, plus de fils ! Ce n'est pas votre faute : c'est moi qui l'ai voulu ! — Effectivement, fils unique d'une famille aisée, il s'était laissé séduire par la guerre et était parti sans même attendre la décision du sort. Le dernier jour, il devint plus affectueux. Comme, à l'avance, il s'était réconcilié avec Dieu, je ne lui disais que de bonnes paroles d'encouragement, sans faire allusion à la mort. Mais lui se sentait mourir. Vers deux heures, il me prit la main, la promena sur ses membres inférieurs en me disant: sentez-le vous-même ; tout cela est mort. — Ensuite, il leva les yeux et dit : Pauvre mère, plus de fils ! — Il resta calme toute l'après-dîner. Vers six heures moins un quart, il me fit appeler. Il tenait, dans sa main, deux petites médailles d'argent, souvenir de sa première

communion, que je lui avais vues jusque-là sus-
pendues au cou. Avec ces médailles était aussi son
scapulaire. Je lui dis : Mon enfant, pourquoi vous
dépouiller ainsi ? — Il me répondit : C'est pour ma
mère ? Je vais mourir. — Je lui remis son scapulaire, en le baisant au front. Alors il dit encore :
Otez de mon doigt cet anneau d'or à l'effigie de
la sainte Vierge. Ma mère me l'avait donné,
rendez-le lui. — Je frissonnais en retirant cette
bague avec une certaine peine, car je sentais que
je dépouillais ce pauvre enfant et que je lui faisais,
en quelque sorte, la toilette de la mort. Quand ce
fut fini, il ajouta : Tout est bien. — Je l'avertis de
se recommander à Dieu et de se disposer à recevoir
une dernière absolution. Il le fit. Bientôt il cessa
de parler. Je lui dis à l'oreille : Petit enfant, quand
vous paraîtrez devant le bon Dieu, vous prierez
pour votre mère, puis-je le lui dire de votre part ?
— Il fit un grand effort pour répondre un oui mal
articulé, et, sentant que je le comprenais mal,
il souleva sa tête avec une peine extrême, me regarda et fit un signe d'assentiment. Un instant
après, il s'éteignit, avec son entière connaissance,
pleinement résigné à la volonté de Dieu.

Je ne parlerai pas de ce jeune paysan qui me dit
dès le premier jour : Je veux mourir, — et, comme
je lui en demandais la raison, me répondit : Les
hommes sont trop méchants. Je ne veux plus de la
terre. Le ciel et le bon Dieu ! — Il ne se démentit
pas. Le matin, il me disait : Ce sera aujourd'hui ;

— le soir, il faisait des vœux pour que ce fût la nuit. Un matin, il me dit : Comprenez-vous cela ? Voyez, devant moi, celui qui vient de mourir. Ce n'était pas son tour, c'était le mien. Je suis entré à l'ambulance avant lui. — Enfin, quand il sentit arriver la dernière crise, il disait : Quel bonheur ! Quel bonheur ! Le ciel, le bon Dieu ! — Et il mourut en souriant.

Admirables enfants ! Vous n'êtes pas des victimes : vous êtes des héros ! La France ne périra pas, malgré ses malheurs, tant qu'il lui restera des cœurs comme les vôtres.

## XXVI

### LA CAPITULATION.

Comment, avec des éléments aussi considérables de résistance, position stratégique admirable, ville essentiellement patriotique, armée pleine de valeur nous trouvons-nous réduits à prononcer le mot terrible de capitulation ?

La politique, la hideuse politique en est la cause.

Obligé, ici, de raconter un incident étrange, sans lequel cette capitulation resterait inexplicable, je me garderai de prendre parti contre un maréchal de France bien assez malheureux sans que nous le poursuivions de nos outrages ; je raconterai simplement, sans commentaire, renvoyant au procès les hommes qui jugeraient nécessaire de se rendre un compte plus exact des choses.

« Persuadé que, après le désastre de Sedan, « toute tentative de sortie devenait impossible, » le maréchal crut devoir entrer en négociation avec le prince Frédéric-Charles, dès le 11 septembre.

Bientôt, à des relations épistolaires, succédèrent des communications verbales, presque une ambassade. Dans l'après-midi du 23, un personnage inconnu fut introduit mystérieusement au quartier général du camp français. Il se nommait Régnier et se donnait pour l'envoyé de l'Impératrice ; mais, sans lettres de créance, il n'offrait d'autre garantie qu'une photographie d'Hastings, derrière laquelle le Prince Impérial avait écrit des paroles insignifiantes. D'après lui, le roi de Prusse était disposé à signer une paix honorable, si l'armée du Rhin voulait se prononcer en faveur de l'Empire, et M. de Bismarck lui avait donné mission d'en prévenir notre commandant en chef.

Cette proposition paraissait grosse de tempêtes. L'Empire gisait par terre ; sous le nom de gouvernement de la Défense nationale, une autorité s'était constituée à Paris ; semblait-il prudent à l'armée du Rhin de prendre parti pour le régime déchu ?

Dieu me préserve de justifier, à plus forte raison

de légitimer la révolution du 4 septembre, œuvre malsaine et coupable de ces hommes si bien caractérisés par un officier-général prussien, « d'avocats « beaux parleurs qui, agissant avec une hypocrisie « profonde, semblaient n'avoir à cœur autre chose « que la Défense nationale, et, au fond, se propo- « saient de renverser l'Empire et d'établir la Ré- « publique, même si la France n'en voulait pas. »

A la première nouvelle de la capitulation de Sedan et de l'internement de l'Empereur, leur ambition avait précipité le pays dans une révolution qui devait le perdre. A leur appel, une horde brutale, accourue des faubourgs, avait envahi le Palais Législatif en criant à la déchéance et vociférant en faveur de la République. Comme il arrive toujours, les bandits avaient dépassé le but. Ceux qui les avaient appelés s'étaient proposé seulement d'exercer une pression sur les députés par l'intimidation; mais eux avaient méprisé ces tempéraments d'une prudence astucieuse. En vain, les députés, leurs complices, avaient-ils essayé de les calmer. « Mes « chers et bons amis, leur avait crié M. Crémieux, « j'espère que vous me connaissez... » Les chers et bons amis avaient refusé d'écouter l'Israélite qu'ils connaissaient si bien. « Du calme, leur avait dit, à « son tour, M. Gambetta, laissez délibérer les dé- « putés ; nous, vos mandataires de la gauche, nous « avons répondu de vous et nous vous promettons « qu'on votera dans votre sens. » — Eh ! que leur importait le vote ? On les avait appelés pour une révolution, ils la faisaient sans se soucier des apparences de formalité légale dont leurs chefs eussent été bien aises de couvrir leur assaut du pouvoir. Ils forcèrent les députés à se sauver par toutes les avenues et poursuivirent le président jusqu'à sa demeure, en l'accablant de coups et d'outrages. Alors, se hâtant de profiter du bénéfice de l'émeute, les députés de Paris avaient couru à l'Hôtel de Ville, s'étaient fait proclamer souverains de la France par la vile populace, s'étaient partagé les hautes charges et les ministères, avaient signifié aux députés de la province qu'ils n'étaient rien devant ceux de Paris, et mis les scellés sur le Corps Législatif.

Rien de moins légitime, encore une fois, que ce pouvoir né dans la boue, qui se proclamait le gouvernement de la Défense nationale et devait nous conduire aux gémonies ; mais il détenait l'autorité; fallait-il que l'armée du Rhin se déclarât son antagoniste, au risque de provoquer la guerre civile alor que le territoire était envahi par l'Allemagne ?

Les députés de la province, premières victimes de l'émeute, avaient, ce nous semble, parfaitement défini la conduite à suivre. Après avoir protesté contre l'usurpation du pouvoir, ils avaient déclaré que, momentanément, ils se refusaient à engager une lutte pour le ressaisir ; que, sans reconnaître les usurpateurs, il ne convenait point de les combattre, qu'il fallait même leur obéir en tout ce qui concernait la défense du pays. D'instinct, la

France entière avait exécuté ce programme : nobles, bourgeois et peuple, prêtres et magistrats, soldats et laboureurs, avaient payé de leur bourse, de leur personne, de leur sang, de leur vie pour soutenir contre l'invasion les efforts de ce gouvernement moins que sympathique. Il semblait que l'armée du Rhin dût suivre ce courant plutôt que de le remonter; mais, dans l'espérance de sauver son armée, le maréchal accéda aux propositions de Régnier, comme on s'accroche à la dernière planche de salut dans un naufrage.

Régnier avait demandé que le général Bourbaki sortît de Metz et se rendît en Angleterre pour s'entendre avec la Régente ; le général, déguisé en médecin, partit pour Hastings.

On sait aujourd'hui le résultat de ces malheureuses négociations. Régnier n'avait aucun mandat impérial ; ses propositions étaient fausses ; les Allemands ne voulaient point traiter. L'ennemi s'était donné le plaisir déloyal d'amuser l'infortuné maréchal comme le tigre paraît jouer avec la proie qu'il se dispose à dévorer. Il continua ce jeu perfide aussi longtemps qu'il y eut des vivres dans la place; mais le jour où la famine se déclara menaçante, il jeta le masque. Régnier, qui avait promis de revenir, et qu'on attendait à toute heure, Régnier ne revint pas ; le général Bourbaki n'obtint pas davantage la permission de repasser nos lignes pour rendre compte de la situation. En vain, le maréchal envoya-t-il son aide de camp réclamer à Versailles l'exécution des promesses ; la cour prussienne eut l'air de tout ignorer. Cependant la faim pressait, il fallut bien consentir à se rendre.

Pendant qu'on discutait les termes de la honteuse capitulation , un dernier opprobre allait mettre le comble au désespoir des hommes de cœur.

Le 27 octobre, les commandants de corps d'armée reçurent la lettre suivante :

« Veuillez donner des ordres pour que les aigles des régiments d'infanterie de votre corps d'armée soient recueillies demain matin, de bonne heure, par les soins de votre commandant d'artillerie et transportées à l'arsenal de Metz, où la cavalerie a déjà déposé les siennes.

« Vous préviendrez les chefs de corps qu'elles y seront brûlées. »

Or, ces drapeaux ne furent pas brûlés. On a dit que ce malheur fut l'effet d'un malentendu : je l'ignore et veux l'ignorer; si j'en parle, c'est qu'il faut bien expliquer la présence de nos étendards à Berlin ; c'est que, dans l histoire de nos douleurs, il devient impossible de paraître oublier l'une des plus atrocement poignantes.

Quand on pense à ce qu'est le drapeau dans une armée !

Un philosophe de l'école de Voltaire a dit : « Ce « n'est qu'un préjugé, je n'y vois qu'un bâton orné « de soieries et de dorure. »

Mais il en a menti, l'homme au cœur brutal et terre-à-terre qui a blasphémé de la sorte; son impiété stupide l'empêcha de comprendre tout ce qu'il y a de grandeur dans ce symbole de l'honneur et du devoir.

Est-ce que le Labarum fut un chiffon ?

Le premier signe du Christ officiellement et solennellement déployé sur le monde fut cet étendard guerrier ; il parut au ciel avant de descendre à la terre, et, quand il quitta le champ de bataille après la victoire, il fit le tour du monde pour détruire la barbarie et fonder la civilisation chrétienne. Il avait été dit à ceux qui le portaient : *Vous vaincrez par ce signe !*

Le drapeau est donc le signe de Dieu en même temps que l'image de la patrie. Depuis Tolbiac jusqu'à nos jours, les armées françaises eurent un emblême qui, porté au milieu de leurs escadrons, les guidait au chemin du sacrifice, de l'immolation et de la gloire.

Aux époques reculées de notre histoire, la bannière de France se déployait au sommet d'un autel dressé sur un char couvert de riches tapisseries aux franges d'or. Dix chevaliers veillaient nuit et jour à la garde de l'étendard sacré. Chaque matin, devant l'armée à genoux, un prêtre célébrait la messe sur l'autel ; à l'heure des batailles, on roulait le char au centre des escadrons ; dix trompettes réunis autour jetaient au vent des fanfares guerrières ; et la défense de la bannière enfantait l'héroïsme.

Les premières bannières françaises étaient la

croix du Sauveur du monde, à la branche transversale de laquelle se suspendait un fanon avec l'image du saint protecteur de la contrée. Au XIIe siècle, lorsque la paroisse prenait les armes, le prêtre marchait devant ; il était bien à sa place au pied de l'emblème de Dieu et de la patrie, qui animait les guerriers au combat.

Sous Louis XI, la bannière se transforma en drapeau ; la forme fut changée, la signification resta. Drapeau ou bannière, toujours il y avait là un symbole pour lequel on se faisait tuer.

A la bataille de Wissembourg, un enfant de treize ans, le jeune marquis de Saint-Mexant, portait le drapeau du régiment de Cambrésis. Au passage d'une rivière impétueuse, Saint-Mexant était presque englouti. — Donnez-moi ce drapeau, qui vous gêne au milieu du courant et dans cette grêle de coups de fusils, lui cria un capitaine de grenadiers. — A Dieu ne plaise, répondit l'héroïque Saint-Mexant, que j'abandonne mon drapeau tant que je vivrai. — Deux grenadiers se précipitèrent pour le maintenir au-dessus des flots : à mesure que l'un d'eux tombait frappé d'une balle, un autre le remplaçait pour soutenir l'enfant, dont les pieds ne touchaient plus terre. Il en fut ainsi jusqu'à la fin du combat.

Croyez-vous qu'en 1830, lorsque le maréchal de Bourmont fit arborer le drapeau blanc sur la forteresse d'Alger, l'armée française ne tressaillît pas d'enthousiasme ? C'était, en quelque sorte, l'âme de la France qui se révélait à la noble phalange des conquérants de l'Afrique. Avec cette éloquence qui se traduit mieux souvent par un geste que par une parole, il leur disait : Victoire ! victoire et merci ! Victoire ! car vous venez de remporter un avantage que les vieux siècles vous envient, que les plus célèbres conquérants essayèrent vainement d'obtenir, et dont vous seuls étiez capables. Merci pour la France, merci pour le monde. Je suis le drapeau de la civilisation chrétienne, et vous m'avez planté au cœur de la barbarie. A jamais vous avez détruit le repaire de la piraterie, et vous avez rendu la Méditerranée au commerce et à la liberté. Par vous, la civilisation chrétienne renaîtra sur la terre désolée de l'Afrique.

Oui ! le drapeau est un objet sacré. On le bénit, on le remet au régiment avec solennité ; une sentinelle fait la garde devant lui ; on ne le laisse jamais sortir sans lui rendre les honneurs ; et cela doit être, c'est fondé en raison.

Aussi la douleur de notre belle armée fut-elle immense lorsqu'elle apprit le sort de ses drapeaux.

Quelques-uns furent préservés de l'ignominie.

Le général de Lavaucoupet ne voulut confier à personne le soin de détruire les siens. Il les fit déployer une dernière fois, saluer une dernière fois, entourer une dernière fois des honneurs militaires, et brûler ensuite devant les régiments consternés.

A l'ordre de remettre les siens dans les fourgons,

le général Lapasset répondit par ces fières paroles :
« La brigade mixte ne rend ses drapeaux à per-
« sonne et ne se repose sur personne du soin de
« les brûler. »

Devant l'émotion de ses officiers, sous-officiers et soldats, accourus en larmes, le colonel Péan refusa de livrer son drapeau ; il le déchira lui-même et en distribua les morceaux à ses grenadiers. Mais la plupart des chefs de corps laissèrent conduire les leurs à l'arsenal, dans la conviction qu'ils y seraient détruits, et cinquante-six drapeaux français furent étiquetés, numérotés, pour être remis aux Prussiens. Lorsque nos soldats prisonniers passèrent devant le quartier général du prince Frédéric-Charles, ils les virent plantés sous les fenêtres du prince ; ensuite on les porta triomphalement à Berlin.

Enfin, le calice déborde ; il faut boire l'opprobre, le boire jusqu'à la lie.

C'en est fait de Metz la Pucelle.

Triste et désolée, assise au bord de sa belle rivière, elle verra s'effeuiller sa couronne virginale, dont les blanches fleurs, entraînées par l'onde, iront jusqu'à Coblentz, jusqu'au Rhin, et depuis le Rhin jusqu'à la mer, porter le témoignage de sa douleur.

Protégée par de redoutables forts, hérissée de canons, sans assaut, sans bombardement, ses murailles intactes, toutes ses maisons debout, sa population entière sans un homme tué à l'ennemi, la fière cité qui, en 1815, malgré Paris vaincu, préféra construire un pont extérieur sur la Moselle plutôt que de livrer passage aux alliés dans son enceinte, Metz l'inviolable ouvrira ses portes, relèvera ses herses, abaissera ses ponts-levis devant l'Allemand vainqueur. Son peuple, surpris d'entendre le pas des chevaux et la crosse des Prussiens résonner pour la première fois sur le pavé de ses rues, sortira des maisons en se demandant si c'est un rêve, et ses bras tomberont de stupeur à la vue des couleurs prussiennes arborées sur ses remparts déshonorés.

Le 27 octobre 1870, le dernier sceau fut apposé au témoignage de notre honte.

Le traité fatal portait que :

1° « L'armée française, placée sous les ordres du « maréchal Bazaine, était prisonnière de guerre ;

2° Que « la forteresse et la ville de Metz avec tous « les forts, le matériel de guerre, les approvision- « nements de toute espèce et tout ce qui était « propriété de l'État seraient rendus à l'armée prus- « sienne.

Le rapport sommaire nous apprend qu'il avait été approuvé à l'unanimité par tous les chefs de nos corps d'armée.

Le samedi 29 octobre, les choses se passèrent comme il était malheureusement convenu.

Vers quatre heures du soir, les vainqueurs occupaient nos forts. Par toutes les avenues, nos soldats, sans armes, sous une pluie battante, avaient pris le chemin de l'exil. Les officiers rentraient dans la ville, la mort dans l'âme et la rougeur au front. Les blessés capables de se mouvoir remplissaient les rues, errant en silence et regardant autour d'eux avec effroi. Les boutiques se fermaient. Une secrète horreur régnait partout. Et, tout à coup, on entendit de joyeuses fanfares ; les clairons sonnaient ; les musiques militaires jouaient une marche triomphale. Les escadrons allemands sillonnaient la ville, les bataillons d'infanterie prussienne la parcouraient dans tous les sens. Metz était devenue cité allemande.

Tristes et silencieux, les hommes de cœur regardaient, et ils pleuraient.

———————

# XXVII

## METZ APRÈS LA CAPITULATION.

Un dernier regard, avant de la quitter, sur cette ancienne capitale du royaume d'Austrasie, la cité où domina Clovis, l'un des plus nobles boulevards de la France depuis l'année 1552.

Cédons la parole à des voyageurs allemands, qui n'ont point assisté au siége, qui arrivent, la capitulation faite, et rendent compte de cette impression première qui est ordinairement la vraie, parce qu'elle est plus spontanée.

« La route qui conduit à la ville, devant les tranchées de nos avant-postes, fourmillait de soldats français de toutes armes, qui se rendaient au camp en petites troupes. Les meurtrières pratiquées dans les murs des maisons et les barricades indiquaient, à droite, la ligne de nos postes, tandis qu'à gauche le fort Saint-Quentin dominait toute la vallée de la Moselle.

« Les maisons bordant la route avaient beaucoup souffert des grenades du fort. Une barricade de gabions me montra la ligne française. Derrière elle on voyait des carcasses de chevaux parsemant la prairie jusqu'à la voie ferrée. Derrière les retranchements français, bâtis devant le viaduc, le spectacle était affreux : des squelettes déchiquetés, des cadavres de chevaux encore frais, sur lesquels on avait taillé d'immenses morceaux de viande. Des lambeaux de viande de cheval étaient suspendus aux murs des redoutes, et parsemaient le terrain détrempé par la pluie. On a dû abattre plus de 13,000 chevaux dans Metz, y compris peut-être les bêtes mortes de maladie, que les pauvres de la ville ont dévorées avec avidité.

« ..... Une horrible puanteur se dégage des redoutes. Le viaduc avait été fermé par de fortes barricades ; un poste prussien s'y était déjà établi. C'est derrière le viaduc que les choses étaient au pis ; c'est là que les troupes françaises avaient campé. Des lambeaux de chair sanglante, des restes sans nom parsemaient les champs ; quelques-unes des baraques étaient dans l'état le plus misérable. Devant moi s'étendait le faubourg avec le fort de Montigny, tout était boue et corruption. Déjà des soldats prussiens sont installés dans les maisons ; aux vitres on voit les visages presque hébétés des habitants, qui ne savent évidemment s'ils doivent se réjouir de ce que le siége est terminé, ou se lamenter à cause de l'occupation des· Prussiens, qu'ils détestent.

« Partout des officiers français se tenaient devant les portes, …. sans armes, sans abri…. De forts détachements prussiens passaient dans les rues, que traversaient à chaque instant des cavaliers ; les charretiers se disputaient, les cris de commandement dominaient le bruit, et les cieux versaient sur tous une pluie torrentielle.

« Derrière le faubourg, les bivouacs de l'armée absente. Çà et là se dressaient encore les tentes trempées par la pluie, et pleines de désordre ; les troncs des arbres abattus étaient déjà tout noirs. Un rayon de soleil fugitif dora un instant la Moselle et disparut de suite. Les canons paraissaient encore sur les ouvrages élevés de l'extérieur. Toute la route, jusqu'au pont, était remplie de chevaux amaigris ; leurs cavaliers, ivres et couverts de boue, laissaient pendre les jambes d'un côté de la selle, criant et vociférant. Des bêtes affamées erraient en gémissant et cherchaient à brouter l'herbe rare.

Des zouaves et des chasseurs ivres, après s'être roulés dans la boue, marchaient au hasard, la tête penchée, les bras levés au ciel.

« Des centaines de soldats avaient des uniformes tellement maculés de boue qu'on pouvait à peine distinguer le rouge du pantalon. Des chariots renversés, des cadavres de chevaux, des mules errant à l'aventure, des charrettes de maraîchers entourées de groupes affamés barraient le chemin. De longues files de véhicules contenaient les malheureuses familles qui avaient quitté les campagnes pour se réfugier dans la forteresse ; ces charrettes étaient chargées de caisses, de lits, de matelas, de canapés, de batterie de cuisine ; les pauvres gens transportaient les objets de première nécessité dans leurs demeures vides et probablement à demi démolies. Les femmes, les filles aux yeux rouges, les hommes au visage sombre, les nourrices avec leurs enfants dans les bras, les vieillards courbés sous le poids des ans et du malheur : c'était une triste procession.

. . . . . . . . . . . . . . . . . .

« Quand je passai sur le pont près la porte Serpenoise, Sedan me revint à l'esprit, comme je l'avais vu le lendemain de la capitulation : c'étaient les mêmes rues étroites remplies de soldats désarmés, portant leur petit paquet sous le bras, une foule bariolée d'hommes dont les visages n'exprimaient que deux sentiments : une résignation passive ou une sombre ironie ; les bourgeois, aux fenêtres ou aux portes, les compères causant en groupes, les vainqueurs et les vaincus l'un à côté de l'autre, mais irréconciliables, comme l'huile et l'eau ; les magasins fermés avec ostentation ou à demi ouverts par contrainte ; derrière les grilles des bouchers, des quartiers de cheval ; les femmes en deuil, évitant de regarder le vainqueur détesté ; les hommes s'effaçant d'un air qui pouvait passer pour de la politesse, mais qui, en réalité, n'était pas plus inoffensif qu'une grenade chargée.

« Inutile, pour les générations à venir, que nous espérions trouver chez cette population des sympathies pour nous. Ils nous haïssent plus que nous ne haïssons les Français, et si Metz doit rester à l'Allemagne, il faudra qu'un régiment de fer l'occupe. Toute bienveillance, toute douceur, seraient méconnues par les Messins, et les bienfaits seraient semés sur un terrain de pierre.

. . . . . . . . . . . . . . . . . . . . .

« S'il est par le monde des esprits qui cherchent à excuser l'acte par lequel on a souillé le drapeau français, qu'ils se rendent à Metz, qu'ils parcourent la ville. Ils n'y entendront que des paroles de malédiction ....; qu'ils parcourent les environs, jadis si riants, ils n'y verront que ruines, douleurs, famine, maladies, toutes les misères......

« Bien des cœurs se sont émus, bien des larmes ont coulé au récit ou à la vue des malheurs dont la bataille de Beaumont a été le prologue et la reddition de Sedan le douloureux épilogue ; mais que dire en présence de l'affreux spectacle que présentent aujourd'hui Metz et les villages qui l'environnent !

« La plume est impuissante à retracer l'immensité de ce spectacle de désolation.

« Toutes ces belles promenades qui environnent la ville, ces pavillons élégants, ces riantes maisonnettes où le riche et le bourgeois aisé venaient se délasser, les uns de leurs ennuis, les autres de leur travail, tout cela est démoli, ravagé.

« Quatre villages ont été complétement incendiés. Moins heureux que Bazeilles, aucune de leurs maisons n'a été épargnée.

« Plus de vingt mille arbres ont été abattus, ici par les Français pour mieux attaquer l'ennemi ; là par les Prussiens pour mieux se défendre contre les Français. Metz et ses fortifications apparaissent comme un point noir au milieu d'une plaine immense sur laquelle aurait passé un effroyable ouragan qui aurait tout entraîné, tout saccagé.

« Çà et là, des cadavres de chevaux. En entrant en ville par la porte Chambière et passant devant l'abattoir, on aperçoit étendus dans la cour de cet établissement, plus de cent cadavres de chevaux qui, par suite de la capitulation, n'ont pas été livrés à la consommation, et qu'on n'a pas encore eu le temps d'enterrer.

« L'aspect de l'intérieur de la ville est des plus tristes et des plus étranges tout à la fois. Un grand nombre de maisons sont fermées, les habitants sont silencieux, mornes, et dans les rues il règne une animation formidable : la circulation y est des plus difficiles. Des milliers de Prussiens aux uniformes les plus divers circulent à côté des immenses convois militaires qui traversent la ville.

« Toutes les places sont encombrées par le matériel abandonné aux Prussiens. Sur la place de l'Arsenal, sont rangés les canons et les mitrailleuses ; sur celle de Chambre, les voitures du trésor ; sur celle de la Comédie, les voitures de l'intendance ; sur celle de Napoléon, les voitures qui servaient au transport du bagage des généraux.

« Le préfet allemand est déjà installé dans l'hôtel de la Préfecture, où il occupe les appartements où l'ex-empereur a mûri avec ses généraux le plan de cette mémorable et douloureuse campagne.

« Le général commandant militaire von Kummer s'est installé à l'hôtel de l'Europe avec tout son état-major, et à l'heure de son dîner, une musique prussienne vient exécuter les airs les plus variés sur cette même terrasse où, trois mois avant, ...... se promenaient de brillants officiers d'état-major français.

« ....Dans les temples catholiques, la grand'messe du dimanche est dite avec accompagnement de musique militaire prussienne.

« Le dernier transport des prisonniers avait quitté Metz la veille au soir. A part les médecins et quelques officiers qui, par suite de fonctions spéciales, ont été autorisés à prolonger leur séjour dans la ville, l'armée française n'est plus représentée dans Metz que par ses plus tristes débris. On les voit en nombre considérable, ces malheureux soldats, se traînant péniblement, marchant à l'aide de béquilles, ou la tête enveloppée de linge, ou le bras en écharpe, hâves, défaits, amaigris, les traits dévastés par les souffrances et les privations, revêtus d'uniformes d'une nuance douteuse .... tendant la main.

« Hélas ! oui, la chose est profondément triste à dire, mais elle est malheureusement vraie. Les soldats français mendient dans les rues ! Et qu'on ne dise pas qu'il s'agit de quelques cas isolés, cela est presque général. Ce qui pousse les malheureux à implorer la charité, c'est la faim ; ce qu'ils demandent avant tout, c'est à manger. Les journaux ont annoncé que les Prussiens, prévoyant la capitulation, avaient envoyé à Metz des quantités considérables de vivres. Je ne sais jusqu'à quel point cela est exact, mais ce que je puis affirmer, c'est que, dans les ambulances, les convalescents, les blessés et les malades manquent de tout ; c'est que, dimanche dernier, c'est-à-dire huit jours après la capitulation, ces soldats ont reçu pour toute nourriture un biscuit !

« Le *Comité du pain*, arrivé de Bruxelles depuis deux jours, avait distribué la veille à des militaires français qui s'étaient présentés à son dépôt, au delà de quatre cents pains, lesquels, afin de pouvoir secourir un plus grand nombre, avaient été coupés en deux parts égales. On engageait les malheureux à se présenter le lendemain, ce qu'ils n'ont pas manqué de faire.

« Maudits soient ceux par qui leur est arrivé ce malheur, s'écria un vieillard dont la boutonnière était ornée d'une rosette de la Légion d'honneur et qui assistait à cette distribution ; maudits soient-ils ! .... Ce qu'on a employé de ruses pour avachir l'armée est inouï. Pour arriver à un but infâme, on a eu recours aux menées les plus machiavéliques. Malédiction ! »

Et ces pages sont écrites par des Prussiens !

------

# XXVIII

### LA REMISE DES PRISONNIERS.

Jusqu'au dernier de mes jours, mon imagination, douloureusement frappée, reverra l'affreux départ de nos cent cinquante mille soldats pour la captivité, ces lignes interminables de cavaliers et de fantassins sortant de Metz par toutes les portes, tristes et mornes, humiliés et découragés, s'acheminant, côte à côte, dans la boue, sous la pluie, pour camper à quelques lieues sur un terrain détrempé, heureux de recevoir en aumône le morceau de pain que le soldat prussien partageait avec eux.

Pauvres enfants ! Ils étaient partis, le cœur plein de joie, décidés à combattre et à vaincre pour l'honneur de leur patrie ; ils se rappelaient les gloires militaires de la France et se sentaient au cœur le courage et l'énergie de ceux qui avaient illustré le drapeau avant eux. Et voilà que, par un enchaînement de déplorables circonstances, ils se sont vus, dès les premiers pas, arrêtés, pris à revers, en quelque sorte, culbutés, refoulés, l'épée aux reins et la douleur dans l'âme, réduits à la faim, obligés de camper dans la boue et sous la pluie, condamnés à une inaction plus énervante que les efforts de la lutte, livrés enfin comme un immense troupeau ! Je les vois marcher vers la terre étrangère, sans armes, avec leurs vêtements usés par les fatigues de la campagne, sous une pluie incessante. Leurs officiers les accompagnent à quelque distance. J'entends encore les cris déchirants d'un colonel de cavalerie qui voulait crier adieu et ne le pouvait, tant les sanglots étouffaient sa voix. Des sons à peine articulés sortaient de sa poitrine, il tendait la main à ses hommes, il ouvrait la bouche pour leur souhaiter un heureux voyage ; mais il sentait que ce vœu devenait une ironie, et il n'osait continuer ; et, pendant qu'il essayait de parler, les hommes se détournaient, de grosses larmes tombaient de leurs yeux, ils les essuyaient du revers de leur main, et ils tâchaient de se raffermir le cœur. Un piquet de cavalerie prussienne se tenait à distance ; il fallait se séparer.

Les officiers reprennent tristement la route de Metz, et les soldats s'en vont dans un pays inconnu dont ils ignorent la langue, sous un climat nouveau, vers de sombres forteresses, habiter des casemates gardées par leurs vainqueurs.

Mais rien n'est prêt pour ce douloureux voyage. Les tristes prisonniers camperont au milieu des champs, pendant trois, quatre et cinq jours, sans abri et presque sans pain. Je les ai visités dans ces jours de désolation. Il y en avait au midi, au nord, dans toutes les directions. La boue souillait leurs vêtements jusqu'au-dessus de la ceinture. Plusieurs tombaient pour ne plus se relever ; on les mettait sur des charrettes qui les ramenaient finir à Metz leur triste agonie.

A ces souffrances physiques se joignaient les tortures morales. Le père et la mère qui ont vu leurs jeunes enfants se jeter dans leurs bras et sangloter avec une sorte de désespoir au moment d'entrer pour la première fois au collége ou en pension, comprendront un peu de ce qui dut se passer dans le cœur de ces jeunes ouvriers ou de ces jeunes paysans violemment arrachés à leur pays, à leurs affections de famille, incertains du sort qui les attendait. Où allaient-ils ? Pour combien de temps ? Reverraient-ils leur famille ? — Il leur semblait que la terre allait manquer sous leurs pieds. Malheureux naufragés, ils sentaient le vaisseau craquer, se disloquer. Et quand ils demandaient à leurs pilotes : Qu'allons-nous devenir ?

— nulle réponse. Le soldat allemand se tenait devant eux, le fusil au bras, sans parole intelligible ; il leur faisait signe qu'il fallait marcher. Et c'était tout !

Enfin on les chargea dans de longs convois de chemin de fer ; ils y passèrent des jours et des nuits ; plusieurs pleuraient et voulaient mourir. Je ne m'étonne pas de ce que bon nombre aient succombé, en route, de misère et de chagrin. Les médecins allemands m'ont dit en mille endroits que les prisonniers de Metz, plus que les autres, avaient enduré d'atroces douleurs. Leur estomac se refusait à toute action. Plusieurs ne pouvaient supporter une légère tasse de café. Un grand nombre furent pris de ce qu'on appelle en allemand le ungertyphus ou typhus de la faim, qui les emportait avec une rapidité foudroyante. Alors, pour eux, tout était souffrance: souffrance en songeant à ce qu'ils laissaient sur le sol natal, souffrance dans le présent, souffrance par l'appréhension de l'inconnu.

Témoin de ce spectacle lamentable, je résolus d'obtenir de nos vainqueurs la permission de suivre les tristes exilés et d'aller, au nom de la patrie, au nom de leurs familles, au nom de la religion, les visiter dans leurs casemates, les soigner, leur apporter les consolations et la bénédiction de Dieu.

# XXIX

## DISSOLUTION DE L'AMBULANCE.

Aussitôt le blocus levé et les communications rétablies avec l'extérieur, notre ambulance reçut du comité central l'ordre de se dissoudre. Nos malades furent versés dans divers hôpitaux, et médecins et infirmiers se préparèrent au départ.

J'étais libre de courir après nos chers prisonniers, mais la difficulté gisait dans les moyens de transport. C'était d'abord une confusion inexprimable. Les voies ferrées appartenaient aux Prussiens. Ils s'en servaient, avant tout, pour se ravitailler ; et puis ils devaient organiser d'immenses convois de prisonniers. Sur les murs de la ville, des affiches annonçaient des trains d'officiers ; on engageait ceux des grades inférieurs à se munir de chaises ou de pliants, car il n'y avait pas assez de wagons de voyageurs, et on les mettait dans des voitures à bestiaux ou à bagages. Après avoir pris l'avis du chef de gare allemand, je vis qu'il fallait renoncer au chemin de fer. Les voyages, si simples, il y a seulement trois mois, étaient devenus d'une difficulté extrême. Les paysans riverains des voies ferrées brisaient sans cesse les rails, s'efforçaient de brûler les voitures et d'entraver les convois toujours pleins de troupes ennemies ou chargés de canons destinés à ravager la France. Les Prussiens, il est vrai, commençaient à prendre des mesures cruelles pour se défendre : d'une ville à l'autre, ils forçaient un des notables de l'endroit à monter sur la machine en guise d'otage, et la crainte de tuer un Français arrêtait les mains prêtes à frapper les Prussiens. Sûre ou non, la voie n'en était pas moins difficilement praticable. Toute l'Allemagne, hommes, chevaux, munitions passait sur une même ligne, et l'encombrement était si considérable qu'un médecin russe me dit avoir mis cinq jours à faire un trajet de dix heures.

J'étais pressé de rejoindre nos soldats ; mieux valait assurément pénétrer en Allemagne par la Belgique. Une caravane de nos médecins s'était organisée pour gagner la frontière à cheval, filer sur Namur et rentrer en France au delà des pays occupés par les Prussiens. J'obtins de monter sur leur charrette de bagage avec un lieutenant, victime de la guerre. Pauvre jeune homme ! Il avait eu les deux mains emportées, sauf deux doigts qui s'assoupliront peut-être, mais qui restaient alors paralysés. Il fallait l'aider à monter, à descendre de la charrette, l'habiller, le déshabiller. Il ne pouvait se servir en rien ; et il avait vingt-deux ans !

Nous dûmes traverser les lignes prussiennes, arrêtés de temps à autre par des sentinelles qui nous demandaient compte de notre départ.

A quelque distance de Thionville, nous entendîmes gronder le canon. Cette forteresse était alors livrée aux horreurs d'un siége. Nous longeâmes, par derrière, les lignes des assiégeants, en priant Dieu de bénir les assiégés. Les douaniers belges nous accueillirent avec une pitié respectueuse. A l'embranchement de Namur, je pris congé de mes compagnons, qui obliquaient vers la France, tandis que je gagnais Bruxelles.

Je m'étais promis naïvement de prendre immédiatement la voie de l'Allemagne, persuadé que les portes des forteresses s'ouvriraient d'elles-mêmes devant un prêtre, dont le but unique était de parler de Dieu aux malheureux captifs. D'autres ont pensé et agi comme je prétendais le faire ; ils ont appris trop tard les ménagements à garder avec l'administration prussienne : ils furent expulsés. La Providence me mit en relation avec un étranger respectable qui m'avertit du danger et m'engagea à ne rien faire sans les autorisations les plus authentiques. Il était dur de se soumettre à des lenteurs. Dans les premiers moments surtout, nos jeunes soldats devaient avoir besoin de se voir tendre une main amie, d'entendre une voix de la France, de ne pas se sentir seuls, abandonnés. Et cependant, à quoi bon entrer en Allemagne si on devait m'y fermer la porte de leurs prisons ? Je partis pour Lille, où des hommes admirables de générosité et de dévouement promirent d'aider notre apostolat par tous les moyens en leur pouvoir, et, sans tarder, je m'acheminai dans la direction de Versailles, afin de m'adresser au Roi lui-même.

Quels obstacles pour arriver jusque-là ! Il me semblait entendre au loin les cris de nos captifs qui demandaient du secours, et je leur tournais le dos ! Je voulais, du moins, aller vite, pour revenir plus tôt, et partout il fallait m'arrêter.

Le chemin de fer me débarque à Amiens ; ses communications ne vont pas plus loin. J'aurais voulu partir la nuit même ; personne n'ose s'aventurer à marcher dans l'obscurité. On m'a promis, pour le lendemain à dix heures, une diligence dirigée sur Beauvais. Elle ne part qu'à midi. La neige couvre la terre et retarde la marche des chevaux. Nous traversons des campements de mobiles bravement installés dans la neige et prêts à se battre pour la France. Ils ne se doutent pas qu'au fond de cette voiture, un prêtre les regarde avec attendrissement et leur envoie une bénédiction que leurs anges ne manqueront pas de leur transmettre. A Breteuil, nous entrons dans les lignes prussiennes. Un peu plus d'une heure avant Beauvais, une trentaine de cavaliers saxons qui reviennent de reconnaissance, nous ordonnent de prendre le pas et de marcher derrière eux. Ils seront cause que nous arriverons à la nuit, et qu'il ne sera plus possible de se remettre en route pour accélérer le voyage. Les Saxons paraissent faire exprès d'avancer très-lentement ; le conducteur, impatienté, saisit l'instant où ils n'occupent pas le milieu de la route, lance ses chevaux et passe. Celui du chef, surpris par derrière, s'effraye et se cabre ; le cavalier s'irrite ; il jure en allemand ; notre cocher fouette en français ; un Saxon, courant à toute bride, parvient à nous atteindre et nous signifie d'arrêter. Le conducteur paye d'audace et lutte de vitesse ; le Saxon pousse dés hurlements ; nos chevaux galopent toujours ; le soldat finit par retourner à son peloton, honteux comme un chien qu'on a frappé, et nous arrivons à Beauvais bride abattue. Mais la nuit est venue. Plus d'espoir de repartir avant demain.

Un voiturier veut bien me conduire à Pontoise, pourvu que ce soit en plein jour et que j'obtienne un sauf-conduit. Je me présente au commandant de la place, aussitôt son bureau ouvert ; il regarde ma carte signée du grand prévôt de l'armée française, et me dit que cela suffit. Avec les Allemands, il ne faut pas raisonner ; je reviens sans sauf-conduit ; cependant le voiturier consent à me prendre. La journée se passa tranquille. J'étais seul avec mon cocher. Des uhlans nous rencontrèrent et ne s'informèrent seulement pas de nous. A Pontoise, vers cinq heures du soir, une bonne fortune me fit tomber sur un conducteur plus hardi, qui s'offrit à me conduire, le soir même, à Versailles. Au moment où je montais en voiture, un Anglais, aux manières distinguées, me pria de le prendre avec lui, et, chemin faisant, me raconta qu'en sa qualité d'Anglais, on lui avait demandé cent-vingt francs, qu'il avait eu le bon esprit d'attendre douze heures et se trouvait heureusement récompensé. La nuit tombait. A l'entrée et à la sortie de chaque village, des sentinelles prussiennes nous arrêtaient. Mon compagnon n'avait aucun papier et redoutait une sommation. Avec une assurance prodigieuse, il passait la tête à la portière, souhaitait le bonjour au Prussien, lui demandait d'un ton insinuant s'il n'avait pas froid, lui expliquait ensuite qu'il était Anglais et moi Français ; que nous avions des papiers, que nous les montrerions s'il le fallait ; on nous laissait passer. Une seule fois, je dus exhiber ma carte française ; l'Allemand n'y comprenait rien ; mais elle avait des sceaux, et les sceaux sont de toutes les langues. Il me la rendit respectueusement. Chaque danger passé, mon Anglais riait de bon cœur. — Avouez, me disait-il, que je fais bon usage des trois seuls mots allemands que je connaisse. — De fait, il parlait indignement, mais son aplomb le sauvait. D'abord, je tremblais qu'il ne me compromît et qu'on ne m'arrêtât comme le complice de quelque espion ; bientôt je vis que son savoir-faire me rendait plutôt service.

Vers huit heures, un embarras sérieux nous arrêta. Nous avions échappé aux sentinelles de Sartrouville et nous gagnions Maisons-Laffitte, lorsqu'on nous déclara tout net que, de cinq heures du soir à sept heures du matin, personne ne passait le pont. Que faire ? Il n'y en avait pas d'autres ; les nécessités de la guerre les avaient fait rompre, et nous avions dû pratiquer un long détour pour trouver cette unique planche de salut. Nous appelons l'officier du poste ; il assure n'avoir aucune autorité pour lever la consigne. Nous rebroussons vers Sartrouville, où demeure le major commandant. Il est parti pour inspecter les postes militaires ; il ne rentrera pas avant minuit. Force nous est bien de stationner à Sartrouville. Où est l'auberge ? Il n'y en a plus, excepté chez le maire ; mais il est parti ; et sa femme a cessé de tenir maison garnie et table d'hôte. A travers une fente de volet, mon Anglais découvre une chambre éclairée et des Prussiens qui jouent le piquet avec la mairesse. Nous essayons de parlementer par cette fente. D'abord on ne répond pas. Enfin, on nous crie de l'intérieur qu'il est impossible de nous recevoir. Nous insistons ; on va se laisser toucher, lorsque nous entendons les officiers prussiens se fâcher. On referme fenêtres et volets ; et nous nous retrouvons dans l'obscurité sur le grand chemin. A qui donc s'adresser ? Le village est plein d'Allemands, mais nul visage français. Enfin un jeune et joli cavalier saxon a pitié de nous : il nous explique comme il peut et finit par nous faire comprendre que presque tous les habitants se sont enfuis vers Paris, que les quelques chefs de famille fidèles au poste forment une sorte de conseil municipal, et qu'en ce moment ils délibèrent. Bonne fortune : l'aimable cicerone nous mène à la mairie : nous y trouvons l'aréopage, présidé par l'adjoint. Mon Anglais porte la parole ; il me surpassait en aplomb, et son accent ne faisait pas mal dans le paysage : je lui avais complétement abandonné mon sort. Le maire, dans son fauteuil, le chapeau sur la tête, répond qu'il ne peut rien ; que le village est vide ; qu'il n'y a plus de boucher ni de marchands de comestibles; que la viande est réservée aux Prussiens ; que, pour eux, ils sont réduits à des pommes de terre glanées dans les champs abandonnés ; qu'il n'y a pas de chambres libres, parce que les Prussiens ont tout occupé ; que les lits, les draps et tout ustensile de ménage ont disparu par suite des réquisitions. Mon Anglais ne se décourageait pas ; il disait que nous ne pouvions cependant rester sur la place publique. Enfin, un ancien sergent-major, aujourd'hui facteur et en même temps secrétaire de l'assemblée, déclare qu'il y a au-dessus de lui deux chambres, récemment abandonnées par les Prussiens ; que si nous voulons y coucher sur le plancher, elles sont à notre disposition ; que pour ce qui regarde le cheval et la voiture, il connaît une grange où il sera possible de les abriter. Accepté de grand cœur. Nous suivons l'ex-sous-officier au bureau de la poste, où il loge avec sa femme et ses trois jeunes enfants. Je n'osais parler de souper : j'en avais fait le sacrifice : mais l'imperturbable Anglais pose carrément la question. Il n'y a que du pain. Va pour le pain. Au bout d'un instant, ces braves gens nous avouent que le facteur a été la veille à Pontoise, et que, chose très-rare, il en a rapporté du beurre et un fromage: en même temps, ils nous les présentent, avec du pain et une cruche d'eau. Tout en causant, la femme nous découvre qu'elle a caché des draps blancs sous le lit de ses enfants, de peur des Prussiens. Elle les retire doucement de leur cachette ; et voilà des lits faits. Mon compagnon avait deux couvertures de voyage, il voulut bien m'en céder une ; nous passâmes une excellente nuit. Le lendemain matin, nos hôtes, devenus nos amis, nous offrirent le pain et le fromage, nous mirent sur la voie et nous souhaitèrent bon voyage. Braves et honnêtes gens ! Ils nous avaient rendu service en un moment bien difficile pour eux, et semblaient toutefois plus heureux que leurs obligés.

Le jour était venu. Le pont devenait libre. Vers midi, nous atteignions Versailles.

———

# XXX

## VERSAILLES.

Versailles devenu prussien !

Quel changement prodigieux ! Comme l'ombre de Louis XIV doit tressaillir !

Le roi de Prusse tient sa cour à la Préfecture ; le Prince royal habite une splendide villa ; les casernes regorgent de soldats au casque pointu ; partout des canons prussiens, des chevaux prussiens, des voitures prussiennes, jusqu'à des boutiques prussiennes ; car les marchands d'outre-Rhin, les vendeurs de tabac surtout, sont accourus en grand nombre, se sont emparés des boutiques abandonnées par les locataires en fuite, et les affiches allemandes remplacent les inscriptions françaises.

La France est découronnée. Ni Paris, ni Versailles n'abritent ses gouvernants. Les hommes qui s'étaient improvisés gouvernement de la Défense nationale, sont réduits au rôle de *gardiens de la paix*. Derrière les fortifications élevées contre les ennemis du dehors, ils se défendent encore plus contre l'émeute, qui cependant les fit rois, que contre les armées étrangères. Trois d'entre eux ont installé à Tours un semblant de gouvernement. Combien de temps le général de Moltke leur permettra-t-il de porter leur couronne d'un jour dans cette capitale de leur choix ? On assure que ce ne sera pas long. On les a surpris, dit-on, emballant leur simulacre de manteau royal, pour l'emporter à Bordeaux dans une fuite prochaine. Tours n'est point encore occupé, il est vrai ; mais à l'heure actuelle, quelle ville, en France, peut dire : Je ne verrai pas les Prussiens ; je ne subirai pas leur joug ?

Qu'est devenue notre vieille et glorieuse France ?

Cette année même, nous en étions fiers, et nous la disions la reine des nations. Lorsque les fleurs de mai s'épanouirent dans ses campagnes et dans les jardins de nos villes, nous les contemplions avec amour, comme l'emblème de son éternelle jeunesse ; et voici que l'automne est venu ; les feuilles des arbres ont jauni, elles tombent emportées par le vent ; et les fleurs s'effeuillent, et la nature semble se flétrir sous les premiers coups des ouragans d'hiver ; et ce dépouillement et ces frimats ne sont pas même l'image du changement opéré en France. L'abomination de la désolation qui envahit la Judée ne fut pas plus horrible que l'invasion de notre patrie en cette cruelle année 1870.

Et quelle nation, si ancienne, si glorieuse, si longtemps préparée aux grandes choses, a donc pu triompher du plus ancien royaume chrétien de l'Europe ? Qu'est-ce donc que la Prusse pour nous infliger semblable humiliation ?

Ce n'était pas même un royaume, il y a deux-cents ans.

Vers la fin du quatrième siècle, une petite peuplade Slave, les Borussi, d'où nous avons fait Prussiens, profite de l'émigration des Goths vers le midi, s'établit sur le territoire abandonné entre la Vistule et le Mémel, s'y livre à toutes les barbaries légitimées par le culte d'Odin, martyrise l'évêque Adalbert qui lui présente l'Évangile, repousse avec acharnement la civilisation chrétienne, répand autour d'elle l'effroi et la désolation pendant huit siècles.

En 1224, sur la demande du Roi de Pologne, les chevaliers Teutoniques, que les désastres du royaume de Jérusalem rendent inutiles en Terre-Sainte, essayent de dominer ces barbares, leurs livrent des luttes acharnées, imposent une main de fer à la férocité des hordes conquises, couvrent le pays de citadelles, appellent des colons allemands à fertiliser le sol, à créer une industrie, élèvent partout la croix du Sauveur, s'adjoignent successivement la Pomérélie, la Nouvelle-Marche, la Poméranie, et parviennent, en 1309, à former un petit État qui s'étend de l'Oder au Mémel, avec Marienbourg pour capitale.

Vains efforts ! Le sang barbare bouillonne; il proteste contre les vertus chrétiennes; il réclame la liberté de ses appétits féroces. En 1410, un soulèvement général se produit. L'existence de la Prusse est remise en question. Les révoltés appellent à leur aide le roi de Pologne. Casimir IV feint d'accepter le protectorat ; mais, une fois dans le pays, il entreprend de le démembrer à son profit. Après treize ans de péripéties sanglantes, l'incendie de dix-huit mille villages et de deux mille églises, il se rend maître de la Prusse occidentale et de la Pomérélie, et concède la Prusse orientale et la Poméranie aux chevaliers Teutoniques à titre de fief.

Quinze siècles de l'ère chrétienne s'écouleront

donc sans qu'il soit question d'autre chose dans le pays occupé par les hordes prussiennes, que de barbarie, de sang et de carnage. Au seizième enfin, grâce à une double félonie, la Prusse va se faire en Allemagne un commencement de position.

Albert de Brandebourg, indigne Grand-Maître de l'Ordre Teutonique, rêve une couronne. Il commence par se révolter contre son oncle Sigismond, roi de Pologne, se fait battre, signe la paix humiliante de Cracovie en 1525, feint de renoncer à ses projets ambitieux, mais se réserve, en vérité, pour une occasion meilleure.

Sur ces entrefaites, le protestantisme a surgi. Luther, prêtre sacrilége, religieux en rupture de ban, moine incontinent, marié à une religieuse sans pudeur comme sans honte, consacre toutes les ambitions, légitime les spoliations pour se faire des adeptes et des complices. De par lui, tout prince, en devenant protestant, acquiert le droit d'agrandir ses États par la sécularisation. Albert de Brandebourg se déclare protestant, dépouille l'Ordre dont il est le tuteur, se proclame duc de tout le pays au delà de la Vistule, amène le roi de Pologne à consacrer cette monstruosité, et, par violation flagrante de son vœu perpétuel de célibat, épouse Dorothée, princesse de Danemark.

Alors, par des apostasies diverses, le duché de Prusse s'agrandit successivement des évêchés de Brandebourg, de Havelleberg, de Lébus, des duchés de Clèves et de la Marck ; la paix de Westphalie lui

assure, en 1648, la Poméranie citérieure, les îles
de Rugen, de Wallin, quelques villes de la Poméranie ultérieure soustraites aux Suédois, la survi-
vance de l'évêché de Magdebourg, sécularisé sous
le titre de duché, enfin les comtés de Hohenstein
et de Régenstein. Ses princes se gorgent de biens
ecclésiastiques, s'enrichissent de spoliations ; et,
quand une fois leur fortune est assurée, l'un d'eux,
le margrave Frédéric, profite d'un moment où l'empire d'Allemagne chancelle pour obtenir de Léopold I<sup>er</sup>, en 1701, la permission de ceindre sa tête
de la couronne royale.

Et maintenant, cet avorton de royaume, qui
n'avait pas sa place en Europe il y a deux cents
ans, que Louis XIV voyageur aurait dû regarder
au microscope, de peur de mettre le pied dessus,
par mégarde ; ce composé de provinces annexées
que Napoléon avait anéanti au point que son roi et
sa reine avaient dû se réfugier à Saint-Pétersbourg ;
cet État reconstitué, par les alliés, de pièces et de
morceaux, comme l'ébéniste assemble ses marque-
teries ; la Prusse, dont le seul grand roi rendait à
notre pays cet hommage éclatant : Si j'avais l'honneur d'être roi de France, je ne souffrirais pas
qu'un seul coup de canon fût tiré en Europe sans
ma permission ; la Prusse trône à Versailles. Le
palais de nos rois est converti en ambulance prussienne ; dans sa chapelle, où prêchaient les Bossuet et
les Bourdaloue, un ministre hérétique célèbre le service royal protestant, à grand renfort de trompettes

prussiennes ; dimanche dernier, toutes les troupes allemandes réunies, le Roi au pied de la statue de Louis XIV, a distribué des récompenses à ceux qui ont tué le plus de Français ; le ministre de Bavière est ici pour offrir la couronne du Saint Empire à notre vainqueur ; et bientôt, dit-on, dans la grande salle des glaces, tous les souverains allemands réunis, Guillaume de Prusse sera proclamé souverain maître de l'Allemagne ; on mettra sur sa tête le diadème impérial ; et tous crieront : Vive à jamais Guillaume le vainqueur ! — Le vainqueur de qui ? — Hélas ! le vainqueur de la France.

O jours brillants et joyeux de notre enfance, où êtes-vous ? Alors qu'à la suite du petit-fils de Louis XIV, nous venions folâtrer sous vos arbres séculaires plantés par le grand roi, pouvions-nous prévoir qu'un jour nous viendrions y saluer un roi prussien, et lui demander la permission d'aller consoler quatre cent mille soldats français, ses prisonniers ?

Et ce jour était arrivé.

Comment expliquer cette chute formidable ?

Une suite déplorable de révolutions nous a conduits à l'abîme.

Comme autrefois, devant l'arbre de la science du bien et du mal, Satan jaloux séduisit nos premiers parents, en leur promettant qu'ils seraient dieux s'ils se révoltaient contre leur Créateur, et les précipita dans un abîme d'humiliations et de souffrances ; ainsi des révolutionnaires, qui se disaient

amis du peuple, lui persuadèrent de briser le vieux
trône où reposait la gloire de la France, et de renverser les autels de Dieu, et ils lui crièrent : Il n'y a
pas de Dieu, pas de rois. Tu es ton Dieu, ton roi,
gouverne par toi-même. — Et nous vîmes monter
au trône de Charlemagne et de saint Louis les élus
du peuple devenus souverains par la grâce de la
guillotine, de la spoliation et du suffrage universel.
Mais la base était chancelante ; le pouvoir se sentait
faible ; il eut recours à la corruption ; il prodigua
les faveurs, les titres, les dignités, la fortune ; et
on vit parader autour des souverains nouveaux,
des habits brodés et des panaches. Et le vulgaire se
laissa prendre à l'étiquette, et il applaudit, et il
dit : Les tyrans sont heureusement remplacés ;
voyez nos guides ! — Et, si des voix s'élevaient timidement pour demander à ces mannequins dorés
leurs preuves dans le passé et leurs garanties d'a-
venir, ils répondaient par des phrases à facettes et
des formules toutes faites : — Ne nous parlez pas du
passé, disaient-ils, ce serait nous confondre avec les
nobles qui avaient des ancêtres. Hier, on ne parlait
pas de nous, et c'est ce qu'il faut. Nous sommes des
hommes nouveaux ; à la France nouvelle il faut
des hommes nouveaux ; les hommes nouveaux glo-
rifieront la France abâtardie par l'ancien régime.
Ils ont ainsi parlé, les hommes nouveaux. Et, vers
le milieu de cette année 1870, on entendit un
affreux craquement ; et le peuple leur cria: Sauvez-
nous ! — Et leurs journaux soudoyés répondirent:

Ne craignez rien. Les hommes nouveaux feront du nouveau. — Et, tout à coup, au lieu de sauver la société, ils se sauvèrent eux-mêmes avec leur fortune de fraîche date, leurs chevaux de luxe, leurs habits dorés et leurs panaches. Oui, grâce à Dieu, c'était du nouveau : la vieille France n'avait pas coutume de voir ces choses.

Un moment débordé par la coalition, l'héritier des grandes races, Louis XIV, disait : Si le péril devient extrême, plutôt que de souscrire à la honte, j'appellerai ma noblesse, et nous irons nous ensevelir sous les ruines de la monarchie. Menacé par les uhlans, l'héritier de la révolution met un genou en terre pour demander la vie, appelle son état-major doré, monte avec lui dans ses brillants équipages, s'en va demander un palais en aumône à ceux qui acceptaient en tremblant les dures lois de son oncle, et jette la France de Charlemagne, de saint Louis, de Henri IV, de Louis XIV, la France des Carlovingiens, des Capétiens, des Bourbons, la jette meurtrie, sanglante aux pieds de l'héritier d'Albert de Brandebourg, le renégat, qui la frappe à la tête et au cœur du talon de sa botte.

Ironie cruelle du sort ! Deuil affreux pour la patrie ! Humiliation sans exemple ! Malheur sans compensation d'aucune sorte !

# XXXI

## LA PERMISSION ROYALE.

Arrivé le 12 à Versailles, j'aurais voulu obtenir une permission le lendemain et gagner aussitôt la Prusse. Je priai le colonel d'Espéray, commandant la place pour la France, de me piloter parmi ce monde prussien, dont beaucoup étaient ses amis d'enfance. Du premier bond, j'arrivai au général de Treskow, aide de camp général du Roi. Je bénis Dieu de m'avoir adressé à un soldat de ce caractère plutôt qu'à ces diplomates sans foi, qui se dispensent du huitième commandement de Dieu et cherchent à prendre au piége leur interlocuteur. J'avais beaucoup à demander, et avec les puissants de la terre, avec des protestants et des ennemis surtout, il faut viser non pas à obtenir tout ce qu'on veut, mais ce qu'ils voudront bien, tâcher de connaître leur pensée pour ne pas les brusquer en leur demandant ce qui les irriterait. En m'entendant parler, d'une manière un peu vague, du service religieux à assurer parmi les prisonniers, le général m'interrompit brusquement. — Ainsi, dit-il avec animation, il y a peut-être cent dépôts de prisonniers, et vous voudriez lancer sur la Prusse une nuée de prêtres français pour desservir ces dépôts. Non, non ; le Roi n'y consentira jamais. — L'opinion du gouvernement se trouvait ainsi formulée : il ne s'agissait pas de chercher à avoir des collaborateurs, comme je l'aurais voulu d'abord ; je demandai l'autorisation personnelle de circuler partout, d'exercer le ministère apostolique de forteresse en forteresse et d'en référer à l'évêque prussien, grand aumônier militaire, partout où je trouverais insuffisance de soins religieux. Le général accueillit l'idée, promit d'en parler au Roi, et m'engagea d'ailleurs à lui adresser directement ma supplique. Deux heures après, je remettais au colonel d'Albeydine, son chef d'état-major, la lettre suivante :

« Sire,

« L'aumônier militaire qui a l'honneur de s'adresser à Votre Majesté, ose La conjurer de lui permettre de continuer son ministère ecclésiastique auprès des nombreux soldats prisonniers français en Prusse.

« Il remplira cette mission au titre et aux conditions qu'il plaira à Votre Majesté de lui imposer. Il se constituera prisonnier si Votre Majesté l'exige.

« Il engage sa parole d'honneur de gentilhomme et de prêtre de s'abstenir, avec les prisonniers, de toute question politique ou militaire.

« Son nom et les antécédents de sa famille garantissent à Votre Majesté ses principes monarchiques et antirévolutionnaires.

« Il ose espérer, Sire, une réponse favorable, et met aux pieds de Votre Majesté, etc. etc. »

Le général de Treskow était parti le même jour

pour une mission importante. Après trois fois vingt-quatre heures, ne recevant pas de réponse, j'eus le tort de croire qu'il avait méprisé ma demande et ne l'avait point montrée au Roi. Mon compagnon de voyage ne fut pas de mon avis et m'adressa, pour plus amples renseignements, au major de Haviland, autre Anglais fort remarquable, attaché, comme chevalier de Malte, à la direction des Lazarettes. Le major, à son tour, m'engagea à en référer au comte de Frankenberg, bras droit du prince Putbus et du prince de Pless pour tout ce qui concerne la convention de Genève. Le comte promit de s'intéresser à l'affaire ; mais, comprenant mon impatience, il me donna le conseil de voir le prince Radzivdi, aide de camp du Roi. De major en comte, de comte en prince, c'était bien du temps perdu : mais que faire, sinon se résigner ? Je cours à la Préfecture, où résidait le Roi ; le prince est heureusement chez lui ; je lui envoie ma carte ; il m'admet, se montre parfait, mais dit que ces choses-là ne le regardent pas du tout, et promet d'en parler au colonel d'Albeydine. Encore un retard. Le lendemain matin, le prince voulait bien m'écrire que, le jour même où je l'avais faite, ma supplique était entre les mains de Sa Majesté, mais qu'avant de recevoir une réponse, elle devait passer sous les yeux du ministre de la guerre et du grand chancelier fédéral. Ainsi vont les choses dans ce pays de l'administration par excellence. Comme le pauvre qui veut faire fortune, calcule sur le moindre denier, de même la Prusse, née d'hier, qui aspire aujourd'hui à l'empire d'Allemagne, appelle sur les moindres choses l'attention de ses plus hauts dignitaires.

Je ne suis donc pas oublié. On s'occupe de moi chez le comte de Roon et le comte de Bismark. Malheureusement, on s'y occupe de beaucoup d'autres hommes et de beaucoup d'autres choses, et je passerai le dernier. Le neuvième jour, au matin, armé d'une lettre du colonel d'Espéray pour le colonel de Verdy, je hasarde une visite chez le prince Podbielski. Je demande le colonel. Un capitaine arrive, dit que le colonel est fort occupé, que d'ailleurs je demande l'impossible. J'insiste ; le colonel veut bien se déranger : lui aussi trouve mes prétentions trop élevées. Qu'est-ce que ce blanc-seing que je veux me faire délivrer pour toutes les forteresses d'Allemagne? Comprend-on un Français autorisé par une permission générale à circuler partout en pays ennemi, à pénétrer surtout dans les forteresses, à visiter tous les prisonniers, à entrer avec eux dans les rapports les plus intimes, sous prétexte de devoirs religieux, de confession, par exemple ? M. de Verdy ne prononce pas le mot *impossible*, comme son lieutenant, mais il assure que je n'obtiendrai rien, parce que je sollicite ce qui n'est pas nécessaire. — Colonel, répondis-je, ce n'est pas nécessaire, d'accord ; mais c'est au moins un acte de charité très-utile. Vous êtes gentilhomme, je le suis également. Je m'adresse à votre honneur de gentilhomme, et je vous demande la permission de compter sur vous. — Le colonel avait déjà la main sur la poignée de la serrure pour sortir. Il se retourna à demi. Je vis dans son regard que j'avais frappé juste en m'adressant à ses sentiments élevés. — Eh! bien, reprit-il, je vais, de ce pas, en référer au prince. — Un quart d'heure après, il rentre. — Le prince est trop occupé, me dit-il, revenez à cinq heures; mais ne comptez sur rien, de peur d'éprouver un mécompte. — Encore une journée de perdue. A l'heure dite, je suis au rendez-vous; mais point de colonel. Je patiente trois quarts d'heure, en pensant que c'est bien longtemps attendre un refus, lorsqu'arrive enfin M. de Verdy, l'œil franc, la main ouverte : — Je vous ai fait attendre; pardon; mais vous n'aurez pas lieu de vous en repentir. Pour ne point abuser plus longtemps de vos instants, j'ai tout fait préparer à l'avance; — et il me remet un sauf-conduit du prince de Podbielski, qui m'autorise à visiter tous les prisonniers français, non-seulement en Prusse, mais dans l'Allemagne entière. Je lui conserve une sincère reconnaissance; car j'avais compris, le matin, qu'au lieu de se rebuter de mon insistance, il avait été touché de mon procédé et s'était promis de m'aider à réussir.

Ma négociation finie, rien ne me retenait à Versailles. Je n'avais que trop attendu. Je repris mon ennuyeux chemin de Pontoise et Beauvais. Je revis à Lille le généreux comité qui m'avait promis assistance. Je traversai Bruxelles en courant. Un moment, je stationnai à Aix-la-Chapelle, où se trouvaient vingt-quatre généraux et cent cinquante officiers ; enfin je gagnai Cologne, où je savais devoir trouver de nombreux soldats.

# XXXII

## LES PRISONNIERS DE GUERRE.

Je ne raconterai pas en détail les courses laborieuses de cet hiver en Silésie, en Pologne, en Saxe, en Bavière, en Wurtemberg, dans les provinces Rhénanes, la Hesse, le Holsteïn, le Meklembourg, le Hanovre, le Brunswick. A quoi bon ?

Kœnigsberg, Dantzig, Stettin, Kolberg, Spandau, Magdebourg, Wittemberg, Posen, Neïssé, Glaz, Torgau, Glogau, Erfurt, Ratisbonne, Mayence, Coblentz, Cologne, Wésel, Hambourg, Oldenburg, Brême, Waldec, Lubeck, et vous, petites villes des duchés de Saxe, de Bade et de Hesse, qui songera encore à vous demain ? Hier, nous pénétrions dans vos murs, la poitrine haletante, le cœur bondissant, en songeant que nous allions rencontrer six, dix, quinze, dix-sept, et jusqu'à vingt, vingt-cinq et trente mille soldats français prisonniers. Aujourd'hui, vous nous devenez indifférentes : ceux qui nous attiraient vers vous n'y sont plus ; l'heure de la liberté a sonné pour les captifs.

Les récits minutieux que la France, inquiète du sort de ces quatre cent mille enfants, eût écoutés pendant des heures sans se lasser un instant, n'offrent plus guère d'attrait, maintenant que l'exil est fini, la tristesse de la captivité remplacée par la joie du retour, l'alleluia chanté en famille, la paix signée, l'ordre rétabli. Comme le marin au port oublie la tempête, ainsi aurons-nous bientôt perdu le souvenir de la Prusse et de ses casemates.

Qu'il nous suffise de retracer les principaux traits de cette douloureuse époque, unique dans l'histoire de France, unique dans l'histoire du monde.

Disons-le tout de suite à l'honneur de ces généreux enfants, ils firent bon marché de leurs souffrances dans l'ordre physique ; les angoisses de l'âme, l'humiliation de la patrie et de l'armée, la privation de correspondance régulière avec leurs familles furent leur vrai tourment.

Au début, les privations matérielles s'imposèrent très-dures. Nous avons laissé nos soldats dans les boues des environs de Metz, sans abri, sans presque de nourriture. Bientôt il fallut entreprendre de longues marches à pied, ou des voyages non moins pénibles dans des wagons à bestiaux, par une saison rigoureuse, quelquefois sans pain, presque toujours sans pouvoir se procurer un aliment chaud après de longs jours et de plus longues nuits en chemin de fer. Ceux de Metz surtout, épuisés par les jeûnes du blocus, eurent de la peine à supporter ces rigueurs. Quelques-uns moururent dans les voitures, d'autres dans les hôpitaux où on les déposait à mesure pour rendre le dernier soupir.

Nous ne fûmes pas témoins de ces premières heures d'angoisse; nous ne pûmes offrir nos services à ces tristes agonisants, obligés que nous étions de prendre la route de Versailles ; mais ce que nous vîmes plus tard, à la suite des défaites de la délégation de Tours, l'état de détresse dans lequel nous arrivèrent les malheureux soldats du gouvernement de la Défense nationale, nous en fait concevoir une idée singulièrement amère.

Oublierons-nous jamais les émotions de pitié, de honte, de douloureuse sympathie qui se heurtèrent dans notre âme à la vue d'un convoi de ces pauvres enfants en route vers la Baltique. C'était dans les contrées du Nord. Six heures du matin sonnaient au clocher de la vieille église de Bromberg, convertie en temple protestant. Terre, arbres, maisons, tout était blanc de neige, et les glaçons pendaient aux toits. Par le même train, arrivaient à la fois des blessés prussiens convalescents et des Français de l'armée de l'ouest. Pour les Prussiens, c'est tout simple, on avait organisé une petite fête. La gare s'offrait à eux festonnée de guirlandes de feuillages du nord, pavoisée de drapeaux ; les dames leur offraient des gâteaux, du café, tout ce qui pouvait leur faire plaisir. Les Français reçurent à déjeuner dans une salle à part. Or, quand, après l'ovation prussienne, il fallut subir le défilé de nos prisonniers, non, de ma vie, je le répète, je n'oublierai la confusion et la douleur poignante dont je fus torturé. Pour un grand nombre, pas même l'habit militaire ; des sabots, des pantalons de toile, des bonnets de coton blanc, des haillons en lambeaux, des blouses de toile bleue. Le corps amaigri, transi par le froid d'une nuit en chemin de fer, ils avaient l'air de venir demander à la Prusse l'aumône d'un vêtement et d'un peu de pain, pour résister à la mort. C'était à fendre le cœur. Une foule curieuse les regardait sans haine, mais avec dédain. Je fendis cette foule méprisante, et, les larmes aux yeux, je m'approchai de ces malheureux pour leur donner le baiser fraternel. Pauvres, pauvres enfants de la France, quelle puissance infernale les avait fait tomber si bas?

En arrivant au lieu de leur exil, les premiers manquèrent souvent de tout. Rien n'était prêt. Les Prussiens avaient-ils dû prévoir que nous serions si malheureux, qu'en un seul jour, par exemple, la France leur livrerait, sans même la provision de pain du jour, cent cinquante mille prisonniers ? Contre les premiers froids, nos hommes ne trouvèrent d'autre asile que des tentes. La nourriture manqua ; la quantité et la qualité firent défaut. Ainsi, à Stettin, l'administration, prise au dépourvu, traita avec un Juif pour nourrir nos dix-sept mille hommes pendant le premier mois ; une enquête prouva que le misérable falsifiait toutes choses et ne donnait même pas la quantité nécessaire d'aliments avariés. — Je suis bien content d'avoir quitté le camp de Vau, me disait un petit soldat : j'y avais si faim que j'allais ramasser dans les balayures de la cuisine les pelures de carottes et de pommes de terre, et que nous les faisions cuire en cachette dans notre gamelle, dés camarades et moi, pour les manger. — Comme, d'ailleurs, cet enfant faisait l'éloge des soins dont il était comblé dans sa nouvelle garnison d'Insterburg, j'ai dû le croire sincère. Il n'y avait pas là de parti pris de trouver mauvais tout ce qui venait des Prussiens.

Peu à peu, on leur construisit des baraques partout où il n'y eut pas de place dans les casernes. En beaucoup d'endroits, ces baraques étaient élevées de terre, isolées du sol humide ; plusieurs, cloisonnées de briques doubles ; d'autres, d'une double épaisseur de planches entre lesquelles on entassait de la terre. En beaucoup de villes du nord, un second plafond de planches fut ajouté sous le toit de tuiles ou de carton bituminé ; partout, ces grands poêles allemands si propres à faire rayonner la chaleur.

Sans doute, la baraque laissera souvent à désirer. Il faut la construire vite, et tout ce qui sent la précipitation porte le cachet de la défectuosité. Ainsi, en maint endroit, les planches joindront mal ; le carton bituminé n'aura pas eu le temps de sécher avant les neiges, et des gouttières se formeront de distance en distance. Mais, pendant le premier hiver de Crimée, nous étions sous la tente par un froid au moins aussi rigoureux, et nous avons vécu. On fit quelques baraques durant le second hiver, mais tous n'en eurent pas, et la meilleure ne valait pas la plus mauvaise baraque prussienne. Et nous n'avions pas de feu, tandis qu'ici le charbon ne manque pas.

Le changement de nourriture éprouve singulièrement nos prisonniers. L'homme du peuple n'est pas délicat ; mais peut-être l'obligation de renoncer à ses habitudes lui est-elle plus sensible qu'à la classe aisée. Le pain noir les désole. L'estomac du rude Lithuanien et du fort paysan du Grand-Duché en fait ses délices ; le soldat prussien ne marcherait pas sans ce lest indispensable ; au fond, il est lourd comme du plomb, et je comprends qu'il faille s'y habituer. Une certaine soupe à la farine, sorte de bouillie claire, fait le désespoir de nos pauvres gens. On leur en sert tous les soirs ; c'est le plat réglementaire de l'armée prussienne; ils l'ont surnommée la colle, et l'un d'eux me disait en riant que la Prusse leur faisait faire de perpétuelles collations. On a bien voulu s'occuper de changer le pain ; on leur en pétrit d'une autre sorte ; cependant, jamais le pain allemand ne conviendra aux Français, et, comme cette substance constitue la principale partie de leur alimentation, il en résulte une souffrance dont il est juste d'avoir pitié.

Dans les premiers temps, la mort a fait parmi eux d'épouvantables ravages. Les captifs de Metz arrivèrent si épuisés que onze mille sont morts sur la terre étrangère. Que de malades cela suppose !

Les soins ne manquèrent pas dans les hôpitaux, il faut le dire. Le genre de traitement les étonna souvent et les tint en méfiance. Le système médical allemand contredit fréquemment celui de la France. Trop souvent, le soldat, incapable de juger et de comparer, n'y vit qu'une chose, c'est qu'on lui refusait en Prusse ce qu'on lui accordait en France ; il fut tenté de l'attribuer à la négligence, à la mauvaise volonté ; son imagination aidant, il put croire qu'on voulait le faire mourir en Prusse, et, le moral ainsi affecté, il souffrit doublement et aggrava son mal.

Nous ne pûmes visiter tous les lazarets : le temps eût manqué pour ce douloureux pèlerinage ; nous en vîmes cependant beaucoup ; les malades n'avaient-ils pas les premiers droits à des visites consolatrices ? Partout, nous avons trouvé plus que le nécessaire, souvent l'abondance.

Dans je ne sais lequel des lazarets des environs de Cologne, à l'hôpital militaire aussi de cette ville, les sœurs de charité ont voulu me conduire à la cuisine et à la dépense. J'y ai vu le pain de distribution. Il y en avait de deux espèces, et la moins fine restait supérieure au pain ordinaire des bonnes familles de France. Comme nos malheureux soldats, ceux de Metz surtout, furent livrés à l'ennemi avec l'estomac horriblement délabré par les privations, il leur eût été difficile de se contenter des distributions ordinaires d'un hôpital; les sœurs s'étaient donc astreintes à leur en faire cinq par jour : une fois, c'était du café, une autre fois du chocolat, ou bien du bouillon, ou des œufs, ou de la viande rôtie. Lourd surcroît de travail; mais ces pauvres infirmes étaient si intéressants, et les sœurs si dévouées que la même corvée se répétait tous les jours avec le même entrain.

N'exagérons rien. Il n'y avait pas de religieuses partout, et chacun sait ce que valent les services de ces infirmiers mercenaires qui n'ont pas une étincelle de feu sacré dans la poitrine.

Mais, à côté de l'égoïsme, que de dévouements essayèrent de combler le déficit en mille endroits! Ainsi, à Erfurt, une comtesse allemande, dont j'ai le regret : d'oublier le nom, se consacra au soin d'une baraque de cent cinquante Français malades. La petite vérole s'étant déclarée, elle n'eut pas peur. Quand il fallut lui enlever les varioleux pour préserver les autres malades de la contagion, la femme du général commandant la place, madame de Michaélis, allait les consoler à sa place, et leur apportait jusqu'à du vin de Champagne.

A Halle, où le colonel veut bien me guider dans la visite des hôpitaux, je vois des dames entrer et sortir. Je demande ce que cela veut dire. Le colonel m'explique comment, à l'arrivée des Français, plusieurs familles se sont cotisées pour leur offrir tous les allégements dans le détail desquels ne peut entrer l'administration. De généreuses bienfaitrices s'occupent sans cesse de quêter pour les malades, et leur apportent ensuite les dons de la charité. J'interroge nos hommes, tous me répondent, avec un air de satisfaction, qu'ils vont de mieux en mieux. — Ah! me dit un jeune dragon auquel je faisais compliment de sa bonne mine, je donnerais tout au monde pour que ma mère me vît. Pauvre femme! Elle ne peut se consoler de me savoir à l'hôpital, elle m'écrit des lettres désolées; comme elle serait heureuse de voir mes bonnes couleurs!

A Glogau, un commandant de gardes mobiles s'est fait le père de tous les Français malheureux. Les Prussiens, touchés de sa charité, lui ont accordé les plus amples permissions : il visite les malades, écrit en France pour en obtenir des vêtements chauds et de l'argent : il étend sa sollicitude jusque sur les morts. Il a fait élever une croix au-dessus des tombes françaises, et, chaque fois que nous avons à pleurer un soldat, il envoie à la famille en larmes l'image de la croix, au pied de laquelle dort son enfant.

Le dirai-je, moissonnés qu'ils sont par la mort en quelques endroits, nos hommes se montrent profondément touchés de la solennité religieuse et militaire avec laquelle les chefs prussiens ne manquent jamais de leur rendre les derniers honneurs, si nombreux que soient les convois. Un officier français pleurait d'attendrissement en voyant, pour la première fois, l'enterrement d'un de nos soldats; et un jeune conscrit disait avec une naïveté charmante : « Vraiment, je voudrais mourir en Prusse pour être si honorablement enterré.» En être réduit à remercier ses vainqueurs pour un cercueil et les honneurs funèbres, quelle ironie du sort !

Le soldat français est généralement bon ; sauf quelques esprits mal faits qui se plaignent toujours et quand même, il sait se montrer reconnaissant même pour un ennemi.

Leur facilité de caractère et leur enjouement sont ici chose bien précieuse ; ils y trouvent une aide puissante contre le marasme et le découragement.

A Wittemberg, je trouve dans le camp un théâtre en planches, une autre baraque destinée aux jeux athlétiques, une troisième qui sert d'église. Le temps se partage entre la prière, les exercices gymnastiques et la comédie. A Magdebourg, un théâtre encore, des artistes qui font de la musique, dessinent et affichent des caricatures. A Spandau, non-seulement le théâtre, mais un journal humoristique. Les personnes de la ville se prêtent avec bonté à ces jeux ; on fournit des robes et des mantilles pour les vieux sapeurs qui jouent le rôle de femmes, du papier d'or et d'argent pour orner des casques et des sabres de bois.

Presque partout, en entrant dans les camps au milieu de la journée, je trouve nos jeunes gens livrés à de longs combats à coups de boules de neige. Les Prussiens se mêlent à la lutte. Ce sont des assauts d'adresse, et de bons gros rires, qui font tant de bien à entendre parmi toutes nos tristesses.

Et puis, viennent les tours d'écoliers. Un jour, sept hommes, qui avaient reçu de l'argent de chez eux, obtiennent la permission d'aller au café. L'inévitable sentinelle prussienne les accompagne, le sabre au côté, le fusil au bras. Le gardien aimait le vin ; nos gaillards le savaient ; ils lui proposent de boire un premier verre avec eux ; le Prussien se fait prier, mais finit par céder, il n'a pas la force de résister à l'offre d'un second coup ; nos coquins de soldats insistent pour un troisième et pour un quatrième ; si bien que mon Prussien lâche son fusil, perd son casque pointu, laisse tomber son sabre, et roule sous la table. Six des prisonniers font un brancard, l'y mettent et le portent triomphalement sur leurs épaules, tandis que le septième prend gravement le fusil du gardien, boucle son ceinturon, s'affuble de son casque, et suit le cortége avec tout le sérieux qu'y eût mis la sentinelle dans son état normal. Ils arrivent au poste, déposent devant la garde prussienne le camarade, qui ronfle comme une toupie, et vont se remettre en prison, en riant comme des fous.

A Erfurt et à Wésel, on aide les hommes industrieux à faire de petits travaux, on organise des bazars pour en procurer la vente, fournir quelques ressources aux prisonniers sans argent.

Partout, on retrouve la vie, la bonne volonté, l'effort pour supporter les tristesses de la captivité et réagir contre l'ennui ou le désespoir.

La vraie torture de nos prisonniers est celle de l'âme.

Lorsque je les vois, dans leurs casemates, leurs casernes ou leurs baraques, privés de toute liberté, ne pouvant faire un pas sans être accompagnés d'une sentinelle armée, enfermés, dès quatre heures du soir, dans une salle mal éclairée jusqu'au lendemain à sept heures, je me dis qu'il doit y avoir là de grandes misères morales, et que là surtout il faut porter remède.

Quels dangers moraux ne seront pas la suite inévitable d'une telle situation ! Tant de jeunes têtes, tant de cœurs ardents, inoccupés, n'ayant rien à lire, rien à penser, rien à se dire, côte à côte pendant plusieurs mois dans un pêle-mêle redoutable, auront-ils la force de se maintenir à niveau ? Comme le disait Bossuet à son royal élève, il en est de notre esprit comme de nos membres. Sans exercice, le corps s'épaissit, devient incapable de mouvement ; et, de même qu'on oublie l'escrime, la danse et l'équitation si on cesse longtemps de faire des armes, de danser ou de monter à cheval, ainsi voit-on s'éteindre la lumière de son esprit, s'étouffer les qualités de son âme, faute de culture intellectuelle et morale. Laissez donc nos prisonniers, pendant de longs mois, sans instruction religieuse ni d'aucune sorte, leur niveau baissera forcément ; ils ne sauront plus considérer les grandes choses; leurs sens prendront le dessus; la matière dominera ; la parole, cette noble faculté que Dieu nous a donnée pour échanger entre nous les pensées élevées, nous électriser par la communication de sentiments généreux, la parole deviendra chez eux la servante de la matière ; ils ne sauront plus parler que de chevaux, de chiens, de tabac et d'impuretés ; et les actes suivront les paroles. Le colonel commandant la place de Thorn m'a cité un exemple terrible des dangers de cet affaiblissement des qualités morales au profit de la matière. Un soldat à trois chevrons avait reçu de sa famille une somme assez ronde ; le voyant enclin à la boisson, le colonel, pour l'empêcher de trop abuser, retenait la somme et la lui distribuait par portions. Or, un jour, il l'appela, le prévint qu'il arrivait au fond du sac, et lui remit ses dix derniers thalers. Et le malheureux sortit, et il alla à la cantine en disant : Puisque c'est la dernière fois, je veux qu'elle soit bonne. Et il but, et il se fit apporter du vin jusqu'à la nuit. Le lendemain, on le trouva mort dans son lit. Voilà bien le résultat d'une vie de soldat où l'instruction religieuse n'entre pour rien. Il arrive fatalement à l'abîme.

Au mal de l'esprit vient s'adjoindre forcément la torture du cœur.

Loin de son pays, privé souvent des nouvelles des siens à cause du désarroi des postes françaises, sans occupation sérieuse, sans rien qui soutienne son imagination ni son cœur, comptant ceux qui sortent chaque jour pour aller mourir à l'hôpital, se demandant s'il ne les suivra pas bientôt, si bientôt il ne verra pas sa jeunesse se flétrir et sa vie, à peine commencée, s'éteindre sur la terre étrangère, le prisonnier souffre, son cœur est vide, son âme abattue ; facilement il arriverait au désespoir.

Quand je pense que la meilleure partie de notre jeunesse française, si belle, si généreuse, est aujourd'hui réduite à cette inaction, conseillère du vice, à cette angoisse qui énerve l'âme et la précipite vers les choses d'en bas !

Cette préoccupation me torture. On n'a que trop fait, depuis bien des années, pour démoraliser nos soldats : qu'ils n'aillent pas s'achever dans l'abrutissement d'une prison de dix mois !

Que Dieu nous fasse la grâce d'aider ces chères âmes à se sauver de l'ennui, du découragement, du désespoir, de tous les vices qui en sont la suite naturelle. Ils sont malheureux, et le malheur est une grande école. Si la religion vient ajouter ses consolations et ses enseignements aux leçons douloureuses de l'adversité, l'affreuse catastrophe dont nous sommes les victimes tournera à bien pour la France. Aux jours de la paix, ces jeunes gens nous reviendront avec des courages retrempés dans la tribulation, des cœurs relevés et retournés vers Dieu ; et la France, émue, haletante, enivrée de joie, recevra les quatre cent mille enfants qu'elle avait pleurés comme perdus, grandis par l'adversité, régénérés par la foi, ranimés par l'espérance, vivifiés par l'amour, plus courageux, plus dévoués que jamais !

———

# XXXIII

## DIFFICULTÉS DE L'APOSTOLAT.

Les provinces Rhénanes s'offrent à nous les premières.

Dix-sept mille prisonniers à Cologne ; vingt-sept mille à Coblentz ; vingt-cinq mille à Mayence ; sans doute, en entendant ces chiffres, j'eus la pensée de dire à Dieu : Seigneur, il fait bon d'être ici ; si vous le voulez, j'y dresserai ma tente. — Si intéressantes cependant que fussent et la grande cité d'Agrippine et ses sœurs fièrement campées sur les bords du Rhin, avec leurs soixante-neuf mille prisonniers, la raison me disait que ma place n'était pas là. D'une part, elles sont plus près de la France, mieux pourvues de toutes choses, plus accessibles aux voyageurs ; et de l'autre, je savais que prêtres et laïques y distribuaient des secours abondants. A Mayence, M^me la maréchale de Mac-Mahon et M^me la duchesse de Lesparre, qui me firent l'honneur de me visiter à l'hôtel, me dirent une partie de ce qu'elles faisaient en faveur des soldats; d'autres me parlèrent de ce que leur modestie avait laissé dans l'ombre. A Coblentz, des députés du comité de Lille avaient pourvu aux nécessités les plus pressantes.

Or, trois cent mille autres prisonniers gémissaient épars dans l'étendue de la monarchie prussienne ; et, puisque de tous les bienfaiteurs, seul j'avais du Roi la permission d'aller partout, le devoir ne m'appelait-il pas vers les plus abandonnés ?

Aussi, après avoir salué les chevaliers de Malte si bons, si généreux, et qui me donnèrent de prodigieuses facilités pour le voyage, reprenant le bâton du pèlerin, m'acheminai-je promptement vers le Nord, aux rivages de la Baltique, où les visiteurs sont plus rares, les froids et la neige plus précoces, l'aspect général plus sévère, la langue française moins en usage, les privations plus dures par conséquent.

Première difficulté, j'ignorais le nom des villes où gémissaient nos prisonniers. Le gouvernement paraissait tenir à les cacher. Dans un bureau du ministère de la guerre à Berlin, un sous-officier avait bien voulu commencer à m'en dresser la liste, lorsqu'un de ses chefs l'avait arrêté durement. Sur des renseignements précaires, je gagnai Neustadt E/W. Le jeune prêtre catholique chargé de cette station voulut bien me conduire lui-même chez le commandant de place et au lazaret. Partout, le meilleur accueil. Mais Neustadt ne devait pas me retenir. C'est surtout une station d'officiers. Les soldats malades y sont dirigés sur Stettin, à mesure qu'ils reviennent à la santé ; bientôt il n'en restera plus ; or, ma mission, telle que je l'avais conçue, n'avait pas trait à messieurs les officiers. Eux aussi étaient dans le malheur sans doute, mais, après tout, ils jouissaient d'une liberté relative. Le pauvre soldat sous les verroux attirait toute mon âme.

A quelques heures de là, Stettin renfermait dix-sept mille de ces malheureux ; j'y courus. Hélas ! Déception profonde. Imposssible à moi de les évangéliser. Indépendamment des douze mille hommes disséminés dans les casernes, les casemates *intra muros*, ou bien sous les fortifications extérieures, au champ de mars, au fort de Prusse, aux deux forts Wilhem et Léopold, quatre à cinq mille encore campent à Krékow, sur le terrain du polygone, et les malades se trouvent épars dans seize lazarets, sur une étendue d'environ deux à trois lieues. Comment les atteindre ? Point d'église. La petite paroisse catholique a dressé son autel dans une sorte de cuisine voûtée, au rez-de-chaussée de je ne sais quel château. Elle ne pouvait contenir deux cents hommes ; et il s'agirait d'en abriter dix-sept mille. Je courus de caserne en caserne, de fort en fort, tendant la main à ces pauvres enfants, leur adressant de bonnes paroles à mesure qu'ils se réunissaient en petits groupes ; mais, pour eux, c'était plutôt une distraction qu'un bien : il eût fallu louer un vaste local et les y appeler par bandes successives. On me fit entendre que l'autorité militaire ne s'y prêterait pas. Le plus sage paraissait être de m'éloigner pour revenir, plus tard, en de meilleures conditions. A Dantzic, à Kœnigsberg, même insuccès. On m'ouvrait toutes les portes, celles des casernes, des lazarets, des prisons ; j'avais la liberté de causer avec l'un ou avec l'autre, et c'était tout. En présence des masses, il faut procéder en masse, recourir à la prédication commune, à une action d'ensemble ; et je ne le pouvais pas.

Que faire ?

En entrant en Prusse, j'ai cru de bon goût de ne pas trop me prévaloir de la faveur royale et de parcourir le pays des vainqueurs en faisant le moins de bruit que possible. Réglant mon itinéraire sur des données incertaines, je vais frappant avec modestie à la porte de chaque forteresse, présentant au commandant mon sauf-conduit, visitant ce qu'on veut bien me laisser voir, n'insistant pas devant un refus ; or, jusqu'ici ma réserve a tourné contre moi ; je n'ai pu faire aucun bien sérieux aux prisonniers. En de telles conditions, la permission du Roi devient illusoire, l'apostolat impossible. Mon voyage ressemblera moins à celui d'un prêtre apostolique qu'à la tournée d'un journaliste qui prend des notes. Il faut changer de système. Mais lequel adopter ? L'administration prussienne est terrible. Une vétille suffit pour me faire arrêter, mettre en prison, conduire à la frontière : d'autres aumôniers ne le savent que trop. Pendant ces longs mois de captivité, les prêtres allemands eux-mêmes qui se dévouaient à nos Français furent l'objet de rigueurs semblables. On en saisit violemment dans leur domicile, on confisqua leurs papiers, on les enferma en compagnie de malfaiteurs ; tel d'entre eux fut mis en demeure de quitter le pays par le train de chemin de fer qui suivrait de plus près la signification de l'ordre du départ.

Encore une fois, que faire ? L'expérience n'est ici d'aucune utilité. Cette captivité de quatre cent-mille hommes est un fait unique dans l'histoire. Sans conseil, sans appui, en face d'une autorité soupçonneuse, il faut deviner.

Au moment où je réfléchissais à ces choses, un événement inattendu vint éclairer l'horizon. Il se présenta sous des couleurs sombres ; c'était presque une arrestation ; en réalité, ce fut un coup de providence.

J'arrive à Posen, le soir, avec la confiance d'un homme qui veut bien faire ; je descends à l'hôtel de l'*Aigle noir*, et je sors pour saluer Mgr Koszmian, l'intrépide apôtre de toutes les bonnes doctrines, de toutes les saintes œuvres. En rentrant, je trouve une assignation de la police pour le lendemain à neuf heures et demie. Or, le lendemain, un peu retardé par la célébration de la messe, je déjeûnais à l'heure fatale, lorsqu'un agent se présente, m'oblige à traverser toute la ville sous son escorte, et m'inflige la honte d'un malfaiteur pour aboutir enfin à la déclaration que mes papiers sont en règle.

Ce ne sera pas la dernière fois que dame Police me fera sentir ses rigueurs. Ainsi, je débarque à Mémel par un froid excessif; j'avais quitté Kœnigsberg à une heure du matin; le chemin de fer m'avait déposé transi à Tilsitt; il avait fallu subir encore treize mortelles heures de traîneau, pendant lesquelles le vent, après avoir passé sur les neiges de la Russie et les glaces de la Baltique, nous harcelait sans pitié. Trop heureux d'être au bout, je me hâtais vers l'hôtel Victoria, lorsque, d'un geste impératif, un sbire me montre le poste. J'exhibe mon sauf-conduit du général prince Podbielski. On ne s'en contente pas. Je sors de mon portefeuille un ordre ministériel de Berlin. O malheur! le secrétaire du ministre a mal écrit mon nom; il m'a appelé le comte de Damac; l'agent me fait remarquer que les papiers ne concordent pas. Je montre tout ce que j'ai sur moi: une carte de chevalier de Malte signée du prince de Pless, une attestation du duc d'Uyest, une lettre royale, une feuille de pouvoirs ecclésiastiques aux armes du grand aumônier prussien. Inutile! On veut voir ma carte de visite, la voilà ! Ce malheureux *c* va me faire coucher en prison. Enfin, l'idée m'arrive d'expliquer tant bien que mal que le commandant de place doit être prévenu officiellement de mon arrivée par le ministre de la guerre ; on consent à s'en informer; la réponse est affirmative ; on me relâche enfin.

Or, à Posen, quitte avec la police, je ne l'étais pas encore avec tout le monde. Deux fois, je me présente chez le général gouverneur, deux fois j'éprouve un refus, et même, à la seconde, je remarque que le valet de pied, très-obséquieux la première fois, me regarde avec une certaine hauteur. Un père dominicain, aumônier des prisonniers français, et très-influent dans la ville, me propose de me conduire à la citadelle. Devant mon sauf-conduit, les gardiens des ponts-levis s'inclinent. A peine cependant un groupe de nos soldats s'est-il formé autour de nous, que deux sous-officiers prussiens accourent pour nous chasser. Nous réclamons; rien à faire : un officier vient soutenir ses subalternes; il me montre dans son bureau l'ordre de me mettre personnellement à la porte, si je me présente.

Le lendemain matin, un jeune prélat, secrétaire de l'archevêque, est maltraité par des soldats prussiens ; il va porter plainte ; le général ne se contente pas de le recevoir assez mal, il le charge de me transmettre l'ordre de partir au plus tôt pour Berlin, sous peine des mesures de rigueur. Que veut dire tout ceci ? Le plus simple serait d'avoir une explication avec le général ; mais il m'a deux fois fermé sa porte ; c'est un parti pris de ne pas me voir. Je lui écris que je veux croire à un malentendu, et, sans me le faire répéter, je pars, car l'exécution suit de près la menace d'un Prussien.

A Berlin, je me sentais mal à l'aise. Avant d'affronter les colères officielles, j'explique mon embarras à monseigneur le duc de Ratibor, protecteur des prisonniers. Son Altesse a la bonté d'en parler, ce soir-là même, au général faisant fonction de ministre et à la Reine. Le lendemain, j'avais l'explication du mystère. M. de Roon, ministre de la guerre, qui ne me savait pas si pressé de quitter Versailles, m'y avait écrit une lettre, au nom du Roi. La lettre, m'ayant trouvé parti, était revenue à son auteur, qui l'avait expédiée à Berlin, avec ordre de me la transmettre. Le chef du cabinet, ne sachant où me prendre, avait ordonné à tous les commandants de forteresse de me diriger sur la capitale, dès qu'ils auraient connaissance de mon passage ; et celui de Posen se trouvait être l'exécuteur de la mesure.

A qui trouvera le procédé un peu sévère, je répondrai qu'il ne serait pas raisonnable de juger par les nôtres, les formes un peu raides des autres pays. Elles tiennent à la rudesse générale des caractères ; et rudesse n'est pas méchanceté. D'ailleurs nous étions en guerre ; la Prusse avait quatre cent mille prisonniers à surveiller ; quelques déloyautés rendaient soupçonneux ; et vraiment,

il faut le dire, certaines coïncidences excusent parfois les actes les plus odieux. Un jour, par exemple,
à Breslau, chargé de remettre quatre cents francs
et une lettre à un capitaine, je vais demander son
adresse au bureau de la place. Grand émoi dans le
bureau. On me donne l'ordre d'entrer chez le
général, qui veut examiner mes papiers. Il se trouvait, par aventure, que le capitaine avait déserté
depuis trois jours. Je lui apportais de l'or: n'étais-je
pas son complice? Heureusement le général, trouvant mes papiers fort en règle, crut à ma parole
quand je lui expliquai que je ne connaissais pas le
moins du monde le déserteur, et que le hasard
m'avait fait accepter une commission pour lui;
mais, pendant qu'il me reconduisait, poliment, je
lui dis en riant : Si, aujourd'hui, j'avais rencontré
cet officier, que je lui eusse remis l'argent, et qu'il
se fût sauvé demain, qu'auriez-vous fait, général ?
— Soyez sûr, me répondit-il gaiement, que je vous
aurais logé aux frais du roi de Prusse, autrement
que dans votre hôtel de l'*Oie d'or*. Effectivement
il y avait matière à soupçon ; et, dans une situation
pareille à celle de la Prusse, il ne faut pas trop
s'étonner d'un déploiement de rigueur désa-
gréable.

Quant à Posen, le tort était d'y avoir mis des
prisonniers français. Le peuple les avait reçus avec
ses sympathies polonaises; il les acclamait, les
poursuivait des cris de : Vive la France ! et les plus
pauvres s'efforçaient de leur faire accepter des

cigares, des pommes, de l'argent. La noblesse ne se montrait pas moins empressée. Les écoliers eux-mêmes s'étaient mis de la partie. L'archevêque ayant désigné leur église pour y faire entendre la messe aux prisonniers, ces jeunes gens imaginèrent de laisser leurs livres de prière sur leurs bancs, d'y glisser de l'argent avec des billets ainsi conçus : Monsieur le soldat, acceptez cette offrande, elle vient d'un ami de la France, d'un ennemi de la Prusse ! La police avait éventé la mèche. De là, des mesures de sévérité exceptionnelles.

Quelques-unes, je l'avoue, me paraissent inexcusables. Ainsi, pour Noël, la fête allemande par excellence chez les protestants comme chez les catholiques, l'archevêque avait organisé le service religieux de façon à ce qu'il y eût un prêtre pour dire la messe dans chaque caserne, afin d'éviter ainsi de faire sortir les prisonniers et de causer du trouble. La veille au soir, sans égard à ce procédé délicat, le gouverneur de la province envoie défendre toute cérémonie religieuse, *parce qu'il veut passer l'inspection.* Et voilà que de pauvres jeunes gens, le cœur plein de souvenirs, songeant à la messe de minuit, à leur place qui restera vide au banquet de famille, à l'année qui se termine dans les larmes pour recommencer sans joie, n'auront même pas le droit de prier ensemble pour la famille absente ; le général Steinmetz, qui a tous les jours de l'année à sa disposition, choisit celui-là pour une inspection humiliante! Heureusement, je me hâte de le dire, cette cruauté fut une exception. Je connais, au contraire, beaucoup d'exemples d'attentions bienveillantes des commandants de place à propos de la fête de Noël.

Mais il est temps d'en finir avec les chicanes : je devais m'expliquer une fois pour toutes, sur cette administration prussienne, rigide à l'excès, aussi exacte à favoriser lorsqu'on est en règle, qu'impitoyable si la moindre formalité fait défaut.

Heureusement, j'étais en règle, et j'ai toujours pu sortir de mes ennuis avec avantage. A dater de ce moment, j'aurai des embarras de détail, selon le caractère des autorités locales ; quant au ministère, non-seulement il ne m'inquiètera pas, mais il préviendra de mon arrivée les officiers généraux ou supérieurs commandant les places, avec injonction de m'accorder, dans les limites du règlement, les facilités nécessaires à l'exercice de l'apostolat.

Que le bien est difficile à accomplir en ce monde! Voilà un mois et plus que je cherche à faire une chose fort simple, réunir de pauvres soldats prisonniers inoccupés, leur parler de Dieu et de leur conscience. Pour y parvenir j'ai fait de longs voyages, semé l'argent sur les routes, affronté l'humiliation d'aller, d'ennemi en ennemi, m'incliner devant les vainqueurs; j'ai réussi enfin ; j'obtiens la plus haute des autorisations, l'autorisation royale, et cependant je n'ai pu encore en profiter pour l'honneur de Dieu. Qu'Isaïe a bien défini le prêtre, un chasseur à l'affût ! Plus tard, notre Seigneur devait l'appeler un pêcheur d'hommes. Chasseurs et pêcheurs reviennent souvent les mains vides !

## XXXIV

### DE FORTERESSE EN FORTERESSE.

Petite Prusse microscopique, c'est par toi que nous commencerons notre apostolat.

Pour la trouver, il faut la chercher avec soin sur la carte, traverser les provinces Rhénanes, des principautés, des comtés, des duchés, monter, monter vers le nord, dépasser Berlin et le marquisat de Brandebourg, laisser à sa gauche la Poméranie, à sa droite le grand-duché de Posen, pénétrer enfin dans l'une des plus tristes et des plus maussades contrées de l'Allemagne, aux confins de la Russie.

Nous irons maintenant y chercher nos soldats exilés dans le nord. Ils sont à Thorn, à Graudenz, à Tappiau, à Insterburg, à Tilsitt, Friedland, Mémel, Pilau, Kœnigsberg. Nous les verrons, nous les consolerons, nous leur prouverons que, si loin taine que puisse être leur prison, l'Église et la France ont les yeux tournés vers eux, que ni glaces, ni frimas n'empêcheront des cœurs amis d'aller parler à leur cœur.

Rien de plus varié que ce pélerinage à travers les forteresses et les prisons ; c'est une suite d'imprévus, de contrastes, de difficultés et de jouissances nouvelles. Aucune station ne ressemble à la précédente. Selon les temps, les lieux et les circonstances, l'apostolat s'y transforme et change à tout instant ses allures. Partout, c'est un mélange de tristesses, de joies naïves, de résignations sublimes.

Küstrin et Thorn seront nos premières étapes. Les commandants s'y montrent parfaits. Enfin, nous pouvons réunir les prisonniers et leur parler !

A Küstrin, point d'église, ou plutôt une petite chapelle catholique insuffisante. Les soldats entendent la messe dans une casemate, où on dresse un autel pour la circonstance. A Thorn, au contraire, dans la patrie de Copernic, ils ont **une** grande et belle église. Dans la sombre casemate, comme dans le temple élégant et riche, nous sommes profondément touchés de la pieuse sympathie de nos auditeurs. Quelle bonne surprise pour eux ! Plusieurs sont là depuis le mois d'août ; et personne, personne ne leur a parlé autrement que pour leur intimer des ordres. Leurs chefs sont la bienveillance même ; mais nul d'entre eux ne sait assez de français pour leur dire autre chose que des paroles brèves, concises, incorrectes, nécessairement froides. Beaucoup nous sont connus depuis longtemps ; seulement, ils ne savent pas qui vient à eux. On leur a dit d'aller à l'église ou à la casemate-chapelle, et ils sont venus comme ils eussent été à la corvée. Tout à coup, ils se trouvent en face d'un Français, d'un Français leur vieil ami. Comme aussitôt que j'ai cessé de parler, que je les ai bénis, ils se précipitent, à Küstrin autour de l'estrade, à Thorn au pied de la chaire, pour nous tendre les mains, dire leur nom, rappeler des souvenirs ! Comme ils se montrent reconnaissants du moindre signe affectueux !

A Küstrin, nous laissons sept officiers prisonniers dans la grande salle du château qui servit de prison à Frédéric-le-Grand. Tourmenté, brutalisé par son père, qui essaya même de l'étrangler avec le cordon de ses rideaux, il avait pris la fuite avec un jeune seigneur de ses amis, nommé Katte. Repris, enfermé dans ce château, il est jugé, condamné à mort. Les États de Hollande, les rois de Suède et de Pologne, l'empereur d'Allemagne lui-même s'interposent ; son père est obligé de lui faire grâce. Toutefois, par un raffinement de cruauté, un matin, il lui députe cinq grenadiers, qui le saisissent, le placent devant la fenêtre, et l'obligent à regarder sur le préau. Un échafaud s'y dresse. L'infortuné Katte y monte et reçoit la mort devant son ami fou de rage et de désespoir. Triste et cruel souvenir pour nos prisonniers, dont la seule distraction jusqu'à la paix, lorsqu'ils seront fatigués d'avoir lu ou causé, sera de s'accouder sur ces fenêtres pour contempler la sombre nature sous son linceul de neige.

C'est à Graudenz que nous verrons l'image de la captivité dans sa plus grande rigueur.

Quelle citadelle ! et que le séjour en est sombre !

Solidement construite au bord de la Vistule, elle regarde fièrement la Russie et lui oppose une barrière infranchissable. Napoléon essaya vainement de s'en emparer, il dut s'avouer impuissant à franchir ses formidables bastions. La difficulté de ses abords nous prévient à l'avance de l'austérité de son séjour. Point de pont, et cependant il faut traverser la Vistule. Le fleuve est fortement gelé aux deux tiers, le milieu charrie d'énormes blocs de glace. Souvent, durant un hiver en Hollande, j'ai franchi les bouches du Rhin; jamais passage ne m'a paru odieux comme celui-ci. Sur le Rhin, lorsqu'une des bouches était gelée, nous la traversions à pied ; quelquefois, un craquement se faisait dans la glace, l'eau filtrait et nous mouillait les pieds, et alors, c'étaient des cris de terreur, et tout le monde de courir vers le rivage. D'autres fois, on nous mettait sur un bateau, les marins nous poussaient par derrière, comme dans un traîneau ; si la glace cédait, la barque surnageait dans le trou, et, avec des cordes, des avirons, et je ne sais quels engins, on nous ramenait à la surface. Ce jeu n'est point sans danger ; car, lorsque la glace se brise irrégulièrement, la pointe du bateau fait coin, et l'équipage va passer sa dernière heure dans les ondes glacées du roi des fleuves. Plus grande est la difficulté pour arriver jusqu'à nos prisonniers de Grauden. On nous entasse sur une barque étroitement enserrée dans une couche de glace épaisse et profonde. Le pilote nous fait signe de nous balancer de droite à gauche jusqu'à ce que nous ayons imprimé à la nacelle un mouvement capable de briser la glace qui l'étreint sur les flancs. Une fois dégagés des côtés, ordre de nous livrer à une nouvelle gymnastique d'arrière en avant, pour ouvrir le passage. Ce manége dura jusqu'au milieu du fleuve : vingt voyageurs au moins se balançant de droite à gauche, d'arrière en avant, et toujours à recommencer. Au milieu du fleuve, nouvel obstacle : il s'agit de nager entre deux glaçons entraînés par le courant, assez vite pour n'être pas submergés par la masse. Nos bateliers réussirent à nous jeter de l'autre côté, dans une petite anse, d'où nous vîmes avec joie glisser majestueusement le banc qui nous eût engloutis ; et puis, nous nous livrâmes au même exercice qu'au départ, pour briser les glaces du rivage opposé. Quel froid durant ce trajet de trois quarts d'heure ! Chacun avait relevé le collet de sa pelisse ; nos barbes étaient blanches de givre ; le fleuve fumait comme une chaudière. Enfin, nous étions au rivage. Un traîneau rapide nous emporta vers nos chers prisonniers.

S'il y a quelque part un lieu où la parole de Dieu soit plus nécessaire à distribuer à des captifs, c'est bien dans cette forteresse, qui ressemble à un glaçon dressé à pic au milieu des glaçons. Ailleurs, soit pour une corvée, soit pour tout autre motif, les prisonniers traversent la ville, tantôt nombreux, tantôt par petits groupes ; ils ont quelques relations avec le monde vivant, jouissent un peu du spectacle de l'activité humaine ; mais là, toujours devant eux-mêmes, sans distraction aucune ; toujours la forteresse, toujours des fossés, des bastions, de la neige ; toujours tourner dans le même cercle ; ne jamais rien voir, ne rien entendre qui soulève de terre la pauvre humanité alourdie ! C'est abrutissant, mortel pour l'âme et pour le cœur. Aussi, lorsque nous pénétrâmes d'abord dans la casemate des sous-officiers, leurs premières paroles furent amères. Ils nous adressèrent des plaintes qui trahissaient des cœurs ulcérés. Hélas ! qu'y pouvions-nous ? Qu'il eût été bon de réunir tous ces hommes dans une vaste enceinte. sous l'œil de Dieu, de célébrer les saints mystères au milieu de leurs chants, et de leur parler du Dieu des affligés ! Mais il n'existe ni salle , ni hangar assez vaste. Force était donc de grouper les hommes par chambrée, et de parler à chacun des groupes. Je ne saurais dire combien il fallut franchir de bastions et de fossés pour arriver, de casemate en casemate, à les voir tous. On avait mis les lits les uns sur les autres, pour la circonstance. Nous nous arrêtions au milieu de la salle. Les hommes se pressaient au point que nous étions comme engloutis au milieu de tous ces uniformes où l'artillerie, la cavalerie, la ligne, le train, le génie se confondaient pêle-mêle. Braves gens ! D'ici encore j'entends l'un d'eux, après que j'eus cessé de parler sur la force et la résignation dans le malheur, s'écrier : Du courage, nous en aurons. Fiez-vous à notre parole de soldats !

Reposons-nous de ce triste spectacle, en remontant à Kœnigsberg, où, cette fois, nous serons reçus en de meilleures conditions que la première.

Sanglante ironie de la fortune ! Par quelle fatalité Kœnigsberg est-il devenu le témoin de notre humiliation ? En 1701, il n'y a pas deux cents ans, quand la gloire de la France remplissait le monde depuis des siècles, l'électeur Frédéric I<sup>er</sup> venait se faire couronner ici, et la Prusse sortait de ses langes pour devenir un royaume. En 1806, vainqueur à Iéna, Napoléon faisait à Berlin son entrée triomphale, et le roi et la reine de Prusse se réfugiaient ici, prêts à prendre la mer pour échapper à la captivité. En 1807, à cinq milles un quart d'ici, nouveau triomphe des armes françaises à Eylau. Et voilà que, soixante-quatre ans après, je viens y consoler une partie des quatre cent mille prisonniers de guerre que le second Empire a livrés à la Prusse !

Le général gouverneur de la Province est vraiment un homme parfait de cœur et de manières, et je me félicite d'avoir dû entrer en rapports avec lui. Il a soutenu l'aumônier de toutes ses forces. Un bien véritable s'est produit sous son égide.

Cet aumônier est un prêtre de Lyon. Attaché à l'armée sous les murs de Metz, il n'a pu consentir à laisser partir nos troupes sans pasteur, et, le sac sur le dos, partageant leurs rations comme leurs souffrances, il est venu jusqu'aux bords de la mer Baltique parler de Dieu aux exilés. Les Prussiens ont fait une exception en sa faveur. Tandis que, presque partout, ils ont renvoyé les prêtres français qui cherchaient à se dévouer aux prisonniers, ils ont accueilli celui-là pour le bonheur et la consolation d'un grand nombre.

Six mille hommes habitent des baraques en dehors de la porte du Prince Royal. On y a construit une vaste chapelle et un petit réduit pour l'aumônier. Grâce à l'industrie de ce prêtre, la chapelle sert à toutes sortes de bonnes œuvres. Afin d'arracher les hommes à l'oisiveté, il en occupe une quantité, relativement considérable, à faire des galoches pour leurs camarades. Et puis il a fondé une conférence de Saint-Vincent de Paul. Ses membres sont chargés de s'informer de ce qui manque aux hommes en fait de vêtements et de chaussures. Ils font également, chaque jour, une distribution de vin, de tilleul et de sucre, à ceux qui, sans être malades à entrer à l'hôpital, ont besoin d'être fortifiés. Tous les matins, la cloche annonce la messe; les volontaires y viennent en grand nombre. Trois

ois par semaine, le soir, après le travail, on balaye l'atelier, on apporte le saint Sacrement et on donne la bénédiction après une courte instruction. Ah! si, partout, on avait pu réaliser la même chose, comme ces mois de captivité eussent été fructueux à nos soldats!

Voici Dantzig, la ville aux vieilles maisons, à l'architecture fantasque, aux ornements vénitiens ou portugais, aux terrasses pittoresques, aux longues rues sans alignement, sans régularité, où chacun avance son perron aussi loin qu'il veut, bâtit une échoppe à côté d'une maison aux ciselures dorées; Dantzig avec ses soixante-quatre mille habitants, ses forts, ses bastions, enveloppé des eaux que jettent perpétuellement au pied de ses remparts et la Vistule, et la Moltau et la Radaune; Dantzig, la ville imprenable si elle construisait des forts détachés sur ses hauteurs; Dantzig, qui donna son nom à notre maréchal Lefèvre, lorsqu'elle fut obligée de se rendre à lui, le 24 mai 1807, après que, de ses dix-huit mille trois cent vingt et un soldats, deux mille sept cents furent tués, trois mille quatre cents blessés, et quatre mille trois cents échappés comme déserteurs; Dantzig, défendu pendant neuf mois, au nom de la France, en 1813, par le général Rapp contre le duc Alexandre de Wurtemberg; Dantzig, l'antique Gidonie, convertie du paganisme, en 998, par l'évêque saint Adalbert; prise et reprise par les Polonais, changeant continuellement de fortune comme de maîtres, et définitivement réunie à la Prusse en 1793, sauf le temps des conquêtes de Napoléon.

L'aumônier militaire prussien a voulu avoir un aide parlant bien le français. On lui a envoyé le P. de Verra, jésuite de la province de Prusse, avec lequel, au temps des Pâques, nous évangéliserons ses douze mille prisonniers. Il y a là de braves cœurs et de dignes enfants de la France. L'aumônier n'a pas trouvé sans peine un accès auprès d'eux. Le voyant vêtu en laïque, comme il le faut à cause des protestants, ils étaient convaincus que ce ne pouvait être un prêtre catholique, et ils le fuyaient. Un jour qu'il engageait l'un deux gravement malade à recevoir les sacrements : Allez-vous en, allez-vous en, lui cria le moribond ; vous êtes le diable ; je veux mourir catholique. — Ce que c'est cependant que la puissance du préjugé parmi les ignorants : ils hésitent à reconnaître un prêtre sous le costume laïque. Mais voici plus fort que cela. Après une instruction, j'entendais les confessions sous une tribune. Un jeune homme finissait la sienne et voulait se retirer. Je le rappelle pour l'engager à faire, le lendemain, sa communion pascale. — Moi, jamais, dit-il avec horreur, jamais recevoir le bon Dieu prussien. Quand je rentrerai en France, j'irai faire la communion à l'église de mon village, je le jure ! Ici, non ; point de bon Dieu prussien !

Les malades sont nombreux dans les hôpitaux de Dantzig. Les prisonniers de Metz y payent un lourd tribut à la souffrance et à la mort. Que n'ai-je le don des miracles pour dire à ces chers infirmes : Levez-vous et marchez ! Retournez vers vos mères, qui vous appellent en pleurant. — Hélas ! beaucoup resteront ensevelis sous la neige, aux bords glacés d'une mer inclémente.

Voici encore Mémel, à l'extrême frontière, confinant à la Russie, ancienne ville fondée par les chevaliers teutoniques en 1252, brûlée le 4 octobre 1854, et rebâtie d'une manière assez élégante. Elle est à cheval sur la Dange, à son embouchure dans le Curisch-Haff ; son port est malheureusement trop peu profond pour les bateaux de fort tonnage ; toutefois son commerce offre assez d'importance pour avoir nécessité l'érection de consulats de Russie, de Danemark et même d'Angleterre.

Les Français habitent, à cinq kilomètres, dans un petit camp organisé pour les prisonniers autrichiens. On a fait commencer à ces derniers un canal destiné à se poursuivre jusqu'à Tilsitt ; cinq cents Français sont chargés de le continuer, mais l'excessive rigueur du froid empêche tout travail en ce moment. Je profiterai de ce temps de relâche pour organiser, pendant une semaine, des exercices religieux quotidiens. A neuf heures du matin et à trois heures du soir, un traîneau m'entraîne vers le camp. Mes deux petits chevaux lithuaniens fendent l'air ; mais, en revanche, le vent nous coupe la figure. Tous les jours, le froid augmente ; où s'arrêteront ses rigueurs ?

Le camp se compose d'une maison pour les officiers, d'une baraque pour la cuisine, d'une autre baraque où couchent les hommes, et d'une troisième qui sert de chauffoir, de salle à manger, de cantine même, car, aux deux extrémités, deux petites boutiques vendent du pain blanc, de la bière, du fromage, du tabac.

Quand j'arrive, je donne le signal. Les hommes de bonne volonté se réunissent au fond du chauffoir, et se disposent en groupe, qui sur un banc, qui sur une table, qui debout. Moi-même, je monte sur une table pour être mieux vu et entendu. Dès le premier jour, je remarque quelques hommes attablés à l'autre bout de la salle. Ils font du punch, boivent, mangent et parlent tout haut. Je vais les prier de se taire ; ils me regardent avec insolence. Rien à espérer d'eux. Je suis venu pour leur faire du bien, non pour les dénoncer et demander des punitions ; je les épargnerai donc. Nous continuerons ainsi tout le temps. Pendant que je parlerai au grand nombre, empressé, attentif, plein de bonne volonté, les mauvais sujets protesteront de l'autre côté ; c'est la lutte, je ne le regrette pas. Au commencement et à la fin des instructions, nous chantons des cantiques. Mes chanteurs sont ceux du théâtre, car le camp a son théâtre et ses représentations hebdomadaires : ils s'y prêtent du meilleur cœur ; et notre mission marche très-bien. Un grand malheur vient l'attrister. Depuis cinq mois de captivité, personne n'était mort. Le major de place, riche propriétaire et excellent homme, m'en disait toute sa joie et m'exprimait son bonheur de pouvoir rendre à la France tous ceux qu'on lui avait confiés, lorsqu'un soir, peu après l'instruction, deux de ces ivrognes habitués à boire pendant que les autres priaient et s'édifiaient, se prennent de dispute. L'un d'eux, pour mieux frapper, ôte sa botte et donne de l'éperon, de toutes ses forces, dans la tête de son adversaire. On porte le blessé à l'hôpital, où il succombe. Le seul prisonnier, mort à Mémel, a péri de la main d'un Français !

Je quitte Mémel à regret. Rien de touchant comme le mouvement de toutes ces bonnes mains calleuses qui s'allongent pour serrer la mienne au moment du départ.

A Tilsitt, grand souvenir ! En 1807, Napoléon y parlait en souverain. Le Czar venait l'y rejoindre. On construisait, au milieu du Niémen, un radeau et un kiosque vers lequel les deux monarques naviguaient savamment pour éviter que l'un ne mît le pied avant l'autre sur le point flottant de l'entrevue. Le grand duc de Berg, le prince de Neuchâtel, les maréchaux Bessières et Duroc, le grand écuyer Caulaincourt suivaient Napoléon ; le grand duc Constantin, les généraux Benningen et Souvarow, le prince de Labanoff et le comte Liéven accompagnaient Alexandre. On jetait les bases d'un traité par lequel la Prusse se trouvait diminuée de moitié ; on créait le royaume de Westphalie en faveur du prince Jérôme Bonaparte ; les duchés de Posen et de Varsovie redevenaient état polonais, attribué au roi de Saxe. Singulière combinaison, où la raison n'entrait pour rien, où la passion de Napoléon prétendait tout régler, et dont rien ne devait rester après quelques années.

Tilsitt vit nos gloires. Aujourd'hui, j'y trouve nos prisonniers tristement couchés dans l'opprobre, sur un lit d'hôpital où quelques-uns attendent la mort de l'exilé.

Le froid devient intense. Le Niémen est tellement gelé que les paysans n'ont plus d'autre route. On les voit courir au milieu du fleuve avec vingt traîneaux à deux chevaux, qui galopent aussi sûrement qu'à terre. La neige est si abondante que je reste bloqué pendant deux jours. Enfin j'arrive à Insterburg. Nulle église catholique ; mais le ministre protestant se montre d'une complaisance extrême ; il me prête son temple. Les soldats s'y réunissent tous les jours à neuf heures ; ils ne se doutent même pas qu'ils sont au temple, tant il y a de ressemblance avec une église catholique. Cet édifice fut construit au début de la réforme, alors qu'on n'osait pas avouer au peuple qu'on le faisait protestant. En ce temps-là, on élevait des autels, on y plaçait des crucifix, des tableaux. Le peuple se croyait dans la maison de Dieu, et un curé infâme lui infiltrait sournoisement l'erreur sans qu'il s'en méfiât. Nous prêchons la vérité sous des voûtes habituées aux accents de l'erreur. Le dernier jour, messe solennelle et communion nombreuse.

A Tappiau, on m'avait fait craindre mauvais accueil. Le ministre protestant s'y montre fort austère et refuse toute concession aux catholiques. Je l'aborde cependant ; Dieu touche son cœur : il veut bien me répondre qu'il fera une exception en faveur des Français. Son temple est une vieille église bâtie par les chevaliers Teutoniques. Il est trop petit pour contenir tous les prisonniers ; on me les amènera donc, chaque jour, en trois fois : un tiers à neuf heures, un autre à dix heures, le dernier à trois heures. Le commandant est esclave de la discipline. Il assiste à toutes les instructions, lui protestant, assis au chœur comme un chanoine. A l'heure des confessions, il fait ouvrir toute grande la porte de la sacristie, y place deux sentinelles et s'asseoit vis-à-vis, en sorte que chaque soldat, pour venir jusqu'à moi, doit passer devant son chef militaire, entre deux Prussiens, l'arme au bras. N'est-ce pas pousser un peu loin la consigne ?

A Pilau encore, on voudra bien mettre à ma disposition le temple protestant.

Je ne reviens pas de l'attention que les prisonniers apportent aux instructions. Malgré le froid et les rhumes, c'est un silence très-rare dans un auditoire du meilleur monde. Immobilité complète; pas un signe d'impatience ; et lorsque j'ai fini de parler, il faut souvent que je leur dise qu'ils peuvent se remuer, se lever, s'en aller, pour qu'ils le fassent. Quelle bonne terre ! la semence y germera pour la vie éternelle. Nous terminons par une messe solennelle et la communion pascale, que l'évêque, grand aumônier des troupes prussiennes, m'a autorisé à faire faire par anticipation.

Ce sont de bons jours, où la grâce de Dieu opère d'une façon véritablement merveilleuse.

En Silésie, les choses se passeront comme dans les deux Prusses, pour la gloire de Dieu et le bien des âmes de nos Français captifs.

A Glogau, me voici en face de 13,000 hommes. Rien n'est prêt, puisque je descends à peine du chemin de fer. Et cependant j'ai tant de forteresses à visiter que j'ai besoin de ne pas perdre de temps. Je voudrais commencer dès aujourd'hui l'exercice de mon ministère. En deux heures, un premier lieutenant de la landwer, M. de Schmidt, aura tout organisé. Dans une vaste écurie d'abord, je trouve un premier auditoire, admirablement sympathique; et puis, dans une église voisine, encore une nombreuse assemblée de soldats émus. Le lendemain matin, trois fois l'ancienne et vaste église des Jésuites se remplit successivement. En moins de vingt-quatre heures, j'étais déjà en relation avec mes 13,000 prisonniers.

Je rencontre, ici, pour la première fois, des enfants de troupe captifs. Pauvres enfants ! à dix, douze, quinze et dix-sept ans, déjà connaître les rigueurs de la captivité ! Le bon Dieu leur a suscité un père en la personne d'un chef de bataillon prussien qui s'occupe d'eux avec une tendre sollicitude.

Cet officier supérieur a chargé des sous-officiers de leur faire la classe; il veille à leurs jeux; il a même voulu leur distribuer des étrennes pendant la nuit de Noël. Pauvres et tendres oiseaux, hâtez-vous de prendre votre essor vers la patrie, où vos mères vous appellent en pleurant.

Torgau jouit de la même faveur que Kœnigsberg. M. l'abbé Jacques, prêtre du diocèse de Metz, a trouvé grâce devant les Prussiens. Sa vertu, sa prudence l'ont fait tolérer comme aumônier de nos 8,000 hommes. Malheureusement, des imprudences commises avant son arrivée ont fait interdire la parole aux aumôniers. M. l'abbé Jacques tombe sous le coup de l'interdiction, sans l'avoir mérité. Nos soldats en souffrent : ils eussent singulièrement profité de ses enseignements. Ici, point d'église, point de baraque attribuée aux réunions religieuses. Il faut aller de chambrée en chambrée dans ce vaste camp boueux. Les hommes de deux chambres s'assemblaient debout, pressés autour d'une table sur laquelle je monte pour les exhorter et les bénir. A la fin d'une journée, j'ai parlé six, sept fois à des auditoires de 1,000 hommes, dans un appareil que l'on croirait emprunté à des charlatans.

A Erfurt, au contraire, dans la belle et magnifique cathédrale, si admirablement placée sur une hauteur qui domine la ville et la campagne, nous divisons les hommes par bandes de 3,000. Il m'en vient 3,000 à dix heures, 3,000 à une heure, 3,000 à trois heures. Et, le soir, j'ai la satisfaction d'avoir instruit, encouragé, béni, consolé 9,000 captifs. A Wesel, une grande baraque sert de chapelle. Les hommes m'arrivent par compagnie, d'heure en heure. Une compagnie attend à la porte que l'autre soit sortie. A la fin de chaque heure, ce sont de nouvelles poignées de main, de nouveaux adieux, de nouveaux bonjours à adresser à tout ce monde, dont chacun veut dire une parole et recevoir un mot en échange. Et puis, partout, ou à peu près partout, je rencontre des connaissances ou quelque chose d'équivalent. Ce sont des hommes que j'ai connus en garnison, des fils d'anciens serviteurs ou de fermiers. L'un vient me dire qu'il est du Nivernais ; un autre, de la Provence ; un autre, du Périgord ; un autre, de la Picardie ; et ce sont des bonheurs de pouvoir rappeler d'anciens souvenirs, de s'entendre dire des paroles sorties du cœur !

2,000 nouveaux captifs de Rouen et du Hâvre descendent du chemin de fer à Neïssé, au moment où j'y arrive moi-même. Le général a passé la nuit entière à leur préparer des logements ; plus de 200 se trouvent malades et doivent être transportés d'urgence à l'hôpital. Évidemment, en une telle occurrence, ma visite est importune. Un traîneau partait pour Glaz ; je m'y jette sans retard ; sept heures de froid s'écoulent, au bout desquelles nous franchissons à la lueur des torches les ponts-levis glacés et les bastions couverts de neige. Dès le lendemain matin, il faudrait se mettre à l'ouvrage. Le colonel, avec une grâce parfaite, semble ne pas s'apercevoir que ma demande est presque une indiscrétion. En une demi-heure, dit-il, il aura pris toutes ses dispositions. Effectivement, on a compté les hommes ; on sait combien l'église en contient à la fois ; on organise des groupes, et les exercices commencent avec autant de régularité que si j'étais l'aumônier ordinaire de la place.

Au retour de Glaz, je trouve tout arrangé à Neïssé pour que, dès le lendemain matin, je commence à y voir les 14,000 prisonniers. Des réunions successives s'organisent depuis huit heures, dans la grande et belle église des Jésuites, aujourd'hui attribuée au gymnase. C'est le 1er janvier, par un froid de 25 degrés. Ces généreux enfants m'arrivent transis, la barbe et les moustaches blanches comme celles des vieillards. Malgré cela, leur attitude à l'église est parfaite. Lorsque je descends de chaire, ils se pressent pour me serrer la main. Nous nous souhaitons la bonne année, sans oser trop regarder dans l'avenir ; et les premiers s'en vont pour faire place à la seconde escouade, qui bat la semelle à la porte, afin de ne pas tout à fait geler sur place. Et dans ce premier jour de l'année, 13,000 voix françaises s'étaient élevées vers la voûte de ce temple, 13,000 cœurs s'étaient réconfortés en entendant la parole du salut. Combien de vœux ardents déposés, en ce jour, au pied de l'autel de Dieu, pour les familles absentes !

Dix mois s'écouleront dans l'exercice de cet apostolat. Il me sera donné de suivre tout le littoral de la Baltique, des frontières de Hollande à celles de Russie, de Brême par Hambourg, Kiel, Lubeck, Stettin, Kolberg, Dantzig, Kœnigsberg, Pilau, jusqu'à Mémel ; de descendre des frontières maritimes de la Prusse orientale, à travers la Pologne et la Silésie, aux pays limitrophes de l'Autriche, et de parcourir les contrées centrales, depuis le Niémen jusqu'au Rhin.

O jours de la captivité, quels souvenirs émouvants vous laisserez dans mon âme ! Pendant que je suis les chemins de l'exil, la Providence y sème des fleurs, que je cueille avec reconnaissance ; et je les relève, et j'en fais une guirlande ; à chaque heure, elle s'allonge et s'embellit ; ses couleurs et ses parfums se diversifient sans cesse ; elle devient gracieuse et ondoyante à mesure que se prolonge mon pèlerinage.

Et vous, enfants de la France, qu'il m'a été donné de rencontrer sur la terre étrangère, si vous saviez combien m'est précieux votre souvenir ! Je vous ai trouvés bons, accueillants, empressés, attentifs, reconnaissants. Pour bien des bonheurs, je n'échangerais pas les semaines et les mois passés au milieu de vous. Que mes vœux vous accompagnent à votre retour dans vos foyers ! Qu'ils vous suivent jusqu'à l'éternité !

# XXXV

## TRISTES ÉCHOS DE LA PATRIE.

Dirai-je que, sur la terre étrangère, nos cœurs bondissaient vers la patrie, que nos yeux se tournaient vers elle, que nous vivions par la pensée bien plus en France qu'en Prusse, et que haletants entre le désir et la crainte, nous tâchions de suivre d'aussi près que possible les péripéties de l'affreuse tragédie dont tous les actes aboutissaient à des hécatombes sanglantes, à la chute de nos forteresses.

Avec quelle avidité, aux gares de chemins de fer comme dans les hôtels, chez les généraux commandant les provinces, au ministère de la guerre, auprès des ennemis comme des amis, nous recueillions l'écho des batailles !

Hélas ! il nous arrivait triste, désolé, presque désespéré.

Aussi longtemps que restèrent debout l'armée du maréchal de Mac-Mahon et celle du maréchal Bazaine, l'ennemi n'avait eu d'autre objectif que de les rencontrer, de les saisir, de les écraser. Une fois l'obstacle renversé, ses innombrables légions se répandent librement dans les départements du Nord-Est, assiégent les places fortes, pillent les villes ouvertes et les bombardent à la moindre apparence de résistance. Elles se précipitent vers Paris, qu'elles investissent, envahissent l'ouest et le centre, portent la désolation, le fer, le feu, la famine sur une vaste portion de notre territoire ; et nous captifs, nous comptons nos jours par le chiffre de nos désastres.

Je relis mes notes au fur et à mesure qu'arrivent les courriers ; c'est une suite de catastrophes émouvantes, d'où l'héroïsme français jaillit à tout instant, comme l'éclair au sein d'une nuit d'orage, mais l'éclair seulement, l'éclair sans le tonnerre vengeur. Soldats et citoyens acceptent généreusement le blocus, le bombardement, la famine, la peste, qui les décime plus encore que la mitraille, et finissent toujours par ouvrir leurs portes à l'ennemi : on se bat généreusement, on couche même quelquefois sur le champ de bataille, et puis il faut se résigner à la retraite.

Chaque mois, chaque semaine inscrivent sur leurs martyrologes une ou plusieurs capitulations.

Après Sedan, victime du désastre impérial, Laon ouvre tristement la marche funèbre. Ici, point de résistance. Les habitants épouvantés tiennent leur gouverneur en prison ; les rangs des mobiles s'éclaircissent à vue d'œil par la désertion ; le ministre télégraphie l'ordre d'ouvrir les portes. Le 9 septembre, tandis que les mobiles défilent en vaincus devant le duc de Meklembourg triomphant, et déposent lâchement à ses pieds les armes que leurs bras énervés n'ont pas eu le courage de porter pour l'honneur de la France, une effroyable explosion se produit: c'est la citadelle qui saute. Le prince allemand et le général français sont blessés à côté l'un de l'autre; en un clin d'œil, la ville et les campagnes épouvantées se voient jonchées de fragments humains qui semblent tomber du ciel. C'est pire qu'au lendemain d'une bataille : les corps ne gisent pas entiers sur la poussière; les uniformes français et germaniques s'entremêlent dans une hideuse bigarrure; ici, une jambe couverte d'un pantalon rouge, et puis un bras portant les couleurs prussiennes, une tête coiffée à l'allemande à côté d'un corps français. Ce n'est plus la mort qui fauche, c'est le génie de la destruction qui, haché, sépare, éparpille, jette aux quatre vents du ciel, avec un dédain suprême, les débris sanglants et hideusement confondus des vainqueurs et des vaincus.

Investi par la Garde Royale, dès le 16 août, Toul répond fièrement aux sommations, supporte les horreurs du bombardement, repousse l'attaque de vive force du 11 septembre avec une énergie qui lui vaut les acclamations de la France entière, mais finit par baisser tristement ses ponts le 23, livrant à l'ennemi deux mille cinq cents prisonniers, deux cents canons et trois mille fusils.

Hélas ! et cinq jours après, le 28 du même mois,

l'héroïque Strasbourg, la noble cité dont le pied, fièrement posé sur le Rhin, rendait ce fleuve tributaire de la France, Strasbourg décimé, brûlé par l'implacable armée badoise, ouvre toutes grandes à l'ennemi les portes de l'Alsace, et livre passage à des légions sans nombre qui, semblables aux flots qui se succèdent et se pressent, envahiront le territoire et le réduiront à l'état d'une plage ravagée, dénudée, jonchée de débris épars le lendemain de la tempête.

Après septembre, octobre nous amène quatre effondrements lamentables.

Attaqué dès le 9 du mois précédent, Soissons résiste trente-sept jours et succombe sous un bombardement de trois fois vingt-quatre heures.

Huit jours plus tard, Saint Quentin. D'abord, après une lutte de cinq heures, sa garde nationale et ses volontaires ont obligé les Allemands à la retraite. Mais le 22, vingt-cinq mille hommes reviennent à la charge. Cinq mille Mecklembourgeois ouvrent la canonnade et forcent la victoire à se déclarer pour eux.

Trois jours ne s'écouleront pas sans un malheur nouveau. La noble Alsace en sera le théâtre ; l'héroïsme ne manquera pas sur cette terre classique du patriotisme chrétien. Les femmes elles-mêmes s'y feront soldats ; mille d'entre elles chasseront les Prussiens de Rambervilliers, pendant que leurs maris tiendront au loin la campagne. Quarante-huit hommes seulement tiendront tête, durant quatre heures, à trois cents Germains devant Schlestadt, leur feront sept prisonniers, en forceront d'autres à mordre la poussière, mettront le reste en déroute, et rentreront vainqueurs avec deux hommes blessés seulement. Mais Dieu semble avoir décidé la ruine momentanée de la France : il permet à l'héroïsme de se manifester comme l'étincelle d'un feu qu'il ranimera plus tard, et puis il envoie la tempête et le tourbillon auquel rien ne résiste. Comme Strasbourg est tombé, l'Alsace entière succombera, et Schlestadt, après soixante jours de siége, deviendra possession allemande.

Au sein de la fumée des batailles et de la poudre en feu, glorieux sur des monceaux de débris, m'apparaît Châteaudun. Six cents francs-tireurs parisiens et trois cents gardes nationaux y attendent de pied ferme une horde de dix mille Allemands.

L'ennemi essayera vainement d'enlever les barricades : s'il n'a recours à l'artillerie, Français contre Allemands resteront facilement vainqueurs. Mais les projectiles incendiaires sont venus faire l'œuvre dont les hommes se montraient incapables. Cette poignée de Français comprend la nécessité de battre en retraite ; et cependant les héros, devant une défaite inévitable, auront le courage de tenir bon jusqu'à neuf heures du soir, pour donner à la population le temps de se mettre à l'abri. Alors seulement ils abandonneront aux Prussiens des maisons et des pierres.

Or, le mois ne sera pas terminé que, semblable

au coup de tonnerre qui frappe les hautes cîmes, découronne les montagnes, précipite les tours élevées, couvre la plaine de débris, sème partout l'épouvante, ébranle les plus fiers courages, jette la perturbation dans les masses les plus résistantes, ce cri de désespoir se fera entendre de l'est à l'ouest, du septentrion au rivage de l'Afrique : Metz a capitulé ! Trois maréchaux de France, deux généraux de corps d'armée, les chefs des armes spéciales, le génie et l'artillerie, à la tête d'une vaillante armée ont jeté leur épée aux pieds du vainqueur.

Mêmes désastres en novembre.

A Neufbrisac, dès le 9, cinq mille prisonniers et cent canons tombent, avec le fort Mortier et la ville entière, aux mains des assiégeants.

Inutile, à Verdun, de se montrer admirable, du premier au dernier jour de la lutte ; son heure viendra, l'heure de la tristesse et des angoisses. Dix mille Saxons l'ont investi, sept jours après la bataille de St.-Privat. Trois cents obus ont jeté le feu et la mort sur ses toits et dans ses rues. Le bombardement s'est prolongé sans fin ni trêve ; les jours de deuil ont succédé aux jours de deuil. Ni sa belle défense, ni ses heureuses sorties, ni son courage ne sauveront la ville : elle capitule. Disons-le bien haut cependant, elle capitule avec les honneurs de la guerre. Sa garnison sort enseignes déployées et musique en tête. Ses nobles officiers, ayant tous refusé de donner la parole qui leur interdirait une revanche, se constituent, jusqu'au dernier, prisonniers de guerre avec leurs soldats.

En même temps, la désolation arrive à son comble dans Thionville, qui gémit sous les horreurs du bombardement ; et la place, et deux cents pièces de canons, et quatre mille prisonniers deviennent la proie du vainqueur.

Enfin, le 27, la petite place de La Fère, bombardée elle aussi, livre soixante-dix pièces de canon avec mille prisonniers, et ferme la série des malheurs de novembre.

Décembre verra les capitulations de Phalsbourg et de Montmédy.

La première de ces places a vu la moitié de ses maisons consumée par un bombardement de onze heures, le 14 du mois d'août ; elle refuse les plus honorables capitulations jusqu'au 11 décembre ; mais, ce jour-là, si le courage n'a pas faibli, les forces ont manqué. Les Prussiens deviennent maîtres de cinquante-deux officiers, dix-huit cents soldats et soixante-cinq canons.

Le même jour, Montmédy livre trois mille de nos hommes, soixante cinq canons, et deux cent trente-sept Allemands jusque-là nos prisonniers, mais non sans les plus belles preuves de vaillance. Éconduits le 3 septembre, les parlementaires prussiens ont ramené, deux jours après, des hommes, des chevaux et surtout de l'artillerie. Ils ont recours au bombardement, ouvrent de nouvelles propositions, et, méprisés de nouveau, recourent aux bombes.

incendiaires. La place reste inébranlable. Sa garnison fait une sortie brillante ; elle tient jusqu'à l'heure où, ses cartouches et ses vivres épuisés, elle succombe après quatre jours d'un bombardement qui l'a réduite en cendres.

Le second soleil de l'année 1871 éclairera la chute de Mézières. Sa garde nationale avait donné une preuve de sa vaillance lorsqu'en novembre, elle fit une sortie, tua cinq cents hommes, prit un canon, se précipita sur les Prussiens, qui essayèrent en vain de jeter un pont sur la Meuse, et les contraignit à s'abriter, au loin, des canons de la place. Mais que peut la vaillance dans une place forte ? Le temps en triomphe toujours ; et, dans cette longue suite de siéges, les Prussiens avaient malheureusement le loisir d'attendre, derrière leurs tranchées, cet auxiliaire auquel ils se fiaient davantage, et pour cause, le temps.

Passons rapidement sur le douloureux souvenir de Péronne, qui se hâte d'ouvrir ses portes lorsque « ses défenses sont intactes et qu'une armée de « secours est à cinq ou six lieues, manœuvrant « pour la dégager. » (Rapport du général en chef.)

Voici Longwy, fièrement campé sur son rocher comme l'aigle dans son aire. Sa résistance ne sera pas longue, mais l'attaque furieuse, et la valeur française s'y montrera digne des meilleurs jours. Investie le 11, la forteresse répond au feu par le feu. Ses défenseurs démonteront une pièce de canon, dans une sortie heureuse. Le bombardement devenant plus intense et les souffrances excessives, elle tentera une seconde sortie. L'affaire est brillante pour nos armes. L'ennemi essaye vainement de pénétrer dans la place, à la suite de nos troupes, qui se replient ; ce n'est pas avec sa valeur qu'il triomphera de l'armée française. Corps à corps il n'est point redoutable à nos hommes : s'il les écrase, ce ne sera que par la force de ses machines. Le 23, ses projectiles de gros calibre allument un feu violent sur plusieurs points de la ville. Le lendemain, des fusées incendiaires s'abattent sur les monuments et les habitations. Toute résistance devient inutile. Longwy reste écrasé.

Saluons Belfort !

Investie, le 4 novembre 1870, la noble citadelle tient ferme jusqu'au 18 février 1871. Le siége dura cent quatre jours ; et pendant soixante-treize fois vingt-quatre heures, Belfort connaît les horreurs du bombardement.

Deux cents bouches à feu ont vomi contre lui quatre cent dix mille projectiles de toute forme, soit, en moyenne, cinq mille six cent seize projectiles par jour.

De ses dix-sept mille six cents combattants, un peu plus de cinq mille sont tombés victimes de leur courage.

La population civile a largement payé son tribut. Deux cent soixante-dix-huit persones ont succombé dans les trois mois du siége, tandis que la mortalité générale ne dépasse ordinairement pas deux cents décès par année.

Et cependant Belfort n'a pas capitulé !

Rien d'émouvant comme le journal de ce siége. Chaque soleil éclaire de nouveaux désastres ; chacune des nuits amène des épouvantements nouveaux.

Le 18 et le 19 décembre, la ville, les faubourgs, les forts de l'Est et du Sud subissent une pluie de fer. La plupart des maisons voient leurs murailles percées, leurs murs démolis. On circule avec peine dans les rues pleines de décombres. Un obus éclate dans une salle de l'hôpital militaire, coupe un infirmier en deux, tue un malade dans son lit, blesse un médecin et une sœur de charité.

Le 13 janvier, fondent sur le château des projectiles d'effrayantes dimensions, des obus de cinquante-cinq centimètres de long sur vingt-deux de diamètre. Leur poids est de soixante-dix kilogrammes, leur effet stupéfiant. Ils percent des voûtes de deux et trois mètres d'épaisseur. C'en est fait, nul abri ne reste sûr aujourd'hui à Belfort.

Un affreux malheur signale la journée du 20. Un projectile ennemi traverse la voûte d'une poudrière du château, fait éclater l'ouvrage et détermine l'explosion. Dix-neuf artilleurs sont blessés, presque tous mortellement ; d'autres ensevelis sous les décombres. Un lieutenant se précipite au secours et tombe foudroyé par un nouvel éclat. On relève les blessés ; six d'entre eux meurent avant d'arriver à l'hôpital. Le théâtre du sinistre est affreux : c'est un mélange de pierres, de lambeaux de vêtements, de fragments de projectiles, de débris humains, de tous les genres d'horreur.

Un autre jour, un obus tue un mobile sur la voûte de Danjoutin et en blesse quatre autres. Au faubourg, une femme a la jambe emportée ; huit soldats sont tués ou blessés. Au château, un projectile, enfilant la première voûte, a tué ou blessé six hommes ; au Fourneau, trois hommes tués et six blessés par un même projectile.

Un autre jour encore, à travers un épais blindage du château, dans une casemate, l'obus meurtrier tue trois hommes et blesse leurs camarades. Un second éclate sous la porte de Brisach, blesse quelques mobiles et un officier de place. Un troisième vient tuer ou blesser, dans une maison du Fourneau, sept soldats du 84e de ligne.

Lorsque de telles catastrophes se renouvellent ainsi pendant soixante-trois jours, dans une étroite enceinte, il faut, convenons-en, bien de la force d'âme pour continuer à dire : *Vaincre ou mourir pour la France!* Les habitants et la garnison de Belfort eurent ce courage. Pour eux cette parole : *Pas un pouce de terrain, pas une pierre de notre forteresse,* ne fut pas une parole d'avocat, mais une parole d'honneur. Ils la donnèrent, et ils surent la tenir.

Les familles riches continuaient à voir, sans se plaindre, s'effondrer leurs maisons si commodes et si aimées. Elles habitaient les sous-sols, où elles vivaient de privations généreusement acceptées. Les pauvres s'entassaient dans les caves des monuments publics. Quelques-uns avaient des fourneaux et des lits ; le plus grand nombre reposait sur la paille et se servait du feu des autres pour préparer ses aliments. La petite vérole sévissait dans ces lieux humides et malsains. Parfois une femme se sentait prise des douleurs de l'enfantement à côté d'un malheureux qui se mourait, et le grabat du moribond devenait la couchette du nouveau-né.

Aux hôpitaux, dans les ambulances, point de sécurité. Les obus d'un côté, les maladies épidémiques de l'autre, en font des lieux d'horreur. La fièvre typhoïde ajoute ses ravages à ceux de la petite vérole. Grand nombre de blessés succombent. L'air s'infecte. Les blessures les plus légères entraînent la mort. Les opérations chirurgicales n'ont pas de succès. Peu d'amputés survivent. De rares médecins pour beaucoup de malades, absence de sécurité sous les voûtes les plus épaisses, angoisses au bruit de chaque nouvelle explosion, air nécessairement vicié, impossible à renouveler dans des salles hermétiquement blindées, autant de circonstances qui modifient les conditions ordinaires, et changent l'hospice où l'on devrait guérir en une sorte d'antichambre de la mort.

L'horreur est telle que les prisonniers prussiens eux-mêmes n'ont pas le courage de la supporter. Un moment, on craignit une sédition parmi eux.

On s'efforçait vainement de les mettre à l'abri : leur alimentation était la même que celle des troupes ; on les traitait le moins mal possible ; mais comment leur assurer un peu de sécurité, lorsque la salle même où les chefs de la garnison se réunissaient, n'était pas à l'épreuve de la bombe ?

Pendant la nuit du 31 janvier, un obus de soixante-dix-huit kilogrammes tombe sur leur prison, en tue quatre, en mutile seize autres d'une manière effroyable. Les survivants réclament. Que faire ? La population n'est pas mieux protégée contre le tir de l'ennemi, les soldats encore moins. Si le général prussien avait permis de faire sortir les femmes et les enfants, on jouirait d'un peu plus de place ; mais il s'y est refusé. A qui la faute s'il y a de l'entasse-ment et une augmentation de danger ? Le 5 février, quatre prisonniers de guerre sont encore blessés dans la prison de la ville. Les autres s'irritent et s'exaspèrent. Les plus terribles menaces ont peine à les contenir. Le lendemain, leurs officiers écrivent ces mots au colonel gouverneur de la place : « Le maréchal Bazaine avait à Metz grand nombre de prisonniers allemands. Comme il ne pouvait les nourrir, il les rendit au prince Frédéric-Charles. Ici il ne s'agit pas de nourriture, mais d'un point tout aussi important, de la sécurité de notre existence. Si vous ne pouvez nous donner cette sécurité, soyez assez bon pour nous renvoyer à notre général. » Le gouverneur leur répond qu'il ne s'oppose point à leur départ, si leur chef veut permettre à quinze cents vieillards, femmes et enfants de sortir avec eux. La difficulté n'est pas de nourrir ces malheureux : les officiers prussiens reconnaissent eux-mêmes que les vivres ne manquent pas dans la place; il ne s'agit que d'humanité. Les officiers écrivent dans leur camp par un parlementaire, et reçoivent cette réponse du général de Treskow : « Je regrette de ne pouvoir consentir à votre demande. Vous étiez libres de vous laisser faire prisonnniers de guerre, ou non. Vous avez choisi le premier parti. Supportez-en les conséquences. » Si l'ennemi traitait de la sorte de braves officiers qui avaient été pris en essayant le plus audacieux coup de main de tout le siége et ne s'étaient rendus qu'à l'impossibilité de vaincre, que pouvait attendre le reste de la population ?

Dix-huit maisons ont disparu dans l'incendie. Les dégâts causés par le choc et l'explosion des projectiles sont énormes : presque toutes les toitures démolies et les murs ébréchés : certaines façades présentent des ouvertures béantes de plusieurs mètres. Les rues sont jonchées de tuiles et de débris. Plusieurs habitations menacent ruine. La circulation des voitures devient impossible : à peine si quelques piétons osent se hasarder à passer d'une rue à l'autre, tant le danger devient incessant. Faudra-t-il périr sous les ruines jusqu'au dernier? on se le demande, et tous répondent: Nous périrons, et la France gardera son dernier boulevard contre l'Allemagne !

Sur ces entrefaites, on apprend la capitulation de Paris, l'armistice accordée à toutes les armées belligérantes : on se croit sauvé. Mais non, Belfort est excepté ; les Prussiens refusent de lui faire quartier ; et voici que, pour prix de tant de sacrifices, cette héroïque garnison se trouve placée dans la plus extraordinaire des situations. Tout le monde dépose les armes ; elle seule reste chargée de l'honneur de la France.

Et le bombardement continue, et les soldats et les bourgeois de Belfort ont le courage de se laisser encore décimer plutôt que de se rendre.

Dieu cependant n'exige point l'immolation totale de la victime.

Un courrier du comte de Bismarck annonce la fin des souffrances. Belfort, il est vrai, passera entre les mains des Prussiens ; mais l'ennemi ne l'a pas pris, il n'a pas capitulé. Une convention diplomatique a réglé son sort.

Aussi la garnison évitera la honte de la captivité. Elle sortira de la place avec armes et bagages ; elle traversera la France jusqu'à Grenoble, la tête haute, acclamée et fêtée par les populations enthousiastes ; sa marche sera triomphale. Non-seulement elle a sauvé l'honneur, mais la place elle-même lui devra la conservation de sa nationalité si chère. L'aigle prussienne lâchera la proie qu'elle torture inutilement dans ses serres ; et aujourd'hui, seule de toutes les places fortes de l'Alsace, Belfort conserve le privilége exceptionnel de rester français.

Or, cette résistance de nos places fortes ne fut pas la seule que rencontra l'ennemi. La France, malgré ses armées captives, ne se résigna point à regarder, honteuse et triste, la chute successive de ses forteresses : elle essaya de se défendre en rase campagne.

Si la légende des volontaires de 92 était autre chose qu'une fable, s'il suffisait de levées en masse pour sauver un pays de l'invasion étrangère, certes nous eussions vu les Prussiens se replier vers les contrées où gémissaient nos captifs, ouvrir nos prisons et nous crier : Merci !

Dès le mois de septembre, lorsque nos deux armées régulières furent réduites à l'impuissance, quand l'armée de Sedan était prisonnière et celle de Metz tristement bloquée en attendant la capitulation et les prisons casematées, on vit surgir de toutes les parties du sol des centaines de milliers de combattants. Le peuple français fut généreux comme toujours. Une foule de gentilshommes que leur âge exemptait surabondamment du service, qu'une grande situation, une belle fortune, une famille aimée semblaient retenir au foyer de leurs châteaux, quittèrent leurs habitations somptueuses pour revêtir la blouse du mobile et prendre le fusil du soldat ; et leur intrépidité devant la mort força l'admiration de ceux-mêmes qui les haïssaient pour leurs opinions religieuses et monarchiques.

Il y eut deux armées de la Loire et une armée du Nord ; et si toutes les trois aboutirent à un échec, nous avons cependant le droit d'en être fiers : elles ont eu des défaillances, des insuccès trop faciles à prévoir, mais aussi des triomphes ; et presque toujours elles ont montré de quel dévouement restent capables nos populations françaises quand la patrie est en danger.

Honneur à cette première phalange de volontaires réunis à Orléans aussitôt après le désastre de Sedan ! Leur premier pas, il est vrai, fut chancelant ; engagés trop tôt, ces vingt-cinq mille hommes lâchèrent pied devant les quarante mille Prussiens du général Von der Thann ; mais quelle revanche, lorsque, après un mois de formation, ils remportèrent la brillante victoire de Coulmiers, chassèrent les Prussiens d'Orléans et firent trembler dans Versailles le roi Guillaume, le général de Moltke et le prince de Bismarck ! On assure que, durant plusieurs jours, les malles du roi et de son état-major furent bouclées, et que, devant la bravoure de nos volontaires, ils délibérèrent sérieusement sur la possibilité d'avoir à lever le siége de Paris.

Organisée en octobre et novembre, l'armée du Nord fit également de belles preuves : elle remporta des victoires, força les Allemands à la prendre au sérieux, et, malgré l'hiver, le manque de chaussures, de vêtements, et souvent de pain, tint l'armée prussienne en échec pendant quatre mois.

A son tour, l'armée de l'Est se livra à des efforts prodigieux, obtint des succès partiels d'une valeur incontestable, et ne se réfugia en Suisse que par la faute du gouvernement prétendu de la défense nationale.

Cette résistance de nos armées irritait les Prussiens. Souvent les officiers généraux avec lesquels je dus entrer en relations m'en parlèrent avec amertume. Ils avaient espéré qu'après Sedan et la chute de l'Empire, après le piége où leur diplomatie menteuse avait entraîné l'infortuné maréchal Bazaine, quelques jours suffiraient à nous faire tomber à genoux, les mains tendues pour recevoir des chaînes ; et le cinquième mois s'écoulait pendant lequel, grâce à l'énergie de nos soldats improvisés, nous restions encore debout. Ils ne pouvaient nous pardonner cette affirmation sublime du patriotisme vivant au cœur de la nation, qui prolongeait leurs souffrances et leur imposait des sacrifices toujours nouveaux.

Ah ! si l'héroïsme avait suffi au salut de la France, la France aurait été sauvée.

Mais ne parlons point de salut. L'heure de la miséricorde n'est pas encore sonnée : nous sommes à celle du châtiment. La chute de notre capitale, une honteuse et dernière capitulation vont mettre le sceau à notre ignominie. La mesure est comble ; la coupe va déborder ; l'orage gronde plus fort que jamais ; le grand coup de tonnerre éclate : Paris a capitulé !

Une paix déshonorante nous imposera la cession de l'Alsace et de la Lorraine ; nous paierons cinq milliards au vainqueur ; la France, blessée, meurtrie, étendue dans le sang, poussera un immense cri de douleur. Les nations de l'univers entendront ses plaintes, l'œil sec et le cœur froid ; nulle ne lui tendra la main. Elle restera seule, seule, sans amis, sans alliés, abandonnée par tous, seule, au milieu des ruines, pleurant ses enfants qui ne sont plus, son sceptre brisé, sa couronne de gloire foulée aux pieds. Lorsque ses soldats prisonniers lui seront rendus, à peine cette royale agonisante trouvera-t-elle la force de les étreindre sur son cœur.

# ÉPILOGUE

---

Et maintenant le désespoir sera-t-il notre partage?

Dirons-nous avec les âmes pusillanimes : C'en est fait de la vieille race des Francs ; son astre pâlit ; ses yeux s'éteignent ; un nouveau soleil se lève sur le monde : à l'aigle prussienne l'honneur et la prépondérance.

Hommes de peu de foi, écoutez la réponse de la Prusse. « Si j'avais l'honneur d'être roi de « France, écrivait le Grand Frédéric, je ne permet- « trais pas qu'un seul coup de canon fût tiré en « Europe sans ma permission. »

Non ; « Je ne veux ni ne puis croire que j'écrive « sur le tombeau de ma patrie. »

I

Si nous avons été vaincus, la cause n'en est point dans la prétendue supériorité des races germaniques sur la nôtre ; c'est que nous n'avons pas voulu faire ce qu'il fallait pour vaincre.

Ne nous sommes-nous pas laissé surprendre
sans défense, sans vivres, sans armes, sans munitions, sans un nombre suffisant de soldats, sans
plan d'attaque ni de résistance, tandis que nous
avions le temps et le moyen de nous prémunir?
Depuis longtemps, le tonnerre ne grondait-il pas
dans les sombres profondeurs de l'Allemagne, et de
ce que ses roulements sinistres ne nous arrivaient
qu'à demi assourdis par la distance, devions-nous
moins y reconnaître les signes précurseurs de la
tempête? Mais, insensés que nous fûmes, nous re-
fusâmes d'entendre; et, lorsque Thor se dressait
dans son tombeau légendaire, quand le vieux sang
germanique entrait en ébullition, nous prodiguions
notre or à bâtir un opéra; nous consumions nos
jours à préparer une exposition universelle, ou,
bien à faire des plébiscites menteurs dont l'avenir
devait révéler le ridicule à courte échéance; et
nous offrions des festins au roi Guillaume, qui, pour
sa part, exposait insolemment, parmi nos fleurs et
nos diamants, le canon fondu pour nous mitrailler.

Or, pendant que les riches dansaient et que le
peuple dépensait ses économies au café chantant,
l'Allemagne travaillait; et, quand elle fut prête,
elle vint, en armes, aux frontières, nous demander
sa revanche.

Alors, désarmés en face de l'ennemi, les rois de
la révolution eurent peur; ils ne surent même pas
mourir. Et, comme leurs tréteaux s'ébranlaient
sous leurs pieds avec un craquement inouï dans

notre vie de quinze siècles, ils se hâtèrent d'en descendre ; et, traînant leurs manteaux de pourpre dans les boues de Sedan, ils coururent demander à nos vainqueurs la grâce de prolonger chez eux une existence voluptueuse qui leur devenait impossible en France. En vain, nos généreux soldats avaient-ils couru aux frontières avec cette ardeur qui s'impose à notre admiration malgré leur défaite ; livrés par leurs propres chefs, ils furent traînés en captivité jusqu'aux bords de la Baltique et du Niémen ; et Tilsitt, Eylau, Friedland, Austerlitz et Iéna, témoins des triomphes incomparables des Français, virent ces mêmes Français meurtris, humiliés, leur demander en aumône le pain si amer des prisonniers.

Telle est, sans contredit, la cause première de nos désastres.

Il y en eut, hélas ! une seconde ; et la voici : le patriotisme nous a manqué.

Au bruit de la catastrophe où s'effondra l'Empire, et dont les échos, répétés d'un pôle à l'autre, frappèrent le monde de stupeur, à l'immense cri de douleur de nos soldats hachés, broyés par le fer et la mitraille, précipités dans les fossés de la place de Sedan, écrasés par une pluie de fonte incandescente, le vieux patriotisme français eût armé tous les bras. Les femmes elles-mêmes, avec des fourches et des tisons, si les armes eussent manqué, auraient couru sus à l'envahisseur ; les fils des Francs se fussent rués sur lui avec la célèbre furie française ;

ils l'eussent rejeté dans les profondeurs de la Baltique, eussent fouetté les aigles prussiennes sur les bords mêmes de la Sprée ; et, plus que jamais, les bords du Rhin fussent devenus frontière française.

Mais en 1870, le peuple, qu'on abusait avec des phrases sur 92, et qu'on grisait en lui faisant chantèr la *Marseillaise* entre deux verres d'absinthe, le peuple, surpris au milieu d'une orgie, chercha vainement dans son cœur le courage de la résistance : il n'y trouva que la rage contre ceux qui l'avaient égaré. L'honneur lui criait : Aux armes ! — Il se baissa pour ramasser des pavés et faire l'émeute du 4 septembre.

Chose étrange ! Crime abominable ! c'est un Prussien lui-même qui nous le signale avec dégoût :
« Le jour où Paris connut la capitulation de Sedan,
« il fut livré par l'émeute à un certain nombre
« d'avocats beaux parleurs qui, sous prétexte de
« patriotisme, de défense à outrance, ne travail-
« lèrent qu'à une chose, imposer la République à
« la France, lors même qu'elle n'en voulait pas. »

Que venait faire la République en pareil moment ? C'était : Vive la France ! qu'il fallait crier. La patrie agonisait gisante aux pieds du cheval prussien, qui la frappait de son sabot, et ces avocats avaient le triste courage de détourner les yeux des fils de dessus leur mère ensanglantée, et de crier : Périsse la France plutôt que la République !

Paris donnait l'exemple de la félonie ; à son tour, la province se révolta.

Dès lors, que pouvions-nous opposer à l'invasion allemande, autre chose que la faiblesse ?

Quelle force, en effet, se trouvera jamais parmi trente-huit millions de Français divisés ? Supposez-leur une valeur personnelle incontestable, ressembleront-ils à autre chose qu'aux trente-huit millions de blocs de granit d'un monument renversé ? Unis entre eux, ces blocs formaient un édifice puissant ; c'était Baalbeck, c'était Palmyre. Dispersés par la foudre et la main brutale des mécréants, ce ne sont plus que les épaves d'une grande ruine.

Au lieu de la France armée, les Allemands rencontrèrent des groupes épars de radicaux, de socialistes, de républicains incapables de produire un chef, et qui se voyaient réduits à prier à genoux Garibaldi de les commander ; ils poussèrent du pied ces bandes de partisans et vinrent à Paris sans effort ; et, quand ils furent devant Paris, ils attendirent, l'arme au bras, que la révolution y fît son œuvre, paralysât l'énergie des bons, et leur ouvrît enfin les portes qu'ils n'eussent jamais forcées.

Alors, pendant que la France, désarmée, appelait à grands cris ses enfants captifs, ou pleurait ses fils tristement fauchés par la mort dans la fleur de la jeunesse, les races teutoniques accoururent à un facile triomphe. Groupées des sommets de la forêt Noire aux bords du Rhin, comme sur les gradins d'un vaste amphithéâtre, elles virent leurs rois et leurs princes reconstituer le vieil Empire d'Allemagne sur les débris de notre ancienne gloire, et décerner à l'un d'eux la couronne impériale dans le palais de Louis XIV honteusement déserté par celui qui avait promis de faire mieux que les anciens rois.

Où donc, parmi ces tristes choses, voyez-vous se révéler la supériorité des races germaniques, dont on cherche à nous effrayer ?


## II


Sachons réparer nos torts, et la prépondérance nous reviendra promptement.

Après tout, le triste héritage du second Empire est-il plus difficile à liquider que celui du premier?

En 1815, plus d'argent ni d'hommes ; caisses de l'État épuisées ; soldats tués sur les champs de bataille, ou bien ensevelis sous les neiges de la Russie ; l'Europe entière foulant notre territoire pour la seconde fois ; les rois et les empereurs siégeant à Paris comme sur leur propre trône ; qu'a-t-il fallu pour nous relever ? Quelques années d'une administration intègre.

Nous devions des sommes considérables ; et, cependant, au lieu d'élever les impôts, on dégreva le peuple ; jamais il ne paya moins depuis cent ans : et les dettes n'en furent pas moins acquittées, tant sont grandes les ressources de la France !

Plus de jeunesse ! Comment fournir à la conscription ? L'armée se reconstitua néanmoins. Cinq ans après, elle mettait son épée dans la balance de la justice européenne en faveur de la Grèce. La quinzième année, une puissance dont Charles-Quint et Louis XIV n'avaient pu triompher, Alger, dont les pirates maintenaient l'Europe honteusement tributaire, Alger se permit d'insulter la France. Charles X fit signe à sa nouvelle armée; en quelques semaines, Alger devint possession française.

Puisque nous avons pu nous relever après Waterloo, pourquoi pas après Sedan ?

Aujourd'hui, si le trésor est épuisé, ce n'est que la moitié du mal ; la jeunesse nous reste, et nos jeunes gens valent mieux que tous les trésors. Après avoir mangé le pain de l'exil, ils nous reviennent retrempés dans les dures épreuves de la captivité, plus ardents pour la patrie, plus dévoués, plus généreux que jamais.

III

Avant toutes choses, rétablissons l'ordre intérieur en rompant une bonne fois avec la Révolution ; et nous serons forts.

Oh ! que la France est puissante, lorsque ses enfants sont unis sous un sceptre incontesté.

Rappelez-vous l'année 1356 et la bataille de Poitiers.

Par le traité de Brétigny, Édouard III d'Angleterre, déjà puissant en Guyenne et en Gascogne, acquérait le Poitou, la Saintonge, l'Agénois, le Périgord, le Limousin, le Quercy, Tarbes et ses dépendances, le comté de Gaure, l'Angoumois, le Rouergue, le comté de Ponthieu, Calais, les fiefs de Thouars et de Belleville, les seigneuries de March, Sangate, Coulogne, le comté de Guines, les îles dépendantes des provinces cédées ; il recevait l'hommage des seigneurs de Foix, d'Armagnac, de l'Isle, de Limoges..... Villes et provinces lui étaient abandonnées en toute souveraineté, et il devait les posséder à perpétuité, au même titre que le Roi de France les avait tenues. De plus, on lui payait trois millions d'écus d'or pour la rançon du Roi.

Certes, ce traité fut autrement désastreux que celui de Francfort.

Et cependant, à l'exception de Calais, le fier Édouard III vit toutes ses conquêtes lui échapper ; et, dans ses derniers jours, celui qui avait dicté la paix de Brétigny s'estimait trop heureux d'obtenir du Roi de France quelques trêves courtes et précaires.

C'est qu'au lieu de profiter de l'épuisement de la patrie pour faire le 4 septembre ou la Commune, les vieux Français cherchaient la force dans l'union au pied du trône. Pour eux, l'autorité restait sacrée, même dans le malheur, à tel point que le comte de Flandre, introduit à Calais, devant Edouard d'Angleterre vainqueur et le Roi de France vaincu, s'inclinait seulement en présence du vainqueur et s'agenouillait aux pieds du roi vaincu. Alors, en face de la patrie agonisante, on ne criait pas : Vive la République ! on s'écriait : Vive la France ! — Et on se levait animé de la puissance que donnent l'amour et le désespoir ; et on courait à la victoire.

IV

Renonçons à cette prétendue grandeur qui consisterait à faire gronder nos canons dans le monde entier pour satisfaire l'amour-propre national, et qui nous a mérité trois invasions, des frais de guerre écrasants et le morcellement du territoire français.

Comprenons que ces guerres nous appauvrissent, qu'elles nous mènent à l'esclavage, et qu'elles nous rendent odieux aux nations plus qu'elles ne nous valent de gloire.

Comptez ce que les dernières guerres seulement ont coûté à l'Europe en argent et en hommes ! Comptez et réfléchissez.

Crimée, huit milliards cinq cents millions. — Italie, un milliard cinq cents millions. — Schlesswig-

Holstein, cent quatre-vingts millions. — Amérique du nord, vingt-trois milliards cinq cents millions. — Amérique du sud, onze milliards cinq cents millions. — Guerre de 1866, un milliard cinq cents millions. — Guerres lointaines, un milliard six cent cinquante millions. Total, quarante-sept milliards trois cent trente millions.

Et si, des pertes financières, nous passons à la mort des hommes, quel effroyable résultat ?

De 1792 à 1815, la guerre a tué cinq millions trois cent cinquante mille hommes.

De 1815 à 1864, le chiffre des hommes perdus dans les guerres européennes s'élève à deux millions sept cent soixante-deux mille.

A mesure que nous nous rapprochons des dernières années, la proportion augmente. Depuis 1854, le monde a perdu: en Crimée, sept cent quatre-vingt-quatre mille neuf cent quatre-vingt-onze combattants ; en Italie, quarante-cinq mille ; dans le Schlesswig-Holstein, trois mille cinq cents ; dans l'Amérique du nord, deux cent quatre-vingt-un mille; dans l'Amérique du sud, cinq cent dix-neuf mille ; dans la guerre de 1860, quarante cinq mille; dans les expéditions lointaines, soixante-cinq mille. Et la guerre actuelle, quelle moisson d'hommes n'a-t-elle pas faite ?

Mais non-seulement les guerres nous ruinent, elles sont, de plus, un instrument de despotisme entre les mains de nos élus du suffrage universel. Les hommes d'État du premier et du second Empire qui nous y poussaient savaient bien ce qu'ils faisaient. Sentant s'échapper de leurs mains un pouvoir usurpé, ils nous enivraient par les séductions de la gloire, et, pendant que nous suivions haletants les péripéties des combats, ils confisquaient une à une toutes nos libertés. D'ailleurs, ce n'est pas d'aujourd'hui que les grandes saignées périodiques sur le champ de bataille furent le remède souverain des despotes contre la liberté; en tout temps, les mêmes causes produisirent les mêmes effets. Les nécessités de la guerre exigent forcément l'extension du pouvoir civil ; elles condensent avec énergie toute action publique dans ses mains ; et le pays, sans s'en apercevoir, prend l'habitude d'obéir sans examen. Avec cette parole : La patrie est en danger, — on grève le peuple d'impôts ; on lui met un sac sur les épaules, un fusil au bras; et, sans se douter qu'il est la victime d'un infâme despote qui l'envoie à la boucherie pour n'en avoir plus rien à craindre, dans sa bonne foi, il salue le tyran ; et, semblable aux gladiateurs anciens, il lui adresse cette parole décevante : César, ceux qui vont mourir vous saluent !

Que de fois, depuis le commencement de ce siècle, n'a-t-on pas fait acclamer la guerre par le peuple français, au nom de la liberté! Mais l'aigle, revenant de ses charniers, lui a-t-il jamais apporté cette liberté si fastueusement promise? L'oiseau rentrait avec toute autre chose au bec et dans les serres.

Enfin la manie de la guerre amoncelle contre

nous des trésors de haine, et fait du monde entier notre ennemi. Rappelez-vous seulement les guerres du second Empire. Nous avions aidé l'Angleterre et la Turquie à refouler l'ambition moscovite, et l'Italie à se débarrasser des Autrichiens ; nous avions combattu en Chine ; nous avions fait voile vers le Mexique avec l'Espagne, et nous avions essayé d'élever dans ce Mexique un second trône à la famille impériale d'Autriche ; quelle reconnaissance nous témoignèrent les peuples avec lesquels et pour lesquels nous avions combattu ? Pas un ne daigna nous tendre la main au jour du malheur.

Non, plus de guerres, sauf les cas de légitime défense. Cessons de nous faire les ravageurs des peuples à la façon d'Attila. N'est-ce pas une triste gloire à envier que celle du fléau de Dieu ?

## V

Abandonnons l'épée qui tue, pour porter bien haut la croix qui sauve, et nous serons les premiers entre les peuples.

Eclairer, élever, sauver les nations par la croix, telle est, en effet, la mission séculaire de notre belle patrie ; tous en conviennent.

« Grande nation que la France, s'écriait, il y a peu de jours encore, un publiciste espagnol, grande nation destinée par la Providence à remplir les pages les plus glorieuses des annales de la famille humaine ! Rameau vraiment illustre du tronc de Japhet, visiblement marqué par la main du Très-Haut pour ouvrir et laisser de profondes traces en la voie laborieuse de ce mouvement continuel que nous appelons la civilisation.

« La France eut l'honneur d'être le foyer de cette merveilleuse ethnarchie connue pendant près de douze siècles sous le beau nom de chrétienté.

« Un roi franc, Clovis, fut le premier prince catholique de l'Europe occidentale, et la France fut le premier État chrétien du continent européen. Un roi des Francs fut le premier chef de cet empire d'Occident qui érigea les nations modernes en fiefs de la souveraineté sociale de Jésus-Christ, et qui, non sans avoir à combattre des rébellions plus ou moins redoutables contre la puissance spirituelle chargée d'exercer visiblement cette souveraineté, eut mission de constituer politiquement l'unité religieuse.....

« Un autre roi des Francs arrêta d'un seul coup l'invasion de l'islamisme....

« Lorsque, suscitant cette merveille des âges chrétiens, appelée le XIII<sup>e</sup> siècle, la divine Providence voulut donner au monde une preuve splendide du pouvoir de la vérité, la France fut le théâtre principal où la civilisation, instruite par l'Église, déploya ses plus vives splendeurs. En ce pays eut lieu l'admirable mouvement de foi qui produisit la grandiose épopée des Croisades. En ce pays, la science catholique étonna l'univers par la synthèse du savoir humain condensée dans la Somme théologique de saint Thomas, et par les docteurs catholiques qui précédèrent et suivirent cette lumière de l'Église. En ce pays, se produisit la rapide multiplication de ces moines d'Occident qui furent comme la grande armée du catholicisme lors de la bataille livrée au paganisme, malicieusement caché dans les spéculations de certaines écoles philosophiques et dans certaines coutumes populaires. En ce pays enfin, se trouva le point central d'où s'élança la foi de Jésus-Christ vers les peuples Saxons et autres, qui n'avaient pas encore participé au banquet de la civilisation chrétienne.

« Dès cette époque et presque perpétuellement, la France a été comme la douane par où ont passé, dans un mouvement continuel d'importation et d'exportation, tous les fruits de cette élaboration intellectuelle et morale, spéculative et pratique, philosophique et politique, éprouvée sans solution de continuité par l'Europe, et qui devait s'étendre ensuite à toutes les régions habitables.

« C'est la France qui a donné le signal du mouvement scientifique et littéraire de l'Europe. Elle a développé, après en avoir pris l'initiative, cette science et cette littérature catholiques qui disputent aujourd'hui l'empire à la propagande rationaliste dans le domaine des intelligences. »

Telle fut la France, la grande civilisatrice des nations.

Ah ! ne renonçons point à son rôle glorieux.

Aujourd'hui comme autrefois, s'ouvre un vaste champ à notre activité, à notre besoin de propagande.

A nos portes se trouve l'Algérie, ce magnifique héritage, à nous laissé par le vieux roi Charles X, au moment où il prenait le chemin de l'exil. Après l'avoir soumise par les armes, gagnons-la à la civilisation chrétienne. D'un peuple de barbares, faisons un peuple de saints.

Et ne bornons pas notre apostolat à cette parcelle de terre, si précieuse qu'elle soit.

Déjà nos prêtres et nos religieuses sont répandus sur le globe entier. Les Montagnes Rocheuses les ont vus aussi bien que le pays des Patagons ; ils sont au pôle Nord et au Dahomey ; ils ont franchi la muraille chinoise et sont remontés jusqu'aux dernières limites du Thibet ; Madagascar a fini par leur accorder le droit de cité ; et le Japon étonné les retrouve sur ses rivages après de longues années d'exil. Ce qu'ont fait nos prêtres, nos vaisseaux ne l'essayeront-ils pas ? S'ils allaient couvrir de leur pavillon protecteur les nouvelles conquêtes de l'Évangile ; si partout où le missionnaire catholique plante une croix, le marin français accourait pour dire : Où est la croix, là aussi se trouve la

France ! — Croyez-vous que l'empire moral du monde ne serait pas bientôt à nous ?

Quelle gloire la France n'avait-elle pas aux pays du Levant lorsque, suivant la politique des grands siècles, elle se déclarait ouvertement la protectrice des chrétiens dans les États du Grand-Seigneur ? Forte et puissante, elle sillonnait la Méditerranée. Son drapeau était synonyme de civilisation et de christianisme. Tous les peuples, pour arriver à Constantinople et stationner aux Échelles du Levant, devaient se couvrir de ce pavillon glorieux. Chrétien et Français passaient pour une même chose. Le catholique obscur de la Perse et de la Mésopotamie, sous le coup d'une persécution, tournait ses regards vers le pays protecteur et disait à l'infidèle qui le menaçait d'une injustice : Je le ferai savoir à nos rois ; et ils me viendront en aide. — Or, ces rois étaient les rois de France.

Ce que la politique inqualifiable d'un ministre protestant nous a fait abandonner en Orient, pourquoi ne pas l'entreprendre dans le monde entier ? La Russie tâche d'exercer une prépondérance au nom du schisme ; l'Angleterre au nom de l'hérésie ; la France a la belle part. Qu'elle parle au nom de la vérité catholique ! Qu'elle s'élance à travers le monde, non plus pour y porter le glaive qui tue, mais la croix qui sauve ! Qu'elle dise à toutes les nations : Je suis votre salut ! Que le Chinois, que l'Indien, le Malgache, brûlant leurs idoles, puissent s'encourager par cette pensée :

Au delà des mers, une Providence visible a l'œil sur moi et me couvrira de son ombre contre les persécuteurs. — Que l'Arabe cesse de voir en nous des conquérants ; qu'il trouve à se réchauffer près de nos cœurs d'apôtres, et sente, dans la main que nous lui tendons, celle d'un bienfaiteur et d'un ami. Qu'au delà même du Canada, où le nom de la France fut si populaire, le triste habitant des extrêmes régions septentrionales reçoive une émanation chaleureuse du cœur de la France. Que partout où on prononce le nom de Jésus-Christ, on bénisse également celui de la fille aînée de l'Église. Alors la France retrouvera cette prépondérance qui la fit surnommer l'épée de Dieu, non pas l'épée qui tue, — Dieu ne tue pas ; il a créé l'homme immortel ; le péché seul est l'auteur de la mort ; — mais l'épée de Dieu contre la barbarie, l'épée de Dieu pour percer et dissiper les ténèbres chez les nations assises à l'ombre de la mort, l'épée de Dieu qui ouvre les grandes voies de la civilisation chrétienne à travers le monde.


## VI


Et qu'on ne dise pas : Le mal est trop grand pour être si vite réparé. Nous mourrons avant de l'avoir conjuré. La postérité seule en jouira.

« Dans nos temps de renversement, vous répond

M. de Maistre, savez-vous ce que c'est que la postérité ? — C'est demain. »


## VII


O Dieu de Clotilde, s'écriait Clovis, le fondateur de notre monarchie chrétienne, ô Dieu de Clotilde, si tu me donnes la victoire, je suis à toi pour toujours ! — Et le Dieu de Clotilde assura la victoire de Tolbiac ; et le fier Sicambre inclina la tête ; et Rémy, le saint de Dieu, versa l'eau du baptême sur ce front victorieux ; et la France devint « le plus beau royaume après celui du ciel. »

O Dieu de Clotilde, ô Dieu de Clovis, m'écrierai-je en terminant cette douloureuse histoire, ô Dieu de Charlemagne, ô Dieu de Saint Louis, oublierez-vous votre Fille aînée ? Elle est humiliée, elle souffre, elle est mourante. Elle a péché, c'est vrai ; mais elle croit en vous ; elle croit en Dieu le Père, en Dieu le Fils, en Dieu le Saint-Esprit ; elle croit, et elle espère ! Ses passions affolées ont pu l'entraîner vers l'erreur, mais jamais elle n'a connu le schisme ni l'hérésie. La foi qu'elle a reçue des apôtres, elle la conserve aujourd'hui comme toujours, pure, intacte, sans mélange d'aucune sorte.

O Dieu, vous ne perdrez pas la France. Vous accueillerez cette Fille aînée, qui se repent, qui pleure et vous implore.

O Dieu, sauvez la France !

# APPENDICES

---

APPENDICE N° 1.

## ÉPHÉMÉRIDES DE LA GUERRE

---

LISTE CHRONOLOGIQUE DES BATAILLES ET COMBATS PRINCIPAUX
LIVRÉS PENDANT LA GUERRE DE 1870-1871.

## 1870

2 août. Affaire de Sarrebrück ou de *Saint-Jean* (1).

4 août. Combat de Wissembourg.

6 août. Bataille de Reichshofen, de Frœschwiller ou de *Wœrth*.

— Bataille de Forbach ou de *Spickeren*.

9 août. Occupation du fort de la Petite-Pierre.

14 août. Bataille de Borny ou de *Pange,* ou de *Courcelles*.

16 août. Bataille de Rezonville ou de Gravelotte, de *Vionville* ou de *Mars-la-Tour*.

— Combat de Toul.

— Combat de Rugen, entre l'escadre française et quelques canonnières prussiennes.

18 août. Bataille de Saint-Privat, d'Amanvillers ou de *Gravelotte*.

23 août. Capitulation de Toul.

25 août. Reddition de Vitry-le-Français.

(1) On a mis en italique les noms adoptés par les Prussiens.

26 août. Affaires de Rupigny et de Malroy (Metz).

27-28 août. Combats de Buzancy (armée de Sedan).

29 août. Combat de Nouart (*id.*).

30 août. Combat de Stonne (*id.*).

— Combat de Beaumont à Mouzon (*id.*).

31 août. Combat de Bazeilles (*id.*).

31 août-1er septembre. Bataille de Noisseville ou de
Servigny (Metz).

1er septembre. Bataille de Sedan.

2 septembre. Capitulation de Sedan.

9 septembre. Capitulation de Laon.

17 septembre. Combat de Créteil (Paris).

19 septembre. Combat de Châtillon (*id.*).

23 septembre. Combat de Villejuif (*id.*).

— Capitulation de Toul.

27 septembre. Combat de Peltre (Metz).

30 septembre. Combat de Thiais, l'Hay et Chevilly (Paris).

2 octobre. Combat de Ladonchamp ou Saint-Remy (Metz).

4 octobre. Combat de Champenay (Est).

— Combat d'Épernon (Paris).

5 octobre. Combats de Raon-l'Étape et de Saint-Dié (Est).

— Combat de Pacy (Nord).

— Combat de Rambouillet (Paris).

— Combat de Toury (Loire).

6 octobre. Combat de Nompatelize et de Saint-Rémy (Est).

7 octobre. Combat des Tapes ou de Saint-Rémy, ou de
Woippy (Metz).

8 et 9 octobre. Affaire et incendie d'Ablis.

10-11 octobre. Combat d'Artenay (Loire).

10 octobre. Combat de Chérisy (Normandie).

11 octobre. Combat de Chevilly (Loire).

12 octobre. Combat d'Épinal (Est).

13 octobre. Combat de Bagneux et de Châtillon (Paris).

— Bombardement et occupation d'Orléans.

16 octobre. Capitulation de Soissons.

18 octobre. Combat et incendie de Châteaudun.

21 octobre. Combat de la Malmaison et de la Jonchère (Paris).

22 octobre. Combats d'Étuze et de Cussey ou de *Rioz* (Est).

25 octobre. Capitulation de Schelestadt.

27 octobre. Capitulation de Metz.

28 octobre. Combat du Bourget (Paris).

30 octobre. Reprise du Bourget par les Prussiens.

31 octobre. Combat de Saint-Apollinaire (Est).

2 novembre. Combat de Roppe (Béfort).

7 novembre. Combat de Saint-Laurent-des-Bois (Loire).

— Capitulation du fort Mortier.

8 novembre. Capitulation de Verdun.

9 novembre. Bataille de Coulmiers (Loire).

10 novembre. Capitulation de Neuf-Brisach.

17 novembre. Combat de Dreux (Loire).

19 novembre. Combat de Châtillon-sur-Seine (Est).

21 novembre. Combat de Bretoncelles (Loire).

— Combat de Nogent-le-Rotrou (*id.*).

22 novembre. Combat de Bèlesme (*id.*).

24 novembre. Combat de Ladon (*id.*).

— Capitulation de Thionville.

26 novembre. Combat de Fréteval (Loire).

— Capitulation de La Fère.

27 novembre. Bataille d'Amiens ou de Villers-Bretonneux (Nord).

— Combat de Pasques et de Lantenay (Est).

28 novembre. Bataille de Beaune-la-Rolande (Loire).

— Combats de Maizières et de Juranville (*id.*).

29 novembre. Combat d'Épinay (Paris).

— Combat de l'Hay (*id.*).

— Combat d'Étrépagny (Nord).

30 novembre. Combat de Montmesly (Paris).

— Première journée de la bataille de Champigny (*id.*).

— Combats de Choisy-le-Roi et de la Gare-aux-Bœufs (*id.*).

—          Occupation de la citadelle d'Amiens (Nord).

1er décembre. Combat de Villepion (Loire).

—          Combat d'Autun (Est).

2 décembre. Seconde journée de la bataille de Champigny (Paris).

—          Bataille de Loigny (Loire).

3 décembre. Combats d'Artenay et de Chevilly (Loire).

—          Combats de Chilleurs-aux-Bois et de la Neuville-au-Bois (*id.*).

—          Combat de Châteauneuf (Est).

4 décembre. Combats d'Artenay, de Chevilly et de Cercottes (Loire).

—          Combat de la Neuville-au-Bois (*id.*).

—          Combat de Buchy (Nord).

7 décembre. Combats de Salbris et de Nouan-le-Fuzelier (Loire).

—          Combat de Nevoy (*id.*).

—          Combat de Fréteval (*id.*).

7-11 décembre. Bataille de Villorceau ou de Josnes (*id.*).

9 décembre. Combat de Chambord (*id.*).

10 décembre. La garnison prussienne du château de Ham capitule (Nord).

12 décembre. Capitulation de Phalsbourg.

13 décembre. Capitulation de Montmédy.

—          Combat de Morée (Loire).

14 décembre. Combat de Fréteval (*id.*).

15 décembre. Bataille de Vendôme (*id.*).

18 décembre. Bataille de Nuits (Est).

20 décembre. Combat de Pérouse (Béfort).

21 décembre. Combats du Bourget et de la Ville-Evrard (Paris).

23 décembre. Bataille de Pont-Noyelles ou de l'Hallue (Nord).

26 décembre. Combat des Perches (Béfort).

27 décembre. Combat de Montoire (Loire).

30 décembre. Combats de la Bouille et des Moulineaux (Nord).

31 décembre. Combat de Courtalin (Loire).

## 1871

2 janvier. Combat de Sapignies (Nord).

— Capitulation de Mézières.

3 janvier. Bataille de Bapaume (Nord).

4 janvier. Combats de Bourgachard, de Bourgtheroulde et de Château-Robert (*id.*).

9 janvier. Bataille de Villersexel et combat de Moimay (Est).

9-10-11 janvier. Combat de Conneré (Loire).

10-11 janvier. Bataille du Mans (*id* ).

12 janvier. Combat de Clamart et de Châtillon (Paris).

— Combat d'Arcey (Est).

13 janvier. Combat de Montbéliard (*id.*).

15 janvier. Combat d'Alençon (Loire).

— Combat de Sillé-le-Guillaume (*id.*).

— Combat de Saint-Jean-sur-Evre (*id.*).

15-16-17 janvier. Bataille d'Héricourt (Est).

18 janvier. Combat de Vermand (Nord).

19 janvier. Bataille de Saint-Quentin (*id.*).

— Bataille de Buzenval et de Montretout (Paris).

20-24 janvier. Combats devant Dijon, à Talant, Fontaine-lez-Dijon, Pouilly (Est).

21 janvier. Combat de Bernay (Normandie).

25 janvier. Capitulation de Longwy.

28 janvier. Capitulation de Paris.

— Reprise de Blois par le général Pourcet.

29 janvier. Combats de Sombacourt et de Chaffois (Est).

1er février. L'armée de l'Est entre en Suisse.

— Combats de Cluse, d'Oye et du fort de Joux (Est).

16 février. Reddition de Belfort.

11 mars. Reddition de Bitche.

# NOMS

## DES VILLES D'ALLEMAGNE OU FURENT INTERNÉS LES PRISONNIERS FRANÇAIS.

Nos quatre cent mille prisonniers furent internés dans deux cent cinquante-neuf villes. Nous en avons perdu un peu plus de dix-huit mille par suite des privations, de la maladie et du découragement; ils reposent dans deux cent quarante cimetières, à l'ombre de la croix.

Ansbach.
Aix-la-Chapelle.
Altdamm.
Altemburg.
Altona.
Anclam.
Arolsen.
Asperg.
Aschersleben.
Augsburg.
Aurich.
Barein.
Bauzen.

Bayreuth.
Bamberg.
Bendorf.
Berlin.
Beuthen.
Bielefeld.
Birresborn.
Bichofsburg.
Blankenburg.
Bonn.
Braunschweig.
Brandenburg.
Breitenau.

Breslau.
Brieg.
Bromberg.
Brucksal.
Burghausen.
Butzow.
Caditz.
Carlsruhe.
Cassel.
Chemnitz.
Coblentz.
Cœrlin.
Cologne.
Colberg.
Cosel.
Cottbus.
Crefeld.
Creuznach.
Crimitschau.
Custrin.
Dantzig.
Darmstadt.
Dahlen.
Dessau.
Deuz.
Diez.
Dillingen.
Dreisigaker.
Dresde.
Dortmund.
Dürlesbach.
Dusseldorf.
Edenkoben.

Eichstaedt.
Eisnach.
Ellwangen.
Emden.
Ems
Erfürt.
Essen.
Francfort-sur-Mein.
Francfort-sur-Oder.
Finz.
Friedrichsfeld.
Friedberg.
Freising.
Freiburg.
Friedland.
Genêve.
Gérolstein.
Germersheim.
Giessen.
Glatz.
Glogau.
Gluckstadt.
Gœrlitz.
Golka.
Gmünd.
Graudenz.
Graefenhainchen.
Greifswald.
Greiz.
Gremberg.
Grivenbrauch.
Gross Gerrau.
Hagen.

Halberstadt.
Halle.
Hamburg.
Hanau.
Hanovre.
Haslach.
Heidelberg.
Heiligenstadt
Herdeke.
Hersfeld.
Hildesheim
Hof.
Ichtershausen.
Ingolstadt.
Insterburg.
Iserlohn.
Iülich.
Jüterbock.
Kœnigsberg.
Kœnigstein.
Kempten.
Korbisdorf.
Krekow.
Labes.
Landsberg.
Lamsdorf.
Landshut.
Langendorf.
Langensalza.
Lauchstaedt.
Lechfeld.
Leipzig.
Liegnitz.

Lichtenfels.
Lingen.
Ludwigsburg.
Ludwigslust.
Luneburg.
Lokstaedter-Heide.
Magdeburg.
Mannheim.
Marbach.
Marburg.
Marienburg.
Mayence.
Mayen.
Meiningen.
Mémel.
Mergentheim.
Merseburg.
Minden.
Moritzburg.
Morsbronn.
Mülheim.
Munich.
Münster.
Naunburg.
Neckermünd.
Neïsse.
Neuburg.
Neustrelitz.
Neu-Ulm.
Neustadt.
Niederbronn.
Nieder-Ingelheim.
Nordhorn.

Nordhausen.

Nurnberg.

Oberinglheim.

Oldenburg.

Oppeln.

Osnabruck.

Osternohte.

Ottobeuren.

Paderborn.

Pappenburg

Parchim.

Passau.

Passewalk

Pillau.

Plauen.

Polzin.

Posen.

Prentzlau.

Quedlinburg.

Rastadt.

Ratibor.

Ratisbonne,

Reichshofen.

Reidt.

Rendsburg.

Reuss.

Roggenburg.

Ronneburg.

Rosenburg,

Rostock.

Rudolstadt.

Saarbruck.

Saar-Louis.

Sainte-Adelaïde.

Schlawe.

Schneidemühl.

Schoenebeck.

Schwerin.

Schwetzingen.

Schieferbein.

Schleswig.

Sieburg.

Soest.

Soltau.

Sommerfeld.

Sondershansen.

Sorau.

Spandau.

Stade.

Stettin.

Stindal.

Stolp.

Stargard.

Stralsund.

Stuttgard.

Swinemünd.

Tangermund.

Tantow.

Tilsit.

Torgau.

Thorn.

Trier.

Trosdorf.

Uelzen.

Uebigau.

Ueberraggern.

| | |
|---|---|
| Ulm. | Wiesbaden. |
| Vallendar. | Wild-Baden. |
| Wahn. | Wismar. |
| Waldeck. | Wittemberg. |
| Weidenau. | Woërth. |
| Weingarten. | Wriczen. |
| Weissenfels. | Würzburg. |
| Wesel. | Wülzburg. |
| Wetziar. | Zittau. |

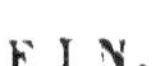

F I N.

# TABLE DES MATIÈRES.

TABLE.



FIN.

# PUBLICATIONS DE L'OEUVRE SAINT-MICHEL.

**ACTES DE LA CAPTIVITÉ ET DE LA MORT DE CINQ PÈRES DE LA COMPAGNIE DE JÉSUS**, par le R. P. Armand de Ponlevoy, de la même Compagnie. 10ᵉ édition, considérablement augmentée. 1 vol. in-12 . . 2 fr.

**AMAZONE CHRÉTIENNE, ou AVENT. DE MADAME DE Sᵀ-BALMON.** in-12 . 2 fr. 50

**CATACOMBES (les)**, par dom Maurus Walter, abbé du monastère bénédictin de Beuron (Allemagne). Précédées d'une introduction par M. l'abbé Darras. 1 vol. in-12 . . . . . . 2 fr.

**ÉTUDE SUR LA DOCTRINE CATHOLIQUE DANS LE CONCILE DE TRENTE**, par le R. P. Nampon, de la Compagnie de Jésus. 2 vol. . . 2 fr. 50.

Travail approfondi qui a reçu les suffrages du savant théologien le R. P. Perronne. Les personnes chargées d'enseigner la religion liront cet ouvrage avec fruit.

**FRANCE ARMÉE (la). LE SOLDAT, SA CONDITION, SES DEVOIRS**, par M. Lahaussois, sous-intendant militaire. 1 vol. in-12 . . 2 fr.

Cet ouvrage, inspiré par une pensée chrétienne et d'un style remarquable, est plein d'intérêt et d'actualité. C'est un beau cadeau à faire à un jeune homme qui se destine à devenir militaire.

**IVAN LE TERRIBLE**, roman historique russe, traduit par le prince A. Galitzin. 1 vol. in-12 . . . . . . . . . . 3 fr. 50

Peinture émouvante et fidèle de la Cour et de la haute société russe au xvɪᵉ siècle.

**KIANG-NAN EN 1869 (le)**, relation historique et descriptive, par les missionnaires de la Cⁱᵉ de Jésus en Chine. in-12 . . . 2 fr.

**MASSACRES DE SEPTEMBRE (les)**, par M. Mortimer Ternaux. 1 vol. in-12 . . . . . . . . . . . . . . . 2 fr. 50

Ouvrage des plus dramatiques et plein d'actualité.

**PÉLERINAGE D'ASSISE**, par M. Edmond Lafond. 1 volume in-12. 2 fr.

**SAUVAGES (les) BA-HNARS DE LA COCHINCHINE ORIENTALE, ou SOUVENIRS D'UN MISSIONNAIRE**, par M. l'abbé Dourisboure, de la Société des Missions étrangères, 1 vol. in-12 . . . . . . . . 3 fr.

**VIES DES SAINTES ET DES BIENHEUREUSES** pour tous les jours de l'année, par Collin de Plancy. 2 vol in-12 . . . . . . . . 4 fr.

**ESPRIT DE LA BIBLE**, tiré de l'Ancien et du Nouveau Testament, écrit en italien par M. l'abbé Martini, traduit en français par M. de Neira, réédité par les soins de M. Ph. Valette. 1 vol. in-32. . 1 fr.

**LES GENTILSHOMMES DE LA CUILLER**, épisode des guerres de religion, par M. Charles Buet. 1 vol in-12. . . . . . . . 2 fr. 50.

**LETTRES A UN JEUNE HOMME** sur la piété, par M. Eugène de Margerie. 1 vol in-12 . . . . . . . . . . . . . 2 fr.

**SOUVENIRS RELIGIEUX ET MILITAIRES DE LA CRIMÉE** par le R. P. de Damas, de la Compagnie de Jésus 1 vol. in-12 . . . . . . 2 fr.

**PUPILLE DU DOCTEUR (la)**, par Gabrielle d'Éthampes 1 vol. in-12 2 fr.

---

S'adresser pour les commandes DIRECTES à M. TÉQUI, bibliothécaire de l'OEuvre, rue de Mézières 6.

---

ABBEVILLE, IMPRIMERIE BRIEZ, C. PAILLART ET RETAUX.

9 782019 145903